Michael Geiger · Armin Hüttermann (Hrsg.)
Raum und Erkenntnis

Michael Geiger
Armin Hüttermann
(Hrsg.)

Raum und Erkenntnis

**Eckpfeiler einer
verhaltensorientierten Geographiedidaktik**

Festschrift für Helmuth Köck
anlässlich seines 65. Geburtstages

 Aulis Verlag Deubner

Bibliografische Information Der Deutschen Bibliothek

Die Deutsche Bibliothek verzeichnet diese Publikation in der Deutschen Nationalbibliografie; detaillierte bibliografische Daten sind im Internet über <http://dnb.ddb.de> abrufbar.

Best.-Nr. 2179
Alle Rechte bei AULIS VERLAG DEUBNER, Köln, 2007
Druck und Bindung: Siebengebirgs-Druck, Bad Honnef
ISBN 978-3-7614-2696-8

INHALT

RAUMREPRÄSENTATION

RAUM UND DASEINSGESTALTUNG

VERÖFFENTLICHUNGEN VON HELMUTH KÖCK

Vorwort

Raum und Erkenntnis - mit diesen Schlüsselbegriffen im Titel des Buches setzten sich schon Generationen von Geographen und Erkenntnistheoretikern auseinander. So auch Dietrich Bartels (1931-1983) mit seinem beachtenswerten Beitrag: ‚Schwierigkeiten mit dem Raumbegriff in der Geographie' (1974), dem später der Beitrag ‚Menschliche Territorialität und Aufgaben der Heimatkunde' (1981) folgte. Nicht ohne Grund wird hier gerade an diese Beiträge erinnert, denn einer seiner Schüler promovierte bei ihm in Karlsruhe im Jahre 1974: Helmuth Köck.

Nun im Jahre 2007, dem Zeitpunkt des 65. Geburtstages von Helmuth Köck, sind 33 Jahre verstrichen. Der einstige Bartels-Doktorand hat sich selbst zum allgemein anerkannten Professor für Geographie und ihre Didaktik entwickelt. Dies zeigt ein Blick in das am Ende des Bandes stehende Schriftenverzeichnis des Jubilars: Verwurzelt in dem ‚Karlsruher Boden' ist ein mächtiger Baum mit vielfach verasteter Krone und mit zahlreichen, blühenden Zweigen erwachsen !

Bereits die Betitelung der einzelnen Beiträge in diesem umfassenden Lebenswerk beweisen: die theoretische Auseinandersetzung mit einer Sache, deren intellektuelle Durchdringung, die klare, logische Gedankenführung und deren sprachliche Gestaltung beherrscht der Jubilar wie kaum ein anderer in der Fachwelt. Bewusst wird dies dem Leser erst recht bei der Lektüre der einzelnen Beiträge. So zum Beispiel zu den Stichworten ‚Raum' oder ‚Erkenntnis', zwei der Schlüsselbegriffe, mit denen sich der Jubilar besonders auseinandersetzte.

Raum und Erkenntnis – stehen als zentrale Begriffe in den zahlreichen Veröffentlichungen von Helmuth Köck zur Theorie der Geographie, zur Theorie der Geographiedidaktik wie zur Theorie des Geographieunterrichtes. Indem die Geographie die räumliche Dimension der Welt und Umwelt aufschließt, kommt dieser die Rolle eines ‚Zentrierungsfaches' für die geo- und raumwissenschaftlichen Disziplinen zu und sie nimmt im Unterricht die Rolle eines ‚Schlüsselfaches' ein. In dieser Hinsicht trägt der Geographieunterricht vor allem dazu bei, die existentiell unabdingbare Qualifikation einer ‚Raumverhaltenskompetenz' aufzubauen. Mit diesem, von Helmuth Köck 1979 geprägten, Begriff bezeichnet er das oberste Leitziel des Geographieunterrichtes und er meint damit „die Fähigkeit und Bereitschaft zu autonomem, effektivem und geosystemisch adäquatem erdraumbezogenen Verhalten". Räumliches oder geographisches Denken ist demnach eine ‚kognitive Grundoperation der Daseinsgestaltung'. Dabei spielt das Erkennen und dabei gewonnene Erkenntnisse räumlicher Sachverhalte eine zentrale Rolle. Diese Denkprozesse sind auf das Erkenntnisziel gerichtet und sie erfolgen unter den verschiedenen ‚erkenntnisleitenden Ansätzen'. Mit diesen setzt sich Helmuth Köck seit 1983 immer wieder auseinander.

‚Raum und Erkenntnis – Eckpfeiler einer verhaltensorientierten Geographiedidaktik' erschien den beiden Herausgebern als besonders geeigneter Titel dieser Festschrift vor allem mit Blick auf die zu ehrende Person. Aber die Ehrung war nicht das einzige Ziel der Herausgeber, denn der Titel ist auch als Herausforderung zu sehen, sich mit der Köck'schen Gedankenwelt fachdidaktisch auseinanderzusetzen. Dies sollte in vier Gebieten erfolgen:

- Raum als Erkenntniskategorie
- Raum und seine Kognition
- Raum und seine mediale Präsentation
- Raum und Daseinsgestaltung

Raum, Erkenntnis, verhaltensorientierte Geographiedidaktik waren somit die Schlüsselworte für die Autoren bei der Aufgabe, einen eigenständigen Beitrag zu einem dieser Gebiete zu verfassen. 17 Autoren folgten dem Ruf, an dieser Festschrift mitzuwirken. Herausgekommen ist naturgemäß kein systematisches Lehrbuch, aber ein vielseitiges Werk, in dem jeder der beteiligten Verfasser aus seinem Arbeitsgebiet und unter seinem Blickwinkel einen lesenswerten Teilaspekt darstellt. Die sachliche Auseinandersetzung um Fragen der Geographie und des Geographieunterrichtes – die Helmuth Köck stets und unbedingt als oberstes Ziel seines wissenschaftlichen Wirkens sieht – findet auch in diesem Werk statt. Dass es dabei vorrangig um ‚seine Themen' der Geographiedidaktik geht, ist das Persönliche an diesem bunten ‚Geburtstagsstrauß', den ein Teil der renommierten Fachwelt ihm zu Ehren verfasst hat.

Dafür bedanken sich die Herausgeber bei allen Mitwirkenden und ebenso auch beim Verleger Wolfgang Deubner, dieses Werk in seine Reihe geographiedidaktischer Handbücher aufzunehmen.

Michael Geiger und Armin Hüttermann

Verzeichnis der Mitarbeiter

Birkenhauer, Josef
Dr. rer. nat. habil., em. Professor für Geographie und Didaktik der Geographie an der Universität München

Geiger, Michael
Dr. rer. nat. habil, Akademischer Direktor, Universität Koblenz-Landau, Campus in Landau, Abteilung Geographie

Haubrich, Hartwig
Dr. rer. nat., em. Professor für Geographie und Didaktik der Geographie an der Pädagogischen Hochschule Freiburg

Hemmer, Ingrid
Dr. rer. nat. habil., Professorin für Didaktik der Geographie an der Katholischen Universität Eichstätt-Ingolstadt

Hemmer, Michael
Dr. rer. nat. habil., Professor für Didaktik der Geographie an der Westfälischen Wilhelms-Universität Münster

Hoffmann, Reinhard
Dr. rer. nat. habil., Professor für Geographie und Didaktik der Geographie an der Universität Trier

Hüttermann, Armin
Dr. phil. habil., Professor für Geographie und Didaktik der Geographie an der Pädagogischen Hochschule Ludwigsburg

Kircherg, Günter
Dr. paed., Oberstudiendirektor i.R., ehem. Leiter des Staatlichen Studienseminars für Gymnasien Speyer

Leser, Hartmut
Dr. rer. nat. habil. Dr. h.c., em. Professor für Geographie (Abteilung Physiogeographie und Landschaftsökologie) an der Universität Basel

Mittelstädt, Fritz-Gerd
Dr. phil., Studiendirektor in Melle, Honorarprofessor an der Universität Osnabrück

Neidhardt, Eva
Dr. phil. Dipl. psych., Privatdozentin an der Universität Marburg, Wiss. Mitarbeiterin an der Universität Frankfurt

Rempfler, Armin
Dr. phil. Dipl. Geogr., Professor für Geographie und ihre Didaktik an der Pädagogischen Hochschule Zentralschweiz Luzern

Rhode-Jüchtern, Tilman
Dr. rer. nat. habil., Professor für Didaktik der Geographie an der Universität Jena

Schultz, Hans-Dietrich
Dr. rer. nat. Dr. phil. habil., Professor für Didaktik der Geographie an der Humboldt-Universität zu Berlin

Siegmund, Alexander
Dr. rer. nat., Professor für Geographie und Didaktik der Geographie an der Pädagogischen Hochschule Heidelberg

Sperling, Walter
Dr. phil., em. Professor für Geographie und Didaktik der Geographie an der Universität Trier

Stonjek, Diether
Dr. rer. nat., Hochschuldozent i.R. für Geographie und Didaktik der Geographie an der Universität Osnabrück

Susanne Huss
Referendarin d. Schuldienstes

Natalie Serrer
Referendarin d. Schuldienstes

Raum, Geographie und Landschaftsökologie: Zur aktuellen Diskussion um Transdisziplinarität

Hartmut Leser

Einleitung: Die Neuerfindung des Rades

Der Wandel der Wissenschaften, vor allem während der letzten 25 Jahre, weist drei relevante Aspekte für das Thema dieses Beitrages auf. Grundsätzlich stehen alle drei miteinander in Verbindung, was nachstehend zu erläutern ist:

- Fortschreitende Spezialisierung in den Fachwissenschaften,
- Beschreibung von Funktionszusammenhängen als Systeme,
- Siegeszug des elektronischen Handwerkszeuges (der EDV im weiteren Sinne, vor allem aber der GIS [Geographische Informationssysteme]).

1. Spezialisierung

Die Welt wird aus ökonomischen und politischen Gründen, aber auch wegen der verkehrstechnischen Entwicklung, immer umfassender erschließbar und zugleich komplizierter. Der Ruf nach Zusammenschau, Überblick, Synthese etc. wird auch in den Fachwissenschaften immer lauter. Dort werden Inter- und Transdisziplinarität gefordert, die real nur schwer zu realisieren sind, weil die institutionellen Verkrustungen über die Universitäten weit hinausreichen und auch die davor angeordnete Administration, Politik und Forschungsförderung umfassen.

Die Politik fordert sowohl Spitzenforschung als auch anwendungsbezogene Ergebnisse. Die Erfüllung dieser Forderung stellt sich aber für die einzelnen Fachwissenschaften ganz unterschiedlich dar, was die von der Politik verordneten Hochschulstrukturen ignorieren. "Spitzenforschung" ist in der heutigen wissensüberfluteten Hochschul- und Forschungswelt nur noch auf eng spezialisierten Feldern möglich. Fachwissenschaften, die in komplexeren Strukturen denken und arbeiten, bleiben notwendigerweise an der Oberfläche, hatten aber den Vorzug des weiten Horizontes, können also Orientierung und Übersicht vermitteln.

Zu diesen eher auf das Integrative gerichteten Fachwissenschaften sind diverse Geo-, Bio- und Humanwissenschaften zu zählen, von denen sich hier nur auf die Geographie und die Landschaftsökologie, z.T. auch auf die Humanökologie, bezogen wird. Vertiefungen im Sinne von Spezialisierungen führen vom eigentlichen integrativen Ansatz und der Zielaussage mit dem Blick auf das Ganze (z.B. das real existierende Landschaftsökosystem samt Mensch) weg (Abb. 1). Im Extremfall kann das zur Aushöhlung eines Faches führen. Diese Problematik wurde vom Verfasser bereits dargestellt (Leser 2003). - Das Verfolgen des Integrativen hingegen bietet Chancen:

- Einbringen des geographischen und des landschaftsökologischen Ansatzes in inter- und transdisziplinär konzipierte Projekte und Institutionen (Leser 2003; Leser [o.J.; im Druck (a)[1] und (b)[2]]).

---

[1] Manuskript kann beim Verfasser per E-Mail (Hartmut.Leser@unibas.ch) angefordert werden.
[2] Siehe Fußnote 1.

- Neuorientierung des Faches im Hinblick auf eine fächerübergreifende und anwendungsbezogene Zusammenarbeit (Meusburger & Schwan Hrsg. 2003; Weichhart 2003).

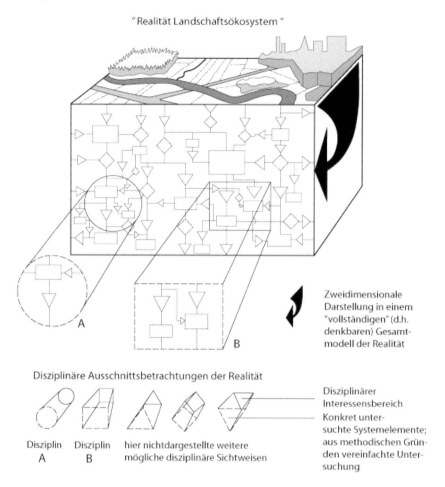

Abb. 1: Vereinfachtes Modell des Landschaftsökosystems und seine methodischen Fallgruben (aus Leser 1997)
Die als Blockbild (oben) modellhaft wiedergegebene Lebensraumrealtität („Geographische Realität") wird als graphisches Beschreibungsmodell dargestellt (= Regelkreis im großen Kasten darunter). Die Fachwissenschaften (hier nur durch Fachwissenschaft A und Fachwissenschaft B vertreten) definieren dann jenen Ausschnitt, den sie aus dem Modell des Gesamtsystems einzeldisziplinär „ökologisch" untersuchen möchten (Ausschnitte innerhalb des großen Kastens). Aus methodischen und anderen Gründen wird dieser Ausschnitt noch einmal vereinfacht (also ein „Modell des Modellausschnittes" hergestellt = herausgezogene Kompartimente A und B). Dies wird dann separativ untersucht. Die dafür erzielten Ergebnisse betreffen jeweils nur einen kleinen Ausschnitt aus dem Gesamtsystem. Trotzdem wird von „ökologisch" geredet und suggeriert, es sei ein integrativer (holistischer) Ansatz verwandt worden. Bei der Kommunikation mit den Nachbarwissenschaften und der Öffentlichkeit müsste jedoch vermittelt werden, dass nur ein kleiner Teil des Gesamtsystem-Modells untersucht wurde.

Zwischenfazit: Wenn die auf integrative Betrachtung ausgerichteten Fachwissenschaften die ja - wie beispielsweise Geographie und Landschaftsökologie - eher Fachbereiche darstellen, sich inter- und transdisziplinären Projekten zuwenden, kann der Druck der Spezialisierung aufgehoben werden. Die Spezialisierung wird dort - wenn sie schon unabdingbar erscheint - in größeren Zusammenhängen realisiert, für deren Wahrung der transdisziplinäre Charakter der Projekte (oder Institutionen) sorgt.

1.1 Systemlehre

Jeder fachwissenschaftliche und praktische Sachverhalt kann als System definiert und dargestellt werden. Dazu gibt es ein ausgefeiltes Instrumentarium, das seit langer Zeit in Geographie (u.a. Bartels 1968; Borsdorf 1999; Chorley & Kennedy 1971; Leser & Schneider-Sliwa 1999; Stoddart 1965) und Landschaftsökologie (u.a. Leser 1997 a, b; Neef 1969; Steinhardt, Blumenstein & Barsch 2005) erfolgreich eingesetzt wird.

Der Systemansatz der Geographie und der Landschaftsökologie geht von einer fast klassisch zu nennenden umfassenden Weltbetrachtung aus. Sie wird mit der *Theorie des geographischen Komplexes* (Neef 1967; Leser & Schneider-Sliwa 1999) umschrieben. Diese Betrachtung erfolgt nach der *Theorie der geographischen Dimensionen* (Herz 1973; Neef 1967; Leser 1997 b; Leser & Schneider-Sliwa 1999). Die eingesetzten Dimensionen haben den *Menschen als Maß*. Sie ordnen sich zwischen der "lokalen" topischen und der "globalen" geosphärischen Betrachtung an. Diese Dimensionen wurden vor allem von Neef (u.a. 1963, 1967) oder Herz (u.a. 1973) theoretisch begründet. Ihre wissenschaftliche und praktische Relevanz wurde sehr oft unter Beweis gestellt (u.a. in Mannsfeld & Neumeister Hrsg. 1999 oder in Schneider-Sliwa, Schaub & Gerold Hrsg. 1999; dazu auch Leser [o.J.; im Druck (b)[3]]).

Dieser "geographische" Systemansatz, der auf das Prozess- und Funktionsgefüge in den Dimensionen geographischer Landschafts- und Umweltforschung abzielt, ist für nicht wenige Geo- und Biowissenschaften inzwischen eine Selbstverständlichkeit, und dies unabhängig von seinem "geographischen" Ursprung. Bodenkunde, Agrarökologie, Hydrologie, Biogeographie und viele andere Fachwissenschaften bedienen sich seiner. Das macht auch die Ergebnisse kompatibel und erleichtert die inter- und transdisziplinäre Zusammenarbeit.

So definiert die Mikrobiologie ultrakleine "ökologische" Systeme, wie es aktuell in der nun so genannten "Systemischen Biologie" (bzw. "Systembiologie") geschieht. Deren erfreuliche Öffentlichkeitswirkung hat einen Haken. Es wird mit Begriffen gearbeitet, die in den "konventionellen" Bio-Systemwissenschaften (z.B. Biogeographie, Geobotanik, Bioökologie) bereits besetzt sind. Terminologische und methodische Missverständnisse, aber vor allem Fehleinschätzungen von Ansätzen und Ergebnissen der klassischen Bio-Fachwissenschaften sind die Folge. Schon früher wurde mehrfach auf diese Problematik hingewiesen (Leser 1982, 1991, 1995). "Neuerfindungen", fachlicher Enge entspringend, mangelt es an inter- und transdisziplinärem Kontakt zu bereits bestehenden Theorie- und Begriffswelten.

Zwischenfazit: Die durchaus nicht neue Systemlehre ist ein für alle Wissenschaften gültiges Instrument. Viele Fachwissenschaften haben z.T. schon vor Jahrzehnten ihre Systeme definiert und mit Begriffen belegt. Sie bilden jene bestehenden Begriffskataloge, an die man sich bei Neuschöpfungen halten sollte, um Begriffs- und

---

[3] Siehe Fußnote 1.

damit Sprachverwirrung zu vermeiden. Hinzu kommt, dass der Gedanke der inter- und transdisziplinären Zusammenarbeit durch Doppel- und Dreifachverwendungen von Begriffen untergraben wird.

1.2 Geographische Informationssysteme (GIS)

Die GIS sind ebenfalls inzwischen ein ganz reguläres Handwerkszeug, das viele Fachwissenschaften einsetzen, um raumbezogene Sachverhalte darzustellen. Der allgemeine systemanalytische Ansatz kann den Einsatz von GIS vorbereiten und optimieren. Fachlich haben die GIS keine Bindung, sondern werden überall dort eingesetzt, wo räumliche Fragestellungen behandelt werden.

Weshalb werden die GIS hier trotzdem hervorgehoben? Die GIS haben dazu geführt, dass verschiedene Fachwissenschaften, vor allem im Bio- und Humanbereich, den Raum entdeckt haben. Es wurde ihnen bewusst, dass ihre Probleme auch über eine räumliche Komponente verfügen. Zur Standortbestimmung sei gesagt: Geographie und Landschaftsökologie betrachten den Raum, den räumlichen Ansatz und die raumbezogene Aussage heute nicht mehr als methodischen und methodologischen "Erbhof". Es gab allerdings Zeiten, in denen dies geschah, weil man noch nicht zu einer inter- und transdisziplinären Öffnung bereit war. Diese Situation hat sich jedoch seit ca. 1990 grundlegend geändert.

Die Erwähnung der GIS erfolgt vor allem deswegen, weil hier das gleiche Phänomen wie beim systemanalytischen Ansatz zu beobachten ist: Fächer, die sich selber nie mit dem Raum beschäftigten, obwohl ihren Fragestellungen eine räumliche Komponente innewohnt, sahen sich mit neuen methodisch-methodologischen Problemen konfrontiert. Das führte vergleichbar der Systemlehre zu "neuen" Begriffen. Hauptbeispiel ist die *Theorie der geographischen Dimensionen* (Neef 1963; Herz 1973), die trotz großer Verbreitung - bewirkt vor allem durch die Landschaftsökologie und deren verwandten Fachbereichen - ignoriert wurde. Den wohldefinierten Begriffen topisch, chorisch, regionisch und geosphärisch wurden die wesentlich unschärferen zwischen nanoskalig und gigaskalig zur Seite gestellt (siehe u.a. Steinhardt, Blumenstein & Barsch 2005). Diese werden zudem zeitlich *und* räumlich definiert, also mit Doppelbedeutungen versehen. Wenn Topen als "mikroskalig" bezeichnet werden, dann sind sie demzufolge unschärfer umschrieben als wenn man sie in die Dimension "topisch" einordnet, wobei von der semantischen Komponente (Logik, Bedeutungsentwicklung) einmal ganz abgesehen wird.

Das Argument, die inter- und transdisziplinäre Zusammenarbeit sei durch diese neuen Dimensionsbegriffe erleichtert, sticht nicht, weil jede sich einbringende Fachwissenschaft diese unscharfen Skalen-Begriffe mit *anderen Bedeutungen* auflädt. Zudem können jene Fachwissenschaften, die den Raum eigentlich auch zum Gegenstand haben, diesem Aspekt ausweichen, indem sie methodische Gründe anführen. Dabei wird übersehen, dass der Raum in inter- und transdisziplinären Projekten oft nicht nur den Ausgangspunkt bildet (z.B. als gemeinsames Untersuchungsgebiet), sondern zugleich auch *die zentrierende methodische und methodologische Basis*. Daher stellt seine sach- und dimensionsgerechte Bezeichnung ein praktisches und theoretisches Verständigungsmittel dar.

Zwischenfazit: Ohne Not wurden sachgerechte und eindeutige Begriffe aufgegeben und durch vermeintlich universell einsetzbare (als sei das bei "topisch" etc. nicht schon längst der Fall) ersetzt. Der Gedanke der Inter- und Transdisziplinarität wurde damit nicht unterstützt.

2. Unbestreitbar: Gesellschaft *und* Umwelt

Vor allem war es Ehlers (u.a. 1998, 1999 a und b, 2000, 2001), der die Betrachtung des Zusammenhanges Mensch und Umwelt für die modernen Wissenschaften (also nicht nur für die Geographie) einforderte, sich dabei auf Erfahrungen in vielen internationalen Projekten stützend.[4] Er stellte fest, dass Umweltforschung oft ausschließlich naturwissenschaftlich betrieben wurde, so dass die Frage "Und wo ist der Mensch?" zu Recht zu stellen war. Auch die Geographie hat damit gelegentlich Not (Heinritz Hrsg. 2003; Leser 2004). Insofern ist nachvollziehbar, wenn Weichhart (2003) eine "Gesellschaft-Umwelt-Forschung" fordert, die *innerhalb der Geographie* zwischen Physio- und Humangeographie die Brücke bilden muss. Sie ist zweifellos auch im transdisziplinären Bereich tauglich.

In naturwissenschaftlichen Großprojekten wird zwar immer wieder der Mensch als zentrale Größe beschworen, ohne jedoch eine sachgerechte methodische und methodologische Einbindung vorzunehmen. Dass diese nicht erfolgt, gründet sich auf die in der Regel schlechte metatheoretische bzw. wissenschaftstheoretische Schulung der meisten Naturwissenschaftler, aber auch auf deren zu sehr auf Spezialisierung gerichteten Blick. Sie müssten

- den Mensch-Umwelt-Zusammenhang als komplexes Prozessgefüge begreifen, in welchem der Mensch den zentralen Regler darstellt, und
- dieses Prozessgefüge "gleichmäßig", generell jedoch menschenzentriert (= gesellschaftszentriert), bearbeiten, denn selbst wenn man es ausschließlich naturwissenschaftlich betrachten würde, ginge es immer um
- "Potenziale". Das meint nicht nur das Naturraumpotenzial, wo die Natur allenfalls mit der Elle der Nutzungsmöglichkeit gemessen wird. Sondern es geht um eine Einordnung dieser Potenziale in einen gesamtgesellschaftlichen Kontext und in das ethisch hoch angesetzte *Konzept der nachhaltigen Nutzung und Entwicklung* (Ehlers & Krafft Eds. 2001; auch Töpfer in Schneider-Sliwa, Schaub & Gerold Hrsg. 1999).

Wenn also Fachwissenschaften einzeln oder im transdisziplinären Kontext mit dem Konzept der nachhaltigen Nutzung und Entwicklung Ernst machen wollen, dann haben sie sich an einer "Nachhaltigkeit sichernden Zukunftsplanung" (Mannsfeld 1998) zu orientieren. "Potenziale" und "Nachhaltigkeit der Nutzung" benötigen jedoch einen forscherischen Kontext. Das bedeutet: Es bedarf eines theoretischen und eines methodischen Rahmens – und den liefern das *Modell des Landschaftsökosystems* und das *Konzept der geographisch-integrativen Landschaftssystemforschung*, basierend auf der *Theorie des geographischen Komplexes* und der *Theorie der geographischen Dimensionen*. Etwas salopper formuliert, aber in Anpassung an das *"International Human Dimensions Program on Global Environmental Change"*: Es muß der geographischen Landschaftsforschung immer um die *"Human dimensions"* des Landschaftsökosystems gehen. – Man könnte in diesem Kontext noch Begriffe wie Sustainable management, Earth System interactions, Global Change, Industry Network Sustainability etc. stellen (siehe dazu die Beiträge in Ehlers & Krafft Eds. 2001 oder in Ehlers & Leser Hrsg. 2002). Diese Konzepte gehen ebenfalls vom Menschen als Mittelpunkt der jeweiligen Systembetrachtung aus.

Sowohl Grundlagenforscher als auch Theoretiker und Praktiker wissen jedoch um die Diskrepanz zwischen der verbalen Forderung nach integrativer Betrachtung einer-

---

[4] E. Ehlers war u.a. jahrelang Chairman des Scientific Committee of *International Human Dimensions Program (IHDP)*.

seits und dem zur Verfügung stehenden forscherischen Handwerkszeug andererseits. Sehr schnell stößt man auf ganz simple, jedoch nur schwer zu lösende methodische Probleme. Vor allem thematisch breiter ansetzende (also nicht zu spezialisierte) Geographen, Geoökologen und Landschaftsökologen haben erfahren, dass manche Ansätze und Daten aus den human- und physiogeographischen Bereichen nicht ohne weiteres miteinander kompatibel sind –eine unerlässliche methodische Voraussetzung für integrative Systembeschreibungen! Auch die Workshops und Kongresse des International Human Dimensions Program (IHDP) erkannten diese methodischen Defizite, die man weder in der Geographie noch in der Landschaftsökologie – als integrativ ansetzenden Traditionsfachbereichen – bislang hat beseitigen können. Es wäre an der Zeit – vor allem dann, wenn Umwelt- und Raumwissenschaften "praktischer" als bisher sein möchten – diese *methodischen Defizite* mehr in den Mittelpunkt des Forschungsinteresses zu rücken. Konkret gehören dazu die Entwicklung von

- Integrativen Methodiken, die human- und physiogeographische Methoden kompatibler machen;
- Methodiken, die Qualitatives und Quantitatives ohne methodische und logische Brüche miteinander verbinden;
- praxisbezogenen Parametern in den Landschaftsmodellen, also Parametern, die nicht nur an den Bedürfnissen der Grundlagenforschung ausgerichtet sind;
- Methodiken, die auf verschiedenen Maßstabebenen (topisch, chorisch, regionisch, geosphärisch und auf deren Zwischenstufen) angewandt werden können.
  - Das wiederum bedeutet den Einsatz
    - prozessdefinierter Areale, für die das Modell des komplexen Landschafts-ökosystems die methodische Leitlinie bilden muss;
    - GIS-gestützter Methodiken, die sich an der *Theorie der geographischen Dimensionen* und der *Theorie des geographischen Komplexes* orientieren und die damit über eine universelle Raum-Zeit-Prozess-Auflösung verfügen.

Zwischenfazit: In internationalen Großprojekten besteht schon lange die Forderung nach dem "Mensch" (d.h. "Gesellschaft und Mensch"). Die Naturwissenschaften argumentieren mit der Schutzbehauptung, dass der Mensch ja einbezogen sei: Ist er dies aber nur in Gestalt einer Quelle von Feinstaubpartikeln, genügt das dem Anspruch einer *gesellschaftsbezogenen Mensch-Umwelt-Forschung* nicht. Die auf diese Weise realisierten Ansätze (und damit ihre Ergebnisse) gehen zwangsläufig an dem komplexen Funktionsgefüge "Welt" vorbei. – Als Ursachen lassen sich bei vielen Fachwissenschaften theoretische und methodische Defizite ausmachen. Zu nennen sind u.a. der "fehlende Raum", das Ignorieren von integrativen Denkmodellen (wie z.B. des Landschaftsökosystems), die Nichtbeachtung des Dimensionsproblems, aber auch das Fehlen eines Handwerkszeugs, das noch realitätstauglich ist, also zwischen GIS-Modell im Computer und Raum-Zeit-Felddaten eine logisch plausible Funktionsbeziehung herstellen lässt. All dies ist von den traditionellen Fachwissenschaften, die sich immer noch als Einzelkämpfer verstehen, nicht zu leisten. Als Lösungsmöglichkeit für die komplexen und damit komplizierten methodischen und methodologischen Probleme des Mensch-Umwelt-Systems bleibt nur die transdisziplinäre Zusammenarbeit (siehe u.a. Jaeger & Scheringer 1998; Leser 2002; Nowotny, Obrist & Smrekar 2000; Thompson Klein et al. Eds. 2001).

3. Raumwissenschaften: Geographie und Landschaftsökologie

"Geographie und Raum", auch die Dimensionsproblematik, wurden von Neef (u.a. 1967) theoretisch überzeugend dargestellt. Auch einen anderen "Vater" der Landschaftsökologie könnte man nennen: Schmithüsen (1976), der – begrifflich und methodologisch streng – ein leider zu wenig beachtetes Theoriebuch schrieb. Für Neef und Schmithüsen bleibt unbestritten, dass Geographie und Landschaftsökologie Raumwissenschaften sind.

In einem von Köck & Rempfler (2004) bearbeiteten Band lautet eine Kapitelüberschrift "Der Raum – die Mitte der Geographie". Dieser Band und der Aufsatz "Der chorologische Raum - die Mitte der Geographie" (Köck 2005) stellt methodologische Grundlagen – den Raum *in* der Geographie betreffend – zur Verfügung. An sich ist in jüngster Zeit – vor allem von Köck (und er tat dies auch an zahlreichen anderen Stellen) – zum Sachverhalt Raum/Geographie alles schon gesagt. Um so erstaunlicher erscheint, dass just die Raumwissenschaft Geographie sich immer wieder einmal schwer tut, die sie interessierenden Mensch-Umwelt-Prozesse losgelöst vom Raum zu betrachten. Auch zwischen um 1990 und heute verebbte diese Auseinandersetzung nicht. Dazu wurde bereits an anderer Stelle ein Diskussionsbeitrag geliefert, der die Problematik auch grafisch veranschaulicht (Leser 2004).[5]

3.1 Die Geographische Realität

Geographie und Landschaftsökologie gehen von der (vielleicht gar nicht so trivialen) Einsicht aus, die Neef als "Geographische Realität" bezeichnete: Es handelt sich dabei um jene "Wirklichkeit", wie sie auch intersubjektiv wahrgenommen wird, also der Raum mit seinen durch Funktionen und Prozesse verbundenen Inhalten, die bei Neef (z.B. 1969, 1979) und anderen immer auch die Gesellschaft (die als ein komplexes "Subsystem" im Modell des Landschaftsökosystems dargestellt ist) mitumfasst (Abb. 2). "Gesellschaft" steht dabei für das komplexe Wirkungsgefüge aus Materie (verschiedenster Art), aber auch aus nicht (oder nur indirekt) sichtbaren Prozessen, Handlungen, Entscheidungen und Funktionsverschiebungen, wie sie Gruppierungen in Politik, Wirtschaft, Religion, Medien, Bildung etc. eigen sind. Neef wurde, weil er sich auch als "*Landschafts*ökologe" verstand, als Naturwissenschaftler bzw. Physiogeograph eingeordnet. Das bezeugt lediglich, dass man den Ansatz der Landschaftsökologie nicht verstanden hat, der – wenn auch (zugegebenermaßen) methodisch schwer realisierbar – *drei gleichberechtigte Subsysteme* in das Modell des Landschaftsökosystems einstellt: das *Geosystem*, das *Biosystem* und das *Anthroposystem* – alles jeweils für sich genommen extrem komplexe Systeme.[6]

---

[5] Diese an sich ausgestandene Thematik kann daher in diesem Beitrag kurz gehalten werden.
[6] Zu den Begriffen siehe die Definitionen in DIERCKE *Wörterbuch Allgemeine Geographie* (Leser Hrsg. [13]2005).

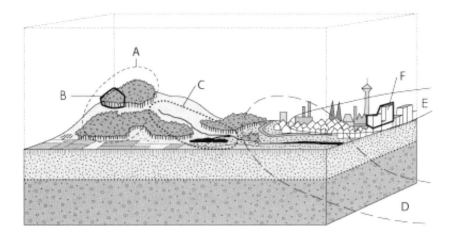

Abb. 2: Der raumbezogene „Ansatz ‚Selektive Wahrnehmung der Geographischen Realität'" (aus Leser 2004)
Im Grunde entspricht dieser Ansatz dem Regelfall geographischer Forschung, aber auch der Umweltwahrnehmung durch das Individuum und die gesellschaftlichen Gruppen: Die Wahrnehmung ist immer selektiv und korrigiert somit den idealistischen Ansatz, die „Geographische Realität" als Gesamt-Landschaftsökosystem (einschließlich seiner anthropogenen Strukturen und Prozesse) zu erfassen (siehe auch Abb. 1), also das „gesamte" Gesellschaft-Umwelt-System. Die Unterschiede in der Wahrnehmung sind ziel- bzw. interessensgeleitet. Daher werden einmal größere Teile, ein andermal nur sehr schmale Sektoren der Geographischen Realität erforscht. – Beispiele solcher selektiver Wahrnehmungen: A = Biogeographischer Ansatz. – B = Biologischer Ansatz. – C = Hydrogeographischer Ansatz. – D = Landschaftsökologischer Ansatz. – E = Stadtgeographischer Ansatz. – F = Sozialgeographischer Ansatz (z.B. soziale Viertelsbildung).

3.2 Spezialisierung bedeutet verengte Sichtweisen

Geographie und Landschaftsökologie sind und bleiben Raumwissenschaften – wie andere Raumwissenschaften auch (willkürliche Auswahl: Bodengeographie, Geomorphologie, Hydrologie, Geobotanik, Archäologie, Kartographie, Klimatologie etc.). Es wird sich im Fach zu leicht gemacht, wenn jene, die auf die methodologisch und praktisch eminent relevante Perspektive "Raum" nicht verzichten wollen, als "Traditionalisten" ausgegrenzt werden sollen.
Handelsströme, Medienreichweiten, Wählerverhalten, Verkehrsnetzentwicklung, Migrantenwellen, Bankgeschäftsbeziehungen, Bildungsstrukturen etc. lassen sich durchaus allein, also *separativ*, betrachten. Zusätzlich kann man sie in einen sozialen, ökonomischen oder politischen Kontext stellen. Man sollte sich jedoch bewusst sein, dass mit diesen beiden Ansätzen nur ein Teil jener Problematik abgedeckt ist, die das ausmacht, was eine integrative Geographie erforschen, darstellen und an die Praxis heranbringen möchte. Manche Fachwissenschaftler haben hier und da das Gefühl, Geographie neu definieren zu müssen, indem sie glauben, aus der Betrachtung der genannten Gegenstände den Raum und die darin angeordneten Funktions- und Prozessbeziehungen (seien sie nun sichtbar oder lediglich als "Phänomen" vorhanden) eliminieren zu müssen. Dies deckt sich in der Tat nicht mit einem Verständnis der Geographie als Raumwissenschaft.

Solche Ansätze, wie sie etwa ab 1990 in der Geographie vor allem (aber nicht nur) des deutschen Sprachraumes kultiviert wurden, stellen nichts anderes als Spezialisierungen am Rand des an sich breiten Fachbereiches Geographie dar. Eher ein psychologisches Phänomen ist es, ob man sich da noch als Geograph versteht oder nicht. Selbst dies ist unerheblich, denn die "Geographische Realität" als Raum mit den Mensch-Umwelt-Beziehungen bleibt ein real existierendes Faktum. So gesehen geht es beim Plädoyer für eine Raumwissenschaft Geographie weder um den Erhalt verstaubter Fachtraditionen noch um das etwaige Betrauern von deren Verlust.

Diese spezialisierten Ansätze, die vorzugsweise in der Humangeographie propagiert werden, kann man als "superfunktionalistisch" bezeichnen. Sie finden ein Gegenstück in der Physiogeographie, wo in manchen Bereichen der Kontakt zu den Spezialfragestellungen naturwissenschaftlicher Nachbardisziplinen enger ist als zum Kern des eigenen Faches. Es soll hier nicht um das Wiederbeleben der alten Diskussion um "Abgrenzung" der Geographie von den Nachbarfächern gehen. Trotzdem muss erkannt werden, dass es bei allen Fachwissenschaften einen Kern und dass es Ränder gibt. Der Kernbereich der Geographie fokussiert darauf, dass sich die politische, soziale, ökonomische und ökologische Realität im Raum abspielt. Zur Illustration diene das Beispiel der Internet-Datenversorgung der ostafrikanischen Länder, wo man Glasfaser-Seekabel an Stelle der nur bedingt geeigneten Datenübertragung per Satellit einsetzen möchte, um Versorgungsungerechtigkeiten abzubauen. Nur soviel dazu: Es geht um Raum- und Funktionsbeziehungen, wobei – wenn man sie nur technisch oder ökonomisch oder politisch betrachtet – allenfalls ein Teil des Problems abgedeckt wird. In Tat und Wahrheit ist das Seekabel-Problem – als Gesamtheit – ein eminent klassisch-geographisches, kann also nur integrativ und raumbezogen behandelt werden.

3.3 Methodologische Probleme betreffen auch die Praxis

Als Prämisse sei formuliert:
* Realität und Praxis ordnen sich auf einer Ebene an, während zwischen Realität und (Fach-)Wissenschaften insofern ein Bruch besteht, als wissenschaftsinterne Interessen grundsätzlich dominieren und auf *diese* (und die erwarteten "wissenschaftlichen" Aussagen) hingearbeitet wird, nicht aber auf die Realität.

Selbstdeklarationen von Fachwissenschaften sind immer problematisch. Auch Geographie und Landschaftsökologie bilden da keine Ausnahme. Die Behauptung, beide arbeiteten von vornherein für die Praxis, kann nicht unwidersprochen bleiben. Denn: Erst in den letzten knapp 20 Jahren wendet sich die Physiogeographie von den extremen Spezialisierungen der Einzelfachgebiete teilweise (aber wirklich nur teilweise!) wieder ab und versucht, intergrativer, aber auch praxisbezogener zu sein. Bis dahin dominierten Einzelthemen von beispielsweise Geomorphologie, Klimageographie und Hydrogeographie, ohne methodische, methodologische und praktische Einbindung in den realen landschaftsökologischen Kontext. Sie bestimmten das Außenbild der Physiogeographie. Aus den Blickwinkeln der spezialisierten und arbeitstechnisch meist überlegenen naturwissenschaftlichen Nachbardisziplinen erschienen manche der Ergebnisse dilettantisch.

Physiogeographie hat, gleich von welchem Teilgebiet aus, sich des landschaftsökologischen Ansatzes zu bedienen. Es kommt jedoch erst allmählich zu einer wirklichen geo- und landschaftsökologischen Forschung, d.h. einer integrativen Betrachtung des *naturwissenschaftlich* zu untersuchenden, *jedoch anthropogen* veränderten Landschaftssystems. Erst mit diesem Ansatz und *menschenbezogenen Ergebnissen* stößt man auch zum "Adressaten" Praxis vor, welcher sich im politischen, gesellschaftlichen und ökonomischen Bereich anordnet. Damit wäre eigentlich – siehe Nachfolgendes – bereits der erste Schritt in Richtung transdisziplinärer Zusammenarbeit getan.

Allerdings ist man – auch in der Geographie – davon noch weit entfernt. Es wird dabei einmal von jenen Forschungsinstituten im deutschen Sprachraum abgesehen, bei denen seit Jahren und Jahrzehnten für die Praxis – im Sinne einer transdisziplinären Zusammenarbeit – geforscht wird. Die Kehrseite der Medaille stellen jene Institute dar, die separative Untersuchungen als umfassende Landschaftsforschungen verkaufen. Die Untersuchungen dieser Institute weisen folgende Merkmale auf:

- Flucht in den separativen, vor allem naturwissenschaftlichen Ansatz (bis hin zur Erforschung des einzelnen Stoffpfades - das wäre noch nicht einmal Geoökologie).
- Außerachtlassen des komplexen Anthroposystems (= politische, ökonomische und technische Eingriffe und Entscheidungen des Menschen in das Umweltsystem, die man nicht allein auf "Landnutzung" reduzieren kann; das würde dem handlungstheoretischen Konzept der Humangeographie nicht gerecht).

3.4 Geographie und Landschaftsökologie

Sie sollten nicht gegeneinander ausgespielt werden! Das Landschaftsökosystem ist eine Modellvorstellung, die mit den drei Subsystemen Geosystem, Biosystem und Anthroposystem arbeitet. Da diese auch zum Denkmuster der Geographie gehören, kann das Modell des Landschaftsökosystems als *Basismodell* der Geographie, ihrer Teilgebiete, aber auch ihrer Übergänge zu anderen Wissenschaften und zur Praxis dienen.

Mit dem Schlagwort "Umweltforschung" ergab sich für viele Fachwissenschaften die Möglichkeit, unter einer methodologisch unscharfen Bezeichnung diverse Ergebnisse (z.B. separative und/oder außerhalb der Größenordnungen praktischer Entscheidungen liegende Aussagen) als "umweltrelevant" zu deklarieren. Die Diskrepanz zwischen Modellvorstellungen und den nicht hineinpassenden separativen Ergebnissen wurde als methodologische Spitzfindigkeit abgetan. In der Grundlagenforschung mag diese Diskrepanz vielleicht keine Rolle spielen, obwohl das von wissenschaftstheoretischer Seite her bezweifelt werden darf. Legt man jedoch die politisch, sozial und ökonomisch nicht unwesentlichen Bedürfnisse der Praxis als Elle an und nimmt den Begriff "Umweltforschung" ernst, wird ein umfassenderer Ansatz nicht einfach nur notwendig, sondern er ist – methodologisch und methodisch – zwingend erforderlich. Dieser Ansatz muß weit umfassender sein als es die teildisziplinären Ansätze z.B. einer Klimatologie, einer Bodenökologie oder einer Hydrologie sind.

Auch wenn der landschaftsökologische Ansatz – und dies diskutieren alle einschlägigen Lehrbücher (u.a. Finke 1994; Leser 1997 a; Schneider-Sliwa, Schaub & Gerold Hrsg. 1999; Steinhardt, Blumenstein & Barsch 2005) – mangels "integrativen" Handwerkszeuges nicht allumfassend realisiert werden kann, weist er gegenüber anderen sich integrativ gebenden Ansätzen wesentliche methodische und vor allem methodologische Vorzüge auf, die zum Konzept der Geographie – im Sinne von Weichharts Gesellschaft-Umwelt-Forschung (2003) – durchaus passen:

- Der Ansatz stellt (z.B. naturwissenschaftliche ["geoökologische"]) Umweltforschungergebnisse in einen größeren Zusammenhang.
- Dieser nimmt bewusst Bezug auf das Anthroposystem oder auf für das praktische Problem relevante Teile davon.

- Weiterhin macht er deutlich, dass politische, ökonomische, planerische oder andere gesellschaftliche Handlungen, Vorgaben oder Entscheidungen integraler Bestandteil eines landschaftsökologischen Projekts zu sein haben.

Zwischenfazit: Die Notwendigkeit und Bedeutung des landschaftsökologischen Ansatzes beruhen in seinem methodischen und praktischen *Leitcharakter.* Er hebt die Qualität – beispielsweise einer geoökologischen Untersuchung – durch
- methodische Ergänzungen,
- funktionale Orientierung und damit durch
- "geschlossenere", d.h. für den Praktiker verständlichere, weil in den realen Kontext gestellte Ergebnisse.

4. Disziplinäre Strukturen vs. Transdisziplinarität

Salopp könnte man fragen: "Wo sitzt die Landschaftsökologie, wo sitzt die Geographie heute?" Und die Antwort wäre: "Zwischen den Stühlen" (Leser 2002; Leser [o.J.; im Druck (a)[7]]). Warum? Geographie und Landschaftsökologie sind keine Fachwissenschaften, sondern Fachbereiche, die sich stark überlappen und die sogar methodologisch und methodisch teilidentisch sind. Die Erklärung dafür ist, dass die Gründerväter der Landschaftsökologie - Carl Troll, Josef Schmithüsen und Ernst Neef - Geographen waren. Sie forderten – ähnlich der Geographie – eine räumlich-funktionale, integrative Sichtweise für die Landschaftsökologie, auch wenn diese drei Persönlichkeiten den Begriff "Landschaftsökologie" recht unterschiedlich definierten. Geographie und Landschaftsökologie sind *Lehren*, die einen *integrativen, fächerübergreifenden Ansatz* verfolgen. Beide haben sich jedoch, durch eine relativ stark ausgeprägte Praxisferne, in der Vergangenheit je länger umso mehr als *Teil*-Fachwissenschaften verstanden. Das hatte die Folge weiterer Unterteilungen innerhalb beider Fachbereiche, wodurch die Spezialisierungen gefördert wurden. Solche Entwicklungen sind selbstverständlich nicht nur bei Geographie und Landschaftsökologie auszumachen, sondern auch bei verwandten, ebenfalls integrativ ansetzenden Gebieten wie Landespflege, Umweltschutz, Naturschutz, neuerdings auch bei Bereichen der Biologie (z.B. Naturschutzbiologie) oder anderen Geowissenschaften (z.B. Umweltgeowissenschaften). Beispielsweise belegen die zahlreichen nationalen und internationalen IALE-Tagungen[8] für die Landschaftsökologie (um bei diesem Beispiel zu bleiben), dass einerseits diese Einseitigkeiten noch vorherrschen, dass jedoch andererseits – zumindest verbal – der Wille besteht, aus den engeren Kontexten der Einzel-Fachwissenschaften herauszutreten.

Wenn man Landschaftsökologie als Fachbereich versteht, bedeutet dies theoretisch und praktisch, dass es *verschiedene Sichtweisen* auf die Landschaft gibt (Abb. 3). Dazu als Auswahl Herz (1994), Schmithüsen (1968, 1970) und Troll (1950) sowie Leser (1997 a) und Steinhardt, Blumenstein & Barsch (2005). Neben der Urzelle der Landschaftsökologie, nämlich der "geographischen Landschaftsökologie" (Troll 1939; Schmithüsen 1942), gibt es inzwischen diverse, fachlich anders abgestützte "Landschaftsökologien". Das entspricht der Vielfalt der möglichen Ansätze. Problematisch erscheinen jedoch hier und da immer wieder einmal auftauchende Tendenzen, sich voneinander zu stark abzugrenzen oder gar für sich zu reklamieren, "die"

---

[7] Siehe Fußnote 1.
[8] IALE = International Association of Landscape Ecology.

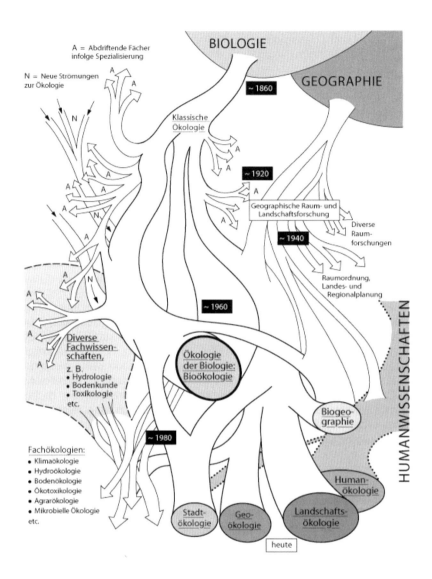

Abb. 3: Biologie und Geographie als Wurzeln der Landschaftsökologie (verändert nach Leser 1995)

Zur zunächst noch einheitlichen (biologischen) „Klassischen Ökologie" eines E. Haeckel und K. Moebius kam aus der geographischen Raum- und Landschaftsforschung die räumlich-funktionale Betrachtungsweise. Innerhalb der ursächlich „biologischen" Ökologie verstärkte sich das biologische Schwergewicht. Es entstand die Bioökologie. Mehr oder weniger parallel entwickelten sich sehr rasch aus der Landschaftsökologie (C. Troll; später J. Schmithüsen und E. Neef), die Stadtökologie (u.a. H. Sukopp), die „geographische" Biogeographie (J. Schmithüsen) und die Geoökologie, die eine eher „geowissenschaftliche" Landschaftsökologie (H. Leser; T. Mosimann; H. Neumeister) darstellt. Die später ausscherende Humanökologie, ein sehr breit gefächertes Gebiet (u.a. P.R. Ehrlich, A.H. Ehrlich & J.P. Holdren; W. Nentwig; D. Steiner), tendiert inzwischen wieder stärker zu den Humanwissenschaften, unter Zurückstellung der naturwissenschaftlichen Aspekte.

Landschaftsökologie zu sein. Das verträgt sich nicht mit dem heute gültigen pluralistischen Bild der Wissenschaftsfelder. Notwendig wäre also eine Öffnung, und zwar

- einmal untereinander *und*
- zum anderen gegenüber jenen anderen Fachwissenschaften, die ebenfalls ("irgendwie") landschaftsökologisch ansetzen (dazu gehören sehr verschiedene Wissenschafts- und Praxisbereiche, vor allem jene, die pragmatisch vorgehen und – relativ wenig – über ihren wissenschaftstheoretischen Standort reflektieren[9],
- aber auch gegenüber all jenen Feldern der Praxis, die – im weiteren Sinne – landschaftsökologisch arbeiten, ansetzen oder von der wissenschaftlichen Landschaftsökologie Methodiken oder Ergebnisse erwarten bzw. verwenden.

Eine solche Vielfalt, Verschiedenheit und Offenheit würde eine günstige Voraussetzung für eine inter- und transdisziplinäre Zusammenarbeit darstellen. Allerdings wird diese Gunstsituation nicht überall wahrgenommen – manchmal ganz bewusst nicht, öfter jedoch unbewusst. In allen landschaftsökologisch arbeitenden Fachwissenschaften müsste man sich sagen, dass gerade der – wie auch immer genutzte – gemeinsame, auch theoretisch und methodisch verbindende landschaftsökologische Ansatz vor allem Anlass sein sollte, *transdisziplinär* zu arbeiten. Dabei gilt:

- Die Geographie und die geographische Landschaftsökologie müssen das interdisziplinäre Arbeiten verstärken und transdisziplinär in andere Fachwissenschaften (vor allem Nachbarwissenschaften) und in die Praxisbereiche hineinwirken bzw. mit diesen zusammenarbeiten. Das schließt ein, zuerst einmal "Ordnung im eigenen Hause" zu schaffen und wieder vermehrt zwischen Physio- und Humangeographie zusammenzuarbeiten (Leser 2003; dazu auch verschiedene Beiträge in Meusburger & Schwan Hrsg. 2003; Weichhart 2003). Auch wenn das manche Autoren des zuletzt zitierten Bandes nicht gerne lesen mögen: Für dieses Zusammengehen von Human- und Physiogeographie stellt das umfassende *Landschafts(öko)systemmodell* durchaus *eine gemeinsame methodologische Basis* dar. Das setzt in der Humangeographie jedoch voraus, den Blick nicht nur auf handlungs- und/oder verhaltenszentrierte Ansätze zu richten – siehe die immer wieder aufflackernden Diskussionen um "New Regional Geography" etc. oder um die vermeintliche Nichtwahrnehmung der Paradigmenpluralität (dazu auch Zierhofer 2003). Auch Verhalten und Handlung der Individuen spielen sich im Raum ab bzw. haben Raumwirksamkeit. Oder anders formuliert: Virtuelle Handlungs- und Verhaltensräume sind mindestens indirekt realräumlich verortet, denn Menschen sind in einem ganz weiten Sinne "erdgebunden" (Leser 2004). Die Spezialisierung erlaubt natürlich, sich ausschließlich handlungszentrierten Ansätzen zuzuwenden. Problematisch wird dies jedoch, wenn damit eine Art Allanspruch vertreten wird, dass nur dies "die" Geographie sei und alle anderen Ansätze methodologisches Alteisen darstellten.
- Vergleichbare Diskussionen gab und gibt es im Bereich der Ökologien, so dass darauf nicht ausführlich eingegangen werden muss. Aber auch hier ist zu konstatieren: "Die" Ökologie gibt es nicht (bzw. nicht mehr[10]), aber man versteht unter "*der* Ökologie" in deren Heimatwissenschaft, der Biologie, immer noch eine einseitige biologische Betrachtungsweise (oft nur entweder auf Flora *oder* auf Fauna fokussiert und weit von einer zusammenschauenden integrativen biologischen Öko-

---

[9] Dies ist lediglich eine Feststellung und keine Wertung. Der Usus der wissenschaftstheoretischen Reflexion ist in den einzelnen Fachwissenschaften und Fachbereichen unterschiedlich ausgeprägt.
[10] "Die" Ökologie gab es in der Frühzeit der wissenschaftlichen Ökologie, als deren Auffächerung in verschiedene Spezialrichtungen noch nicht erfolgt war, sondern zunächst nur der klassische Kernbereich existierte, also zu Zeiten eines Karl Moebius oder eines Ernst Haeckel.

logie entfernt). Zudem ist diese Art Bioökologie weit entfernt von einem Raum- und Dimensionsbezug, speziell vom Geosystem bzw. Geoökosystem, welche bekanntlich die abiotischen Grundlagen des Bios repräsentieren. Wenn heute dort ebenfalls von "Landschaftsökologie" geredet wird, geschieht dies fast in einem illustrativen Sinne und ohne Rücksicht auf die verschieden dimensionierten abiotischen Prozeßwirkungen im Realraum.

Ein Fazit im Hinblick auf die Transdisziplinarität (Abb. 4)

1. Alle Fachwissenschaften und Fachbereiche (noch einmal: das gilt nicht nur für Geographie und Landschaftsökologie) können sich zwei Arbeitslinien zuordnen:
   - Einmal *engeren, spezialisierteren Fragestellungen*, und
   - zum anderen *integrativ und transdisziplinär anzugehenden Problemfeldern*.
   Für beide Linien gibt es Gründe und das Einhalten der Linien hängt von den Fachtraditionen, den aktuellen Forschungsinteressen, den vorhandenen institutionellen Strukturen, dem zu erzielenden Öffentlichkeitsbild, dem Verständnis vom

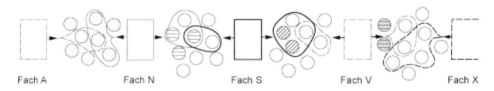

Interdisziplinäre Bearbeitung zwischenfachlicher Problemfelder

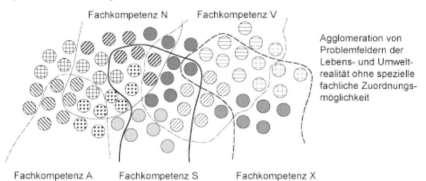

Transdisziplinäre Bearbeitung von Problemfeldagglomerationen

Abb. 4: Transdisziplinarität und Interdisziplinarität – eine einfache Übersicht (verändert nach Leser 2002)
Multidisziplinäres, interdisziplinäres und transdisziplinäres Vorgehen erweisen sich als nicht leicht voneinander zu trennende Sichtweisen. Die reale Forschungspraxis verfährt eher pragmatisch und vermeidet derartige Etikettierungen. - Neuere Definitionen von Transdisziplinarität beziehen auch Praxisbereiche mit ein. „Fachkompetenzen" sind bekanntlich nicht an Fach*wissenschaften* gebunden. Bei der „Begegnung am Problem" können selbstverständlich auch durch Praktiker Fachkompetenzen eingebracht werden.

gesellschaftlichen Auftrag und den hochschulpolitischen Vorgaben ab. Gesellschaftliches und Individuelles bilden dabei einen schwer aufschlüsselbaren Konnex. Letztlich bedarf es eines fachpolitischen Entscheides, was man möchte und was man nicht möchte.

2. Geht man von der breiten Palette möglicher Ansätze und Methodiken aus, die allein schon wegen des Wissenszuwachses bei Theorien und Arbeitstechniken möglich ist, wäre von *allen* Fächern und Fachbereichen transdisziplinäre Zusammenarbeit zu fordern. Sie allein scheint zeitgemäß (Jaeger & Scheringer 1998; Nowotny, Obrist & Smrekar 2000; Thompson Klein et al. Eds. 2001). Sie zu realisieren bedarf es nicht nur des Willens einer oder mehrerer Gruppierungen von Fachwissenschafts- und Praxisbereichen, sondern auch institutionell-administrativer Voraussetzungen. Sie sind von den Forschungsträgern, also von den Hochschulen und den Forschungsförderern, zu schaffen, soll es nicht beim real *unausgefüllten Schlagwort "Transdisziplinarität"* bleiben. Dies ist, von Ausnahmen abgesehen, zumindest in der Landschaftsökologie und der Geographie (von anderen Fachbereichen soll hier nicht die Rede sein), immer noch der Fall: Es wird von Transdisziplinarität geredet, ohne dass wirklich transdisziplinär gearbeitet wird (Abb. 5).

3. Manche Fächer und Fachbereiche – vor allem jene, die lediglich eine lose Gruppierung von Spezialgebieten darstellen – haben mit der forschungspraktischen Realisierung der Transdisziplinarität mehr Mühe als andere. *Geographie und Landschaftsökologie*, die traditionell mehrere Ansätze verfolgen, sehr diverse Methodiken benutzen und wenigstens teilweise auf eine gewisse Erfahrung mit praktischen Arbeiten verweisen können, sollte das leichter fallen. Erstaunlicherweise wird gerade in diesen beiden Fachbereichen, für die Pluralität schon immer kennzeichnend war, immer noch zu wenig für transdisziplinäres Arbeiten getan. Man müsste beispielsweise vermehrt die Praxis einbeziehen. Dies kann gefördert werden durch:

- Bewußtmachen der Komplexität der Gesellschaft-Raum-Umwelt-Realität und theoretische Begründung dieser;
- Erkunden und Definieren praktisch interessanter Forschungsfelder und Entwickeln komplexer, zielgerichteter integrativer Ansätze und Methodiken;
- organisatorische und administrative Vereinigung von Lehrstühlen und Instituten;
- Beteiligung an vermeintlich fachfremden (internationalen) multidisziplinären (Groß-) Projekten.

Ob man es nun in den verschiedenen Fachwissenschaften wahrhaben möchte oder nicht (und das betrifft wiederum nicht nur Geographie und Landschaftsökologie): Die Zeit gebietet transdisziplinäres Arbeiten. Auch Spezialisten, die von ihrer Spezialität nicht lassen können oder möchten, sind gehalten, sich in einen *übergeordneten problembezogenen Konnex* zu begeben. Man könnte all dies sogar auf einen hohen ethischen Sockel stellen: Nur auf transdisziplinär bearbeiteten komplexen Problemfeldern unseres Lebensraumes "Welt" kann ein gesamtgesellschaftlich nützlicher Beitrag zur Lösung der Gesellschaft-Umwelt-Probleme geleistet werden.

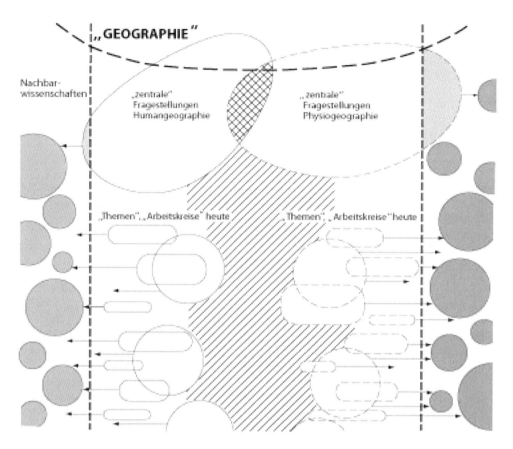

Abb. 5: Das „Vakuum" innerhalb der Geographie – nicht „Mut zur Lücke", sondern interdisziplinäres Defizit

Die zentralen Fragestellungen der beiden Hauptgebiete der Geographie – Physio- und Anthropogeographie – haben sich von den *gemeinsamen zentralen Interessenfeldern* sehr weit entfernt. Zentrifugale Tendenzen – in Richtung der natur- und kultur- bzw. wirtschafts- und sozialwissenschaftlichen Nachbarfächer – verstärken diese Entwicklung auch heute noch. Es gälte eigentlich, das gemeinsame Feld „Geographische Realität" nicht aus dem Auge zu verlieren und begriffliche und methodische Brücken zu erhalten oder neu zu bauen. – Die Hauptaktivitäten beider Bereiche positionieren sich heute in ziemlich spezialisiert agierenden Arbeitskreisen, die eine starke Affinität zu den Nachbarwissenschaften zeigen. Diese im Sinne der Transdisziplinarität an sich positive Entwicklung vernachlässigt jedoch das (schräg schraffierte) zentrale Zwischenfeld. Es markiert ein thematisches, methodisches, theoretisches und begriffliches Vakuum, das sich mit fortschreitender Spezialisierung sukzessive vergrößert. Es drückt sich im anhaltenden Auseinanderdriften der beiden Hauptbereiche der Geographie – Physio- und Humangeographie – aus. Daraus resultiert eine theoretische und methodische Verständnislosigkeit, die manchmal sogar in „Sprachlosigkeit" übergeht.

5. Zusammenfassung

Der Beitrag geht von der Tatsache aus, dass der Raum von verschiedenen Fachwissenschaften neu entdeckt wird. Das trägt immerhin der von Ernst Neef so genannten "Geographischen Realität" Rechnung, die den im Raum manifestierten Systemzusammenhang "Mensch" bzw. "Gesellschaft" (= Anthroposphäre) - "Natur" (= Geobiosphäre) - "Technik" (= Technosphäre) umfasst.

Dieses Postulat liegt auch dem Selbstverständnis der "Fächer" Geographie und Landschaftsökologie zugrunde, die eher als *Fachbereiche* zu bezeichnen wären. Diese Kennzeichnung gründet sich auf die sachlich-fachliche Vielfalt der Geographischen Realität, die innerhalb dieser Fachbereiche aus zahlreichen, ganz verschiedenen Blickwinkeln betrachtet wird. Das Problem dieser Pluralität von Sichtweisen auf den Gegenstand und auch der Methodik ist zugleich ein methodologisches: Praktisch wird vor allem separativ an Systemausschnitten geforscht, theoretisch wird jedoch immer auf den Gesamtzusammenhang der drei Hauptkompartimente Anthropo-, Bio- und Geosystem hingewiesen.

Diese Diskrepanz wird verschärft durch eine nach wie vor *zunehmende Spezialisierung* in den Fachwissenschaften. Der real existierende Widerspruch zwischen Theorievorstellungen einerseits und forscherischer Wirklichkeit andererseits wird von den Wissenschaftlergemeinden weitgehend ignoriert. Nur wenige Theoretiker setzen sich damit auseinander, obwohl die *Auflösung des Widerspruchs* wesentlich wäre für eine öffentlichkeitswirksame ("politische") Darstellung von Ansätzen und Leistungsfähigkeit der Geographie und der Landschaftsökologie, aber auch für die Entwicklung von *Perspektiven für transdisziplinäre Zusammenarbeit*.

Zugleich wird sich – Ausnahmen bestätigen die Regel – innerhalb von Geographie und Landschaftsökologie kaum mit dem Gedanken der Transdisziplinarität beschäftigt. Natürlich kann diese erst einmal auch auf einzeldisziplinären Strukturen beruhen, doch dies erschwert die Entwicklung transdisziplinärer Ansätze: Transdisziplinarität wird real von fachübergreifenden Sichtweisen (auch aus den Einzeldisziplinen heraus) ausgemacht, die sich "am Problem begegnen" müssen. Zu dieser *transdisziplinären "Begegnung am Problem"* hätten sowohl Geographie als auch Landschaftsökologie – gerade wegen ihrer traditionellen methodologischen Postulate – sehr viel beizutragen.

Danksagungen

Der Verfasser dankt zunächst einmal Herrn Kollegen Helmuth Köck für die langjährigen, wenn auch zeitweise losen, aber nie ganz abreißenden Kontakte, die mindestens durch Publikationsaustausch aufrecht erhalten wurden. Die Begegnungen mit Helmuth Köck im theoretischen Feld der Geographie haben dem Verfasser immer wieder Denkanstöße beschert und Argumente geliefert. Dafür sei ganz herzlich gedankt.

Dank sei meiner Hilfsassistentin cand.lic.phil. Nicole Wehrli gesagt. Sie hat, wie auch bei anderen Publikationen, das Manuskript kritisch und aufmerksam gelesen. Gedankt sei auch der Kartographin des Geographischen Instituts der Universität Basel, Leena Baumann, die in bewährter Weise die Grafiken herstellte.

Zitierte Literatur

Bartels, D. (1968). Zur wissenschaftstheoretischen Grundlegung einer Geographie des Menschen. - Erdkundliches Wissen Heft 19 (= Geographische Zeitschrift, Beihefte), Wiesbaden, 1 - 225

Borsdorf, A. (1999). Geographisch denken und wissenschaftlich arbeiten. Eine Einführung in die Geographie und in Studientechniken. - Perthes GeographieKolleg,
Gotha - Stuttgart, 1 - 160

Chorley, R. & Kennedy, B. (1971). Physical geography - a systems approach. London, 1 - 348

Ehlers, E. (1998). Geographie als Umweltwissenschaft. - Die Erde 129, 333 – 349

Ehlers, E. (1999 a). Geosphäre – Biosphäre – Anthroposphäre: Zum Dilemma holistischer globaler Umweltforschung. - Frankfurter Geowissenschaftliche Arbeiten,
Serie D, Bd. 25, Frankfurt am Main, 87-104

Ehlers, E. (1999 b): Geographie und Umweltforschung. - Erdkunde 53, 75 - 79

Ehlers, E. (2000). Geographie in der Welt von heute - Möglichkeiten und Grenzen
eines integrativen Faches. - Geographica Helvetica 55, 153 - 162

Ehlers, E. (2001). Geowissenschaften, Geographie ... und der Mensch?! - In Ehlers,
E. (Hrsg.), Mensch und Umwelt, Gedanken aus der Sicht der Rechtswissenschaf-
ten - Ethnologie - Geographie. Laudationes und Vorträge gehalten aus Anlass der
Verabschiedung von Frau Ursula Far-Hollender ... am 13. November 2000 in
Bonn, = Colloquium Geographicum, 25, Bonn, 50 - 69

Ehlers, E. & Krafft, T. (Eds.) (2001). Understanding the Earth System.
Compartements, Processes and Interactions. - Berlin - Heidelberg -New York, 1 -
290

Ehlers, E. & Leser, H. (Hrsg.) (2002). Geographie heute - für die Welt von morgen. -
Perthes GeographieKolleg, Gotha - Stuttgart, 1 - 176

Finke, L. (1994). Landschaftsökologie. - Das Geographische Seminar, 2. Aufl.,
Braunschweig, 1 - 232

Heinritz, G. (Hrsg.) (2003). "Integrative Ansätze in der Geographie - Vorbild oder
Trugbild?" Münchner Symposium zur Zukunft der Geographie, 28. April 2003. Eine Dokumentation. - Münchener Geographische Hefte 85, Passau, 1 - 72

Herz, K. (1973). Beitrag zur Theorie der landschaftsanalytischen Maßstabsbereiche.
- Petermanns Geographische Mitteilungen 117, 91 - 96

Herz, K. (1994). Ein geographischer Landschaftsbegriff. - Wissenschaftliche Zeitschrift der Technischen Universität Dresden 43, 82 - 89

Jaeger, J. & Scheringer, M. (1998). Transdisziplinarität: Problemorientierung ohne
Methodenzwang. - GAIA 7, 10 - 25

Köck, H. (2005). Der chorologische Raum - die Mitte der Geographie. - In Horst, U.,
Kanwischer, D. & Stratenwerth, D. (Hrsg.), Die Kunst sich einzumischen. Vom
vielfältigen und kreativen Wirken des Geographen Tilman Rhode-Jüchtern. Von
Freunden und Weggefährten zum 60. Geburtstag zugeeignet, Berlin, 45 - 56

Köck, H. & Rempfler, A. (2004). Erkenntnisleitende Ansätze - Schlüssel zur Profilierung des Geographieunterrichts. Mit erprobten Unterrichtsvorschlägen. - Köln, 1 -
212

Leser, H. (1982). Der ökologische Natur- und Landschaftsbegriff. Überlegungen zu
seiner Bedeutung für Nutzung, Planung und Entwicklung des Lebensraumes. - In
Zimmermann, J. (Hrsg.), Das Naturbild des Menschen,- München, 74 - 117

Leser, H. (1991). Ökologie wozu? Der graue Regenbogen oder Ökologie ohne Natur.
- Berlin - Heidelberg - New York, 1 - 362

Leser, H. (1995). Ökologie: Woher - Wohin? Perspektiven raumbezogener Ökosys-
temforschung. - Die Erde 126, 323 - 338

Leser, H. (1997 a). Landschaftsökologie. Ansatz, Modelle, Methodik, Anwendung. Mit
einem Beitrag zum Prozeß-Korrelations-Systemmodell von Thomas Mosimann. -
UTB 521, 4. Aufl., Stuttgart, 1 - 644

Leser, H. (unter Mitarbeit von C. Kempel-Eggenberger) (1997 b): Landschaftsökologie und Chaosforschung. - In Onori, P. (Hrsg.), Chaos in der Wissenschaft. Nichtlineare Dynamik im interdisziplinären Gespräch. = Reihe MGU, Bd. 2, Liestal - Basel, 184 - 210

Leser, H. (2002). Geographie und Transdisziplinarität - Fachwissenschaftliche Ansätze und ihr Standort heute. - Regio Basiliensis, Basler Zeitschrift für Geographie 43/1, 3 - 16

Leser, H. (2003). Geographie als integrative Umweltwissenschaft: Zum transdisziplinären Charakter einer Fachwissenschaft. - In Heinritz, G. (Hrsg.), "Integrative Ansätze in der Geographie - Vorbild oder Trugbild?" Münchner Symposium zur Zukunft der Geographie, 28. April 2003. Eine Dokumentation. - Münchener Geographische Hefte 85, Passau, 35 - 52

Leser, H. (2004). Idee und Ansatz der Physiogeographie im Werk Herbert Wilhelmy's. - In Kohlhepp, G. (Hrsg.), Herbert Wilhelmy (1910-2003). Würdigung seines wissenschaftlichen Lebenswerks. - Tübinger Geographische Studien Heft 141, Tübingen, 43 - 84

Leser, H. (Hrsg.) (2005). Diercke-Wörterbuch Allgemeine Geographie. - dtv 3422, 13. Aufl., München- Braunschweig, 1 - 1119

Leser, H. [noch o.J. (a)]. Fachwissenschaften zwischen den Stühlen oder Geographie mit Zukunft? Transdisziplinarität als Chance. - Colloquium Geographicum, Sankt Augustin, [im Druck][11]

Leser, H.: [noch o.J. (b)]. Landscape Ecology: A discipline or a field of transdisciplinary research and application? - Colloquium Geographicum, Sankt Augustin, [im Druck][12]

Leser, H. & Schneider-Sliwa, R. (1999). Geographie - eine Einführung. - Das Geographische Seminar, Braunschweig, 1 - 248

Mannsfeld, K. (1998). Geographische Überlegungen zu einer Nachhaltigkeit sichernden Zukunftsplanung in den Ländern des "Nordens". - In Heinritz, G., Wiessner, R. & Winiger, M. (Hrsg.) "Nachhaltigkeit akls Leitbild der Umwelt- und Raumentwicklung in Europa". - 51. Deutscher Geographentag Bonn, Tagungsberichte und wissenschaftliche Abhandlungen, Band 2, Stuttgart, 79 - 86

Mannsfeld, K. & Neumeister, H. (Hrsg.) (1999). Ernst Neefs Landschaftslehre heute. - Petermanns Geographische Mitteilungen Ergänzungsheft 294, Gotha - Stuttgart, 1 - 152

Meusburger, P. & Schwan, Th. (Hrsg.) (2003). Humanökologie. Ansätze zur Überwindung der Natur-Kultur-Dichotomie. - Erdkundliches Wissen Band 135, Stuttgart, 1 - 342

Neef, E. (1963). Dimensionen geographischer Betrachtungen. - Forschungen und Fortschritte 37, 361 - 363

Neef, E. (1967). Die theoretischen Grundlagen der Landschaftslehre. - Gotha, 1 - 152

Neef E. (1969). Der Stoffwechsel zwischen Gesellschaft und Natur als geographisches Problem. - Geographische Rundschau 21, 453 - 459

Neef, E. (1979). Analyse und Prognose von Nebenwirkungen gesellschaftlicher Aktivitäten im Naturraum. - Abhandlungen der Sächsischen Akademie der Wissenschaften zu Leipzig, Math.-nat. Klasse, 50 (1), Berlin, 1 -70

Nowotny, H., Obrist, H.-U. & Smrekar, O. (2000). Unsaubere Schnittstellen. Ein Gespräch über Transdisziplinarität, Zeit und Komplexität. - GAIA 9, 93 - 100

---

[11] Siehe Fußnote 1.
[12] Siehe Fußnote 1.

Schneider-Sliwa, R., Schaub, D. & Gerold, G. (Hrsg.) (1999). Angewandte Land-schaftsökologie. Grundlagen und Methoden. Mit einer Einführung von Professor Dr. Klaus Töpfer, Exekutivdirektor UNEP/UNCHS-Habitat). - Berlin - Heidelberg - New York, 1 - 560

Schmithüsen, J. (1942). Vegetationsforschung und ökologische Standortslehre in ihrer Bedeutung für die Geographie der Kulturlandschaft. - Zeitschrift der Gesell-schaft für Erdkunde zu Berlin, 113- 157

Schmithüsen, J. (1968). Der wissenschaftliche Landschaftsbegriff. - Pflanzensoziolo-gie und Landschaftsökologie, Den Haag, 23 - 43

Schmithüsen, J. (1970). Begriff und Inhaltsbestimmung der Landschaft als For-schungsobjekt vom geographischen biologischen Standpunkt. - Questiones Geo-biologicae 7, 13 - 25

Schmithüsen, J. (1976). Allgemeine Geosynergetik. Grundlagen der Landschafts-kunde. - Lehrbuch der Allgemeinen Geographie, Band 12, Berlin - New York, 1 - 349

Steinhardt, U., Blumenstein, O. & Barsch, H. (2005). Lehrbuch der Landschaftsöko-logie. Mit Beiträgen von Brigitta Ketz, Wolfgang Krüger, Martin Wilmking. - Hei-delberg, 1 - 294

Stoddart, D. R. (1965). Geography and the Ecological Approach. The Ecosystem as a Geographical Principle and Method. - Geography 228 (Vol. L), 242 - 251

Thompson Klein, J., Grossenbacher-Mansuy, W., Häberli, R., Bill, A., Scholz, R.W. & Welti, M. (Eds.) (2001). Transdisziplinarity: Joint Problem among Science, Technology and Complexity. An Effective Way for Managing Complexity. = Syn-thesebücher Schwerpunktprogramm Umwelt, Basel - Boston - Berlin, 1 - 332

Troll, C. (1939). Luftbildplan und ökologische Bodenforschung. - Zeitschrift der Ge-sellschaft für Erdkunde zu Berlin, 241 - 298

Troll, C. (1950). Die geographische Landschaft und ihre Erforschung. - Studium ge-nerale III, 163 - 181

Weichhart, P. (2003). Physische Geographie und Humangeographie - eine schwieri-ge Beziehung: Skeptische Anmerkungen zu einer Grundfrage der Geographie und zum Münchner Projekt einer "Integrativen Umweltwissenschaft". - In Heinritz, G. (Hrsg.), "Integrative Ansätze in der Geographie - Vorbild oder Trugbild?" Münchner Symposium zur Zukunft der Geographie, 28. April 2003. Eine Doku-mentation. - Münchener Geographische Hefte 85, Passau, 17 - 34

Zierhofer, W. (2003). Schraubenzieher, Münzen und Kaugummis. "Humanökologi-sches Paradigma" oder "poststrukturalistische" Perspektiven für die Humange-ographie? - In Meusburger, P. & Schwan, Th. (Hrsg.), Humanökologie. Ansätze zur Überwindung der Natur-Kultur-Dichotomie. - Erdkundliches Wissen Band 135, Stuttgart, 81 – 99

Raum oder nicht Raum? – Ist das die (fachdidaktische) Frage?

Reinhard Hoffmann

„Helmuth Köck ist einer der wenigen 'mainstream'-Geographiedidaktiker, der ausdrücklich und seit langen Jahren zu kontroversen Diskussionen einlädt [...]Für die Förderung kontroverser Komplimentarität" also, soweit sie dem gemeinsamen Interesse an der Förderung des Faches entspringt, gebührte Helmuth Köck eigentlich eine Extra-Festschrift, jedenfalls Dank" (T. Rhode-Jüchtern 2005, S. 18).

Es mag vielleicht etwas verwundern, dass mir nichts Besseres eingefallen ist, als meinen Beitrag mit Worten zu beginnen, die an anderer Stelle – und darüber hinaus auch noch von einem Mit-Autor dieser Festschrift - schon formuliert wurden. Ich habe aber bewusst darauf zurückgegriffen, denn ich möchte mich dem von Tilman Rhode-Jüchtern erwähnten Dank an Helmuth Köck uneingeschränkt anschließen. Zugleich aber sollen meine nachfolgenden Ausführungen auch im Sinne der oben erwähnten „kontroversen Komplimentarität" verstanden werden.

Eine unendliche Geschichte

Seit Jahrzehnten läuft in der Geographie eine wissenschaftstheoretische Auseinandersetzung um den Umgang mit zentralen Begriffen, wobei sich die Diskussionen insbesondere um solche Grundbegriffe wie „Land", „Landschaft", „Region" und „Raum" ranken. Erkennbar ist, dass gerade in Zeiten paradigmatischer Umbrüche diesbezügliche Streitgespräche intensiviert wurden. Auffällig ist auch die z. T. emotionale Begleitung der Wortgefechte, wenn auch mit unterschiedlicher Lautstärke. So finden sich z. B. Formulierungen wie „Heiligsprechung des Raumes" (C. Vielhaber/W. D. Schmidt-Wulffen 1999, S. 103) oder „Raum-Fundamentalismus" (ebd. S. 119); C. Vielhaber (1998, S. 24) kritisiert das „penetrante Beharren der Geographen, den Raum für bedeutsam zu halten", und G. Hard (2003, S. 15) konstatiert: „Im übrigen beweist allein schon der geballte Nonsense des Artikels ,Raum' im neuesten Lexikon der Geographie (Bd. 3, 2002, S. 106), dass die alte ,Klärung für aufgeweckte Geographiestudenten' (Titel eines Beitrages von G. Hard und D. Bartels, 1977; erg. R.H.) noch heute auch manchem Geographieprofessor nützlich sein könnte." Und die Aussage: „Nur weil Werlen das klassische geographische Paradigma nicht passt bzw. mit der von ihm anvisierten Sozialgeographie nicht verträglich ist, muß ja nicht gleich eine ganze Disziplin ihr Paradigma wechseln. Es könnte sich ja Werlen eine paradigmatisch genehme(re) Disziplin suchen" (H. Köck 1997, S. 89) beweist, dass auch der Jubilar an manchen Stellen die Tonart verschärft hat.
Beachtlich ist die Zahl deren, die in die Diskussionen eingegriffen haben. Wird eine Übersicht auf entsprechende grundsätzliche Beiträge der zweiten Hälfte des 20. Jahrhunderts und auf den deutschsprachigen Raum beschränkt, dann finden sich in solch einer (chronologisch geordneten) Aufstellung z. B. Arbeiten von E. Neef (1956, 1967), D. Bartels (1968, 1974, 1981), G. Hard (1970), P. Weichhart (1975), E. Wirth (1979), U. Eisel (1980), H. Leser (1980), H. Klüter (1986), G. Bahrenberg (1987.1, 1987.2), J. Pohl (1993), H. H. Blotevogel (1996), H. Leser, R. Schneider-Sliwa (1999).

Einen erneuten Impuls hat die Beschäftigung mit „Raumfragen" durch die Veröffentlichungen von B. Werlen (1987, 1995, 1997) erhalten.

Zu den Publikationen jüngeren Datums, in denen Argumentationslinien erkennbar sind und die dabei auch die Entwicklung der Diskussionen sichtbar machen, gehören die Arbeiten von G. Hard (2002, 2003).

Nun ist hier nicht der Ort, um die bisher skizzierte Sachlage in aller Ausführlichkeit zu behandeln (zumal sich weitere Beiträge dieser Festschrift mit genau dieser zentralen Thematik beschäftigen); wohl aber ist es notwendig, das Kernproblem zu benennen. Im Grunde genommen scheiden sich die Geister an der Frage, ob der „Raum" als spezifischer Gegenstand der Geographie angesehen werden kann oder nicht. Gewissermaßen zur Illustration sollen die dabei vertretenen konträren Positionen an den nachfolgenden Auffassungen festgemacht werden.

Während z. B. H. Leser und R. Schneider-Sliwa (1999, S. 188) einräumen, dass es „je nach zugrundeliegendem Raumverständnis" Methodiken gibt, „die materielle oder immaterielle Aspekte des Raumes, räumliche Entwicklungen, komplexe soziökonomische Zusammenhänge in ihrer räumlichen Dimension oder die kognitive Seinsweise des Raumes untersuchen" – damit also „der Raum selbst als jeweils differenzierte materielle, soziale, kognitive Entität" anerkannt wird, ist für G. Hard (2003, S. 25) „der Raum (neben „Landschaft") wohl der wirkungsvollste Mythos in der Geschichte der Geographie, der seine Höhepunkte heute wie früher immer dann erreicht, wenn der ‚Raum' oder ‚die Räume' als reale Akteure, Mächte, Wirkungszentren usw. imaginiert werden." Auch die Frage von B. Werlen (1993) „Gibt es eine Geographie ohne Raum?", mehr aber noch seine Antworten: „Wir sollten uns damit vertraut machen, ‚Raum' nicht mehr als den besonderen (Forschungs-)Gegenstand der Geographie zu betrachten" (ebd. S. 253) bzw. „Wissenschaftliche Geographie ist auch ohne Forschungsobjekt ‚Raum' denk- und praktizierbar, ohne dabei in eine Legitimationskrise zu verfallen (1995, S. 15) bringen diese komplett unterschiedliche Sichtweise zum Ausdruck.

Raumbegriffe im Geographieunterricht

Es kann nicht überraschen, dass eine Problematik, die Grundfragen der Geographie betrifft, auch in der fachdidaktischen Diskussion thematisiert wird. Bei einem kurzen historischen Exkurs werden sehr schnell Parallelen sichtbar: Über lange Zeit hinweg war unstrittig, dass der Raum gewissermaßen das "Alleinstellungsmerkmal" des Erdkundeunterrichts in Deutschland war; am Ende des 20. Jahrhunderts hat die Diskussion in der Fachwissenschaft auch die Geographiedidaktik erreicht.

So finden sich bereits kurz nach Etablierung der Geographie als eigenständiges Schulfach Publikationen, in denen Auffassungen zum Gegenstand des Faches deutlich werden, die durchaus auch erkennen lassen, wie dieser Raumbegriff verstanden wurde. Oberländer z. B. spricht (1875, Vorwort S. IIIf.) davon, dass die „neue Schule, wie sie von Ritter begründet worden ist, eine Darlegung der Wechselbeziehung, in der die geographischen Objecte unter einander stehen, und vor allem eine eingehende Betrachtung des physischen Bildes der einzelnen *Erdlocalitäten*" (kursiv R. H.) erfordert. Bei Gruber (1904, S. 89) heißt es: „Es bedarf kaum der Erwähnung, dass es auch der Schulgeographie auf die natürliche Ausstattung der einzelnen *Erdräume* mit besonderer Berücksichtigung der natürlichen Daseinsbedingungen des Menschen ankommt [...] Auch ihr kommt es nicht auf Einzelerscheinungen an sich an, sondern auf ihre *räumliche Anordnung*, ihre *räumlichen Verschiedenheiten* und Beziehungen" (kursiv R. H.).

Der Versuch, die gegenwärtige Situation zu erfassen, führt zu einem bemerkenswerten Ergebnis: Es gibt zwar Stimmen, die den Raumbezug des Geographieunterrichts infrage stellen (s. u.); zugleich lassen allerdings die Rahmenpläne der einzelnen Bundesländer erkennen, dass in Deutschland - etwas pointiert formuliert - die Auseinandersetzungen um die Rechtschreibreform („Geographie" oder „Geografie"?) tiefere Spuren hinterlassen haben als die zur Diskussion stehende Streitfrage der Fachwissenschaftler (vgl. Anlage 1).

Mit anderen Worten: In den Rahmenplänen für den Geographieunterricht in der Bundesrepublik Deutschland spielen „Raum" und „räumliche Perspektive" nach wie vor eine zentrale Rolle.

Es ist eines der Verdienste von H. Köck (1983, 1987.1, 1987.2, 1997, 2004), dass er seit langem die Diskussionen um den Raumbegriff und das Raumverständnis der Geographie bereichert hat. Seine Gedanken haben nicht nur die konzeptionelle Entwicklung der Geographiedidaktik und des Geographieunterrichts beeinflusst, sie wurden auch in der Fachwissenschaft reflektiert.

Für H. Köck ist der Raum eine geographische und zugleich „universale" Kategorie; er ist „die Mitte der Geographie". In einer seiner jüngsten Publikationen (Köck 2004) hat er diese Grundauffassung noch einmal argumentativ gestützt. Nach meiner Überzeugung sind dabei zumindest drei Gedanken, die hier in Teilen zitiert werden, besonders bemerkenswert:

- „So ist zwar zunächst festzuhalten, dass sich durch nichts ‚beweisen' oder ‚letztinstanzlich' begründen lässt", dass der Raum die zentrale und konstituierende Kategorie der Geographie ist. Jedoch entspricht dies der Auffassung der überwiegenden Mehrheit derer, die sich, auf welcher Ebene, in welchem Bereich und in welcher Form auch immer, als Geographen betätigen" (ebd. S. 13). Mit Blick auf Abb. 1 (am Ende des Beitrags) kann diese Aussage aus Richtung des Geographieunterrichts uneingeschränkt gestützt werden.
- Die ständige Veränderung räumlicher Verhältnisse bedeutet nicht ihre „Enträumlichung", sondern allenfalls stets neue Verräumlichung" (ebd. S. 15; kursiv im Orig.).
- „Stets wird klar, dass es Räume als solche nicht gibt, sondern nur materielle Erdsachverhalte, deren Lageeigenschaften interesse-/theoriegeleitet gedanklich zu Räumen verknüpft und untersucht werden" (ebd. S. 17).

Nun ist allerdings keinesfalls zu übersehen, dass sich gegen die von H. Köck postulierten Auffassungen auch Widerspruch geregt hat. Das zeigt sich z. B. bereits in der plakativen Überschrift „Räume sind nicht, Räume werden gemacht", die H.- D. Schultz (1997) für einen Artikel gewählt hat. Grundsätzliche Kritik an den Ausführungen von H. Köck übt auch C. Vielhaber (1998).[1] So bestaunt er die „geradezu verblüffende Stabilität eines Raumbezuges als Grundlage wissenschaftlicher und fachdidaktischer Orientierung" (ebd. S. 19), konstatiert „einen unübersehbaren Dualismus: Hier die Verteidiger des traditionellen Raumkonzeptes, da die Herausforderer, die nicht fragen, wo der Raumbezug von Objekten und Kontexten liegt" (ebd. S. 20) und schlussfolgert letztendlich: „Eigentlich ist die Schulzeit viel zu kurz und die Stundenanzahl zu gering, um spannende Fragen des Lebens dem Raumparadigma zu opfern" (ebd. S. 21). Ähnliche Ablehnung äußert auch W. D. Schmidt-Wulffen (1999, S. 30): „Geographiedidaktiker verengen ihren Blick auf die räumliche Perspektive (Strukturen, Kategorien, Funktionen), segmentieren Erfahrungs- und Lebenszusammenhänge und filtern aus ganzheitlichen Lebensbezügen deren Raumrelevanz her-

---

[1] In seinem Beitrag taucht auch die Formulierung auf, die mich zur Festlegung des Titels meiner Ausführungen bewogen hat.

aus". Schließlich melden sich die Letztgenannten auch gemeinsam zu Wort und führen ein weiteres Argument ins Feld: „Die einzigen, die offensichtlich den Raum brauchen, sind die Fachpolitiker (das sind vor allem Fachdidaktiker in ihrer Funktion als Verbandsrepräsentanten). Sie bauen die Fachlegitimation, die durchaus notwendige Aufgabe, das Fach nach außen, für die Öffentlichkeit darzustellen - auf einem umfassenden und zugleich diffusen Raumanspruch auf" (C. Vielhaber, W. D. Schmidt-Wulffen, 1999, S. 122).

Interessant ist auch, dass die von B. Werlen (1993) aufgeworfene Frage (s. o.) von ihm reichlich 10 Jahre später auch für den Geographieunterricht gestellt wird (Werlen 2004).

Die nachfolgenden Bemerkungen sind als ein Diskussionsbeitrag aus der Perspektive der Fachdidaktik und mit Blick auf die Relevanz für den Geographieunterricht zu verstehen. Die Verbindungen zur Fachwissenschaft werden dabei im Auge behalten; sie können aber nicht die notwendige Tiefe erreichen.

Bevor einige Überlegungen argumentativ gestützt werden sollen, will ich an dieser Stelle bereits meinen grundsätzlichen Standpunkt benennen:

Der „Endlos-Streit" über den Raumbegriff in der Geographie bringt die Entwicklung des Geographieunterrichts in Deutschland nicht wesentlich voran, sein fachdidaktischer Nutzen dürfte sehr begrenzt sein.

Erste Überlegung: Es ist mit Sicherheit nicht von der Hand zu weisen, dass manche Debatten um den Raumbegriff - und darauf haben mehrere Autoren (z. B. P. Weichhart 1999; G. Hard 2003) zu Recht verwiesen - allein schon daraus resultieren, dass die in der Geographie verwendeten Raumbegriffe äußerst heterogen sind und eigentlich keinen „gemeinsamen Kern" haben, woraus sich durchaus schlussfolgern lässt, dass es so etwas wie „den Raum" nicht geben kann.

Diesbezüglich muss auch die von C. Vielhaber und W. D. Schmidt-Wulffen (1999, S. 117f.) aus Schulbuchanalysen vermeldete Zahl von 218 verschiedenen Raumbegriffen höchst kritisch gesehen werden. Eine solche „Füllung" von Lehrbüchern ist ebenso abzulehnen wie die oft zu erkennende „Erfindung" immer neuer Geographien oder die übertriebene Verwendung des Adjektivs „geographisch".

Dabei ist aber zugleich festzuhalten, dass „neue" Raumbegriffe häufig als eine Art Beiprodukte „neuer" Paradigmen auftauchten.

Wenn die oben skizzierte Diskussion etwas näher beleuchtet wird, dann ergibt sich für mich, dass die Auseinandersetzung um den Raumbegriff und seinen wissenschaftstheoretischen Stellenwert ein seit langem bekanntes Grundproblem der Fachwissenschaft betrifft: Es geht letztlich u. a. um die Fragen,

- welche Geographie (hier Physische, da Humangeographie) favorisiert wird,
- ob es sich bei der Geographie um eine integrative Wissenschaftsdisziplin
  handelt und damit einem holistischen Ansatz gefolgt werden kann bzw. ob sich die geographischen Disziplinen unter dem Dach einer „Einheitsgeographie" definieren können.

Auf diese Fragen gab und gibt es bekanntlich extrem unterschiedliche Antworten. So ist das Grundkonzept der Geographie im Sinne von B. Werlen und das darauf basierende Raumverständnis ein anderes als z. B. das von H. Leser. In zahlreichen Publikationen, die sich vom „traditionellen" Raumkonzept der Geographie abwenden wird auch dezidiert darauf verwiesen, dass Geographie eindeutig sozialwissenschaftlich auszurichten sei - man betrachte dazu nur den Artikel von D. Läpple (1991), der im Untertitel darauf hinweist, dass es sich bei seiner Auffassung um ein „gesellschaftswissenschaftliches" Raumkonzept handelt. Auch W. Zierhofer (1999, S. 163) stellt seine Bemerkungen zum Raumbegriff in ein Konzept, mit dem „für die Humangeographie eine Perspektive entwickelt (wird), aus der die Geographie als eine Sozialwissenschaft erscheint, die sich sowohl mit Phänomenen im Grenzbereich von Sinn und Materie befasst als auch Aussagen zu Sein und Sollen begründet."

Rückblickend kann man konstatieren, dass es zwar auch Phasen gegeben hat, in denen eine Annäherung von Positionen erkennbar war (z. T. aus sehr unterschiedlichen, teilweise auch pragmatischen Motiven), aber ausgestanden sind die Diskussionen noch längst nicht. Die Auffassung von H. Gebhardt (2005, S. 34), wonach die Geographie „ohne den Versuch einer wenigstens teilweisen Einlösung unseres Anspruchs, ein einheitliches Fach oder zumindest ein Fach zu sein, das ein „crossing the divide" auch in der Forschung erlaubt, auf die Dauer scheitern" wird, sollte nicht leichtfertig beiseite gelegt werden.

Interessant und zugleich bemerkenswert erscheint mit in diesem Zusammenhang eine Bemerkung von J. Lévy (2004, S.134): „Im Kern der „geographischen Wende" steht die Übernahme der Vorstellung, dass der Raum von wesentlicher Bedeutung ist. Die Räumlichkeit gesellschaftlicher Realitäten hat uns etwas über die Gesellschaft und ihre Bewegung zu sagen. Wenn die Geographen Akteure dieser Dynamik sein möchten, müssen sie sich unbedingt über den spezifischen Beitrag der Geographie und den Inhalt ihres Untersuchungsgegenstandes einigen, über dessen Namen scheinbar Konsens besteht: der Raum."

Mein Zwischenfazit lautet:
Unterschiedliche Auffassungen zum Raumverständnis in der Geographie resultieren aus theoretisch-methodologischen Unterschieden zwischen der Physischen Geographie und der Humangeographie, was die Meinungsverschiedenheiten im Selbstverständnis dieser Wissenschaftsdisziplin begründet. Da auch zum gegenwärtigen Zeitpunkt die Diskussion über Möglichkeiten und Grenzen integrativer Ansätze in der Geographie noch nicht abgeschlossen ist, können die wissenschaftstheoretischen „Pendelschwünge" der Fachwissenschaft kaum für fachdidaktische Konzeptionen zum Geographieunterricht genutzt werden.

Zweite Überlegung:
Um nun nicht den Anschein totaler Ignoranz zu erwecken (schließlich existieren ja auch in der Fachdidaktik unterschiedliche Auffassungen), sei folgende Überlegung nachgereicht. Nach meiner Wahrnehmung gibt es eine fast identische Situation: Auch in der Geographiedidaktik ist eine enge Beziehung zwischen der Raumdiskussion und den Vorstellungen über die konzeptionelle Ausrichtung des Geographieunterrichts erkennbar. Viele Argumente, die gegen den Raumbegriff als Grundlegung des Geographieunterrichts verwendet werden,
- stellen eine Kritik an der Länderkunde dar,
- laufen daraus hinaus, naturwissenschaftliche Inhalte in den Hintergrund zu rücken(z. T. aus „Furcht" vor einer(natur)deterministische Prägung des Faches).
Auch hier kann ich mich nicht des Eindruckes erwehren, als dass die Hauptargumente nicht gegen den Raumbegriff insgesamt, sondern gegen ganz bestimme Inhalte des Geographieunterrichts gerichtet sind. Deshalb sollen meine Gedanken nun in zwei Richtungen präzisiert werden.

Erstens: Mit dem insbesondere auf Klafki zurückgehenden Ansatz der Orientierung schulischer Bildung an gesellschaftlichen Schlüsselproblemen steht auch dem Geographieunterricht ein hilfreiches Raster für die Auswahl von Inhalten zur Verfügung. Für mich sind diese Probleme, wie von W. D. Schmidt-Wulffen (1999, S. 57) zu

Recht betont, „nicht „biologisch", „physikalisch", „historisch" oder „geographisch". Sie stellen vielmehr höchst komplexe Sachverhalte der gesellschaftlichen Entwicklung dar und lassen sich in kein Schubfach (besser: Schulfach) stecken; Schlüsselprobleme können somit keinesfalls einseitig (weder naturwissenschaftlich noch gesellschaftswissenschaftlich) bearbeitet werden. Ihre schulische Aufbereitung muss deshalb in die Verantwortung *verschiedener* Unterrichtsfächer gelegt werden; angesagt ist also „Arbeitsteilung", und zwar auf der inhaltlichen als auch auf der Erkenntnisebene. Damit diese Vorgehensweise für Schülerinnen und Schüler nicht als unnötige Doppelung erscheint, muss aufgezeigt werden, warum es durchaus Sinn macht, derartigen Themen nicht einem einzigen Fach zuzuordnen. Das wiederum führt wohl zwangsläufig zur Notwendigkeit, die jeweils spezifischen (besser: selektiven) Herangehens- und Betrachtungsweisenweisen bei der fachlichen Aufbereitung sichtbar zu machen. Dem Geographieunterricht bietet sich dabei die Chance (und daraus wird von mir kein Monopolanspruch reklamiert!), die Schülerinnen und Schüler an die zum Verständnis der Schlüsselprobleme erforderliche mehrdimensionale Betrachtungsperspektive heranzuführen, aber eben nur dann, wenn eine einseitige Ausrichtung des Faches verhindert wird. Unter dieser Prämisse sehe ich auch die Möglichkeiten des Geographieunterrichts, schulische Umweltbildung zu bereichern.

Dass solch ein Ansatz nicht zu unnötiger Aufregung führen muss, kann durch einen erneuten Blick in die fachwissenschaftliche Diskussion gestützt werden. So betont J. Pohl (2005, S. 50) in seinem durchaus kritischen Fazit über das Verhältnis von Human- und Physiogeographie, dass „ in einem gewissen Sinn [...] „räumliche Kategorien und Konzepte" dann doch wieder das Alleinstellungsmerkmal der Geographen (sind). Und auch P. Weichhart (2005, S. 111) hat darauf hingewiesen, dass die Geographie „heute in Wahrheit eine „Zwei-Fächer-Disziplin" und ein „Zwei-Fächer-Studium darstellt", man aber dieses Dualismusproblem „eigentlich mit großer Gelassenheit und Ruhe zur Kenntnis nehmen" sollte. Mit Bezug auf die Gesellschaft-Umwelt-Forschung, die auch die Geographie tangiert, weist P. Weichhart (ebd. S. 113) darauf hin, dass „die Frage nach den Gesellschaft-Umwelt-Interaktionen" durch „spezifische Problemstellungen gekennzeichnet (ist), die *so* weder in der Physiogeographie noch in der Humangeographie bearbeitet werden (ebd. S. 112; kursiv im Orig.). Eine wesentliche Begründung lautet dabei: „Die Welt besteht überwiegend aus hybriden Gegenständen, die sich einer eindeutigen Zuordnung zum dichotomen Schema von Natur und Kultur entziehen" (ebd. S.113). Und weil P. Weichhart schließlich auch noch die Meinung vertritt (ebd. S. 114, kursiv im Orig.), dass „die Gegenstände einer Wissenschaft nicht durch die Struktur der Realität vorgegeben, sondern durch die *Betrachtungsperspektive* (bzw. das *Erkenntnisobjekt*) der betreffenden Disziplinen konstituiert" werden, eröffnet sich ein Bezug zum Konzept der Schlüsselprobleme.

Die ständige Profilschärfung eines Unterrichtsfaches, das immer wieder erforderliche Überprüfen des spezifischen Bildungsbeitrages der Einzelfächer ist aus meiner Sicht aber auch der Tatsache geschuldet, dass sich in Deutschland das Fachunterrichtssystem als sehr „überlebensfähig" (wenn nicht sogar unüberwindbar) erwiesen hat. Vor dem Hintergrund konkurrierender Fächer und der „Begierde" anderer Disziplinen, Eingang in die Schule zu finden, ist dabei mit großer Wahrscheinlichkeit manche „existenzsichernde" Debatte angezettelt worden. Das alles mag man bedauern, aber solange dieses Organisationssystem existiert, bleiben solche Fragen legitim, muss sich auch der Geographieunterricht den damit verbundenen Herausforderungen stellen.

Mein Zwischenfazit lautet: Wenn man „Abbild-Didaktik" ablehnt (und darüber dürfte Konsens bestehen), dann bleibt das oben erwähnte Dualismusproblem der Fachwissenschaft (oder vielleicht doch der Fachwissenschaftler?) für den Bildungsbeitrag des Geographieunterrichts von nachgeordneter Bedeutung. Der Inhaltskanon dieses Faches ist sowohl aus physisch-geographisch (und zunehmend auch geowissenschaftlichen) Disziplinen als auch der Humangeographie zu füllen.

Zweitens: Spätestens hier - bei der Frage nach der spezifischen Sicht- bzw. Herangehensweise des Geographieunterrichts - muss die „Raumproblematik" noch einmal aufgegriffen werden, denn bisher ist offen geblieben, mit welchem Inhalt der Begriff „Raum" zu füllen ist. Auch dafür finden sich in fachwissenschaftlichen Abhandlungen interessante Ansatzpunkte. So hat sich P. Weichhart (1999) intensiv mit den Verwendungsweisen dieses Begriffes in Geographie, benachbarten Disziplinen und der Umgangssprache beschäftigt. Seine Inventaraufnahme führt zu dem Ergebnis, dass es „unangenehmer Weise tatsächlich mehrere, sehr unterschiedliche Bedeutungsvarianten gibt, die zueinander in erheblichem Widerspruch stehen" (ebd. S. 75); der Raumbegriff wird hauptsächlich verwendet
a) im Sinne von „Erdraumausschnitt" oder „Teilbereich der Erdoberfläche",
b) als (uraltes) Konzept des Container-Raumes,
c) für immaterielle Relationen und Beziehungen (oder für etwas Gedachtes) und
d) die Vorstellung, dass Raum „ausschließlich durch die Beziehungen und die Relationalität der physisch-materiellen Dinge zueinander konstituiert wird" (ebd. S. 78).
Innerhalb einer derartigen Gruppierung stehen a) und b) für die physisch-materielle Welt, die übrigen beziehen sich auf Abstraktionen. Und obwohl P. Weichhart aus seiner (fachwissenschaftlichen) Perspektive die Vermutung äußert, dass die unter d) aufgeführte Raumvorstellung für die Geographie „eine besondere Bedeutung besitzt" (ebd. S. 79), akzeptiert er auch den Begriff „Raum" z. B. als eine „vage und abgekürzte Bezeichnung für ein bestimmtes Gebiet der Erdoberfläche, dessen Grenzen aber entweder nicht näher definiert und unscharf belassen oder konventionell und pragmatisch festegelegt werden" bzw. ergänzt: „Andererseits werden mit dieser Begriffsvariante auch Gebiete der Erdoberfläche bezeichnet, die durch bestimmte dominante Gegebenheiten charakterisiert sind. Wir sprechen dann etwa von Gebirgsräumen, Passivräumen oder Ballungsräumen" (ebd. S. 76f.). Dieser Einschub erscheint mir wichtig, weil damit genau auch Sachverhalte benannt und in eine Semantik gekleidet werden, die aus wissenschaftstheoretischer Sicht mit Sicherheit kritikwürdig sind, die aber zu den Tagesaufgaben des Geographieunterrichts gehören.
An dieser Stelle sollte auch der Hinweis von P. Weichhart (ebd. S. 75) festgehalten werden, dass die „Was-ist-Frage" zugunsten der Überprüfung, „in welcher *Bedeutung* das Wort „Raum" verwendet wird" und „*von wem* und *zu welchem Zweck* es verwendet wird" (kursiv im Orig.) zurückzustellen ist.
Für die nachfolgenden Bemerkungen ist auch der Hamburger Rahmenplan Geographie für die gymnasiale Oberstufe (2004) erwähnenswert, denn hier werden erstmals Raumbegriffe verwendet, die als Zusammenführung aktueller Diskussionen im Dokument „Grundsätze und Empfehlungen für die Lehrplanarbeit im Schulfach Geographie" aufgeführt sind und von U. Wardenga (2002) ausführlich beschrieben wurden. Auch das hat zu einem Set von Begriffsinhalten geführt, denn in diesen Dokumenten werden Räume
a) als Wirkungsgefüge natürlicher und anthropogener Faktoren („Container-Räume),
b) als Systeme von Lagebeziehungen materieller Objekte,
c) als Kategorien der Sinneswahrnehmung bzw.

d) in der Perspektive ihrer sozialen, technischen und gesellschaftlichen Konstruiert-
heit definiert.

U. Wardenga (ebd. S. 8) weist nicht nur darauf hin, dass diese Raumbegriffe „verschiedenen Phasen der Fachentwicklung entstammen", sie macht auch darauf aufmerksam, dass sie „zugleich mit vier möglichen, auch *miteinander kombinierbaren
Betrachtungsweisen* verbunden sind" (kursiv R. H.).

Vor diesem Hintergrund habe ich dabei überhaupt keine Probleme, wenn davon aus-
gegangen wird, dass auch materielle Räume letzten Endes Konstrukte darstellen (im
Übrigen weist auch H. Köck, 2004, S. 17, darauf hin, dass „auch geographische
Räume Konstrukte" sind).

Mein Zwischenfazit lautet: Es gibt keinen Anlass, im Geographieunterricht auf den
Raumbegriff zu verzichten. Es gibt auch keine plausiblen Begründungen, Räume
nicht *auch* als Erdräumlich-Materielles (bei H. Leser, R. Schneider-Sliwa 1999,
S. 188 „Realräume") aufzufassen und gleichberechtigt neben konstruktivistische Betrachtungsweisen und darauf basierende Raumkonzepte zu stellen. Unter der Maß-
gabe, dass sich der Raumbegriff sowohl auf Realräume als auch auf Abstraktionen
bezieht, kann „Raum" damit das didaktische Zentrum und „räumliche Perspektive"
die spezifische Betrachtungsweise des Geographieunterrichts im Kanon schulischer
Fächer bilden.

Dritte Überlegung:
Ein wesentliches Argument der „Raum-Kritiker" lautet, „dass man aus Raumeigen-
schaften und –potenzialen nichts zu erklären vermag" (C. Vielhaber, W. D. Schmidt-
Wulffen 1999, S. 125), wobei auch diese These weitestgehend auf die Meinung von
B. Werlen (1995) zurückgeht, nach der es keine „Raumprobleme" sondern höchstens
Probleme des Handelns in Räumen gibt. Mit solch einer Aussage werden m. E. un-
nötigerweise Gegensätze bzw. Ausschließlichkeiten aufgebaut, die so nicht haltbar
sind. Wenn damit geographischem Determinismus vorgebeugt werden soll, stimme
ich uneingeschränkt zu. Aber soll diese Aussage auch etwa bedeuten, dass aus Ge-
steinsunterschieden (als Eigenschaft von Räumen) keine Erklärungen für die Grund-
wasserbildung bzw. –speicherung möglich sind?

Vierte Überlegung:
Es fällt auf, dass viele Beispiele, mit denen die Bedeutungslosigkeit des Raumes
demonstriert werden soll, nicht aus der Kategorie „materieller Raum" stammen, sondern zu abstrakten Raumbegriffen gehören. Noch einmal sei dazu auf C. Vielhaber
und W. D. Schmidt-Wulffen (1999) verwiesen. Ihre Fragen „Braucht die Erdkunde
den Raum?" bzw. „Wen interessiert denn eigentlich der Raum"(ebd. S. 97) und ihre
Schlussfolgerung, den Raum „herunterzuhängen" (ebd. S. 127) leiten sie u.a. aus
den Begriffen „Heimat" und „Europa" ab. Auch hier erhält die Argumentation eine
etwas einseitige Ausrichtung, wird eigentlich eine Diskussion geführt, die wohl besser
unter den Themen „Subjektivität" und „Wahrnehmung" aufgehoben ist. Wie problematisch gerade derartige Begriffe sind, hat H.-D. Schultz (1997) am Beispiel „Mitteleuropa" gezeigt. Und wenn schon danach gefragt wird, was Jugendliche mit dem
Begriff „Heimat" verbinden, dann erscheint mir die Aussage, dass „sie damit nicht
den geographischen materiellen Raum, sondern einen symbolischen Raum, der für
sie mit lebensweltlichen Bedeutungen aufgeladen ist" (C. Vielhaber, W. D. Schmidt-
Wulffen 1999, S. 100) meinen, nur auf den ersten Blick einleuchtend, bei genauerer
Betrachtung aber zumindest für den ersten Teil als zu absolut. Mit fehlen Belege dafür, dass im Heimatbegriff keine „Naturgegebenheiten" enthalten sein sollen!

Hinzuzufügen ist schließlich, dass manche Argumentation gegenüber dem „Mainstreamangebot" (C. Vielhaber 2004, S. 8) m. E. überzogen ist und an der Realität des Geographieunterrichts vorbei geht. So entsteht z. B. in den Überlegungen von B. Werlen (2004) ein Bild vom Geographieunterricht, das nicht unwidersprochen bleiben kann. Wenn im besagten Beitrag allein schon ein Hauptkapitel der Länderkunde gewidmet ist und Hettner strapaziert wird, dann entsteht ein völlig falscher Eindruck: In welchen Rahmenplänen ist denn „Länderkunde" tatsächlich verankert? Wo sind die Konzepte, in denen „der Hauptakzent humangeographischer Darstellungen" [...] nicht auf den menschlichen Lebensweisen, sondern auf der Charakterisierung von Räumen" liegt (ebd. S. 24)? Und wenn beklagt wird, dass „auf der touristischen Ebene [...] nicht die Begegnung mit Menschen im Vordergrund steht, sondern das Bereisen von Regionen und Ländern" (ebd.), dann könnte ein Blick in das Konzept der Reiseerziehung (M. Hemmer 1996) durchaus Abhilfe schaffen.

Schlussbemerkungen

Weil ich mir darüber im klaren bin, dass die von mir berührten Thematik und der hier zu Verfügung stehende Platz (fast hätte ich geschrieben „Raum") die Gefahr einer missverständlichen Interpretation in sich birgt, will ich abschließend noch einmal für mich zentrale Gedanken aufführen.

Nach meinem Selbstverständnis gehört es zu den vordringlichen Aufgaben der Geographiedidaktik, wissenschaftstheoretische Fragen aufzugreifen und in die Überlegungen zur Weiterentwicklung des Schulfaches Geographie einzubringen. Der diesbezügliche Klärungsbedarf – und darauf hat H. Köck immer wieder verwiesen - resultiert u. a. auch aus der Notwendigkeit, den „geistigen Anspruch" und das „intellektuelle Niveau des Geographieunterrichts" (H. Köck 2002, S. 101) im Auge zu behalten. Für mich heißt dass allerdings nicht, alle diesbezüglichen „Drehungen und Wendungen" der Fachwissenschaft ungeprüft auf den Geographieunterricht zu übertragen. Insbesondere sehe ich seit längerem die Gefahr, dass verschiedene Konzepte zu einer „Entweder-oder-Didaktik" führen können, die weder dem Bildungsauftrag noch dem Bildungspotenzial des Geographieunterrichts gerecht werden. Mit Bezug auf mein eigentliches Thema will ich noch einmal betonen, dass „Raum" nicht nur auf materielle Sachverhalte bezogen werden kann, wegen seines hybriden Charakters diese aber auch nicht ignorieren sollte.

Auch wenn ich Widerspruch ernte: Für den Geographieunterricht haben „Sowohl-als-auch-Szenarien" einen anderen Stellenwert als in den methodologischen Fachdiskussionen. In diesem Sinne wage ich die Behauptung, dass die seit Jahrzehnten schwelenden Dualismus-Konflikte (auf die letztes Endes die „Raum-Diskussion" zurückgeht) für die Fachwissenschaft, aber auch den Geographieunterricht keinesfalls nur mit Vorteilen verbunden waren.

Darüber hinaus ist mit Sicherheit zu beachten, dass der alltagsweltliche Bezug für den Geographieunterricht eine größere Bedeutung als für die Fachwissenschaft hat. Sprachliche Vereinfachungen, z. B. auch im Zusammenhang mit dem Raumbegriff, sind im Geographieunterricht auch als notwendige Reduktionen anzusehen.

Aus geographiedidaktischer Sicht gibt es also gute Gründe, sich der Auffassung von H. Köck (2004, S. 17) anzuschließen, dass es nämlich „eine Funktion des erkenntnisleitenden Interesses wie auch der jeweiligen Interpretationsschemata" ist, was als Raum anzusehen ist.

Nachdem nun hoffentlich klar geworden ist, in welchen Punkten sich meine Auffassungen von anderen unterscheiden und warum, „kann sich jeder – mit guten Gründen und in Kenntnis der anderen Gründe – für seine Weltsicht entscheiden und dafür werben", womit ich wieder – wie schon eingangs - bei Tilman Rhode-Jüchtern (2005, S. 37f.) angekommen bin.

Literatur

Bahrenberg, G. (1987.1). Geographie und Raum. Einleitung. In: Bahrenberg, G., Deiters, J., Fischer, M.M., Gaebe, W., Löffler, G. (Hrsg.). Geographie des Menschen. Dietrich Bartels zum Gedenken. Bremer Beiträge zur Geographie und Raumplanung, H. 11, S. 141-145

Bahrenberg, G. (1987.2). Über die Unmöglichkeit von Geographie als „Raumwissenschaft" – Gemeinsamkeiten in der Konstituierung von Geographie bei A. Hettner und D. Bartels . In: Bahrenberg, G., Deiters, J., Fischer, M.M., Gaebe, W., Löffler, G. (Hrsg.). Geographie des Menschen. Dietrich Bartels zum Gedenken. Bremer Beiträge zur Geographie und Raumplanung, H. 11, S. 225-239

Bartels, D. (1968). Zur wissenschaftstheoretischen Grundlegung einer Geographie des Menschen. Wiesbaden

Bartels, D. (1974). Schwierigkeiten mit dem Raumbegriff in der Geographie. Geographica Helvetica, Beiheft 2/3, S. 7-21

Bartels, D. (1981). Ausgangsbegriffe chorischer Analytik. Geographie und Schule, H. 11, S. 1-10

Blotevogel, H. H. (1996). Aufgaben und Probleme der Regionalen Geographie heute. Überlegungen zur Theorie der Landes- und Länderkunde anlässlich des Gründungskonzepts des Instituts für Länderkunde, Leipzig. In: Berichte zur deutschen Landeskunde, Bd. 70, S. 11-40

Eisel, U. (1980). Die Entwicklung der Anthropogeographie von einer „Raumwissenschaft" zur Gesellschaftswissenschaft. Urbs et Regio, Bd. 17, Kassel

Gruber, C. (1904). Geographie als Bildungsfach. Leipzig

Hard, G. (1973). Die Geographie. Eine wissenschaftstheoretische Einführung. Berlin, New York

Hard, G. (2002). Landschaft und Raum. Aufsätze zur Theorie der Geographie, Bd.1, Osnabrücker Studien zur Geographie, Bd. 22, Osnabrück

Hard, G. (2002). Dimensionen geographischen Denkens. Aufsätze zur Theorie der Geographie, Bd.2, Osnabrücker Studien zur Geographie, Bd. 23, Osnabrück

Hemmer, M. (1996). Reiseerziehung im Geographieunterricht. Geographiedidaktische Forschungen, Bd. 28, Nürnberg

Klüter, H. (1986). Raum als Element sozialer Kommunikation. Gießener Geographische Arbeiten, H. 60

Köck, H. (1983). Erkenntnisleitende Ansätze in Geographie und Geographieunterricht. Geographie im Unterricht, S. 317-325

Köck, H. (1987.1). Räumliche Ordnung – universale und geographische Kategorie. In: Köck, H. (Hrsg., 1987): Mensch und Raum – Paul Schäfer zum 65. Geburtstag gewidmet. Hildesheim

Köck, H. (1987.2). Chorische Logik – die Grundperspektive geographischer Weltbetrachtung. In: Bahrenberg, G., Deiters, J., Fischer, M.M., Gaebe, W., Löffler, G. (Hrsg.). Geographie des Menschen. Dietrich Bartels zum Gedenken. Bremer Beiträge zur Geographie und Raumplanung, H. 11, S. 179-194

Köck, H. (1997). Die Rolle des Raumes als zu erklärender und als erklärender Faktor. Geographica Helvetica, H. 3, S. 89-96

Köck, H. (2004). Der Raum – die Mitte der Geographie. In: Köck, H., Rempfler, A. (Hrsg. 2004). Erkenntnisleitende Ansätze – Schlüssel zur Profilierung des Geographieunterrichts. Köln

Läpple, D. (1991). Essay über den Raum. In: Häußermann, H. et. al (1991). Stadt und Raum. Pfaffenweiler, S. 157-207

Lévy, J.(2004). Eine geographische Wende. In: Geographische Zeitschrift, H. 3, S. 133-146

Leser, H. (1980). Geographie. Braunschweig

Leser, H., R. Scheider-Sliwa (1999). Geographie – eine Einführung. Braunschweig

Meusburger, P. (Hrsg.,1999). Handlungszentrierte Sozialgeographie. Benno Werlens Entwurf in kritischer Diskussion. Erdkundliches Wissen, H. 130, Stuttgart

Müller-Mahn, D. u. Wardenga, U. (Hrsg. 2005). Möglichkeiten und Grenzen integrativer Forschungsansätze in Physischer Geographie und Humangeographie. Forum ifl, Heft 2, Leipzig

Neef, E. (1956). Die axiomatischen Grundlagen der Geographie. Geographische Berichte, H. 2, S. 85-91

Neef, E. (1967). Die theoretischen Grundlagen der Landschaftslehre. Gotha/Leipzig

Oberländer, H. (1875). Der geographische Unterricht nach den Grundsätzen der Ritter'schen Schule historisch und methodologisch beleuchtet. Grimma

Pohl, J. (1993). Kann es eine Geographie ohne Raum geben? Erdkunde, H. 4, S. 255-266

Pohl. J. (2005). „Erfahrungen mit und Erwartungen an die Physiogeographie aus der Sicht eines Humangeographen" oder: Zur Frage der Einheit von Physio- und Humangeographie vor dem Hintergrund einiger wissenschaftstheoretischer Aspekte. In: Müller-Mahn, D. u. Wardenga,U. (Hrsg. 2005). Möglichkeiten und Grenzen integrativer Forschungsansätze in Physischer Geographie und Humangeographie. Forum ifl, Heft 2, Leipzig, S. 37-53

Rhode-Jüchter, T. (2005). „Struktur- und Modellansatz" oder „Imaginatives Lernen"? Geographie und ihre Didaktik, H. 1, S. 18-42

Schmidt-Wulffen, W. D., Schramke, W. (1999, Hrsg.). Zukunftsfähiger Erdkundeunterricht. Trittsteine für Unterricht und Ausbildung. Perthes Pädagogische Reihe. Gotha, Stuttgart

Schmidt-Wulffen, W. D. (1999). Erdkunde: Wozu? In: Schmidt-Wulffen, W. D., Schramke, W. (1999, Hrsg.).Zukunftsfähiger Erdkundeunterricht. Trittsteine für Unterricht und Ausbildung. Perthes Pädagogische Reihe. Gotha, Stuttgart, S. 26-66

Schultz, H.-D. (1997). Räume sind nicht, Räume werden gemacht. Europa regional, H. 1, S. 2-14

Vielhaber, C. (1998). Ohne Raum geht's –oder doch nicht? Ein Beitrag zur Raumdiskussion in der Schulgeographie. GW-Unterricht, H. 72, S. 19-27

Vielhaber, C. (Hrsg. 2004). Fachdidaktik alternativ – innovativ. Materialien zur Didaktik der Geographie und Wirtschaftskunde, Bd. 17, Wien

Vielhaber, C./Schmidt-Wulffen, W. D.(1999). Braucht die Erdkunde den Raum? In: Schmidt-Wulffen, W. D., Schramke, W. (Hrsg. 1999). Zukunftsfähiger Erdkundeunterricht. Trittsteine für Unterricht und Ausbildung. Gotha, Stuttgart, S. 97 – 127

Wardenga, U. (2002). Alte und neue Raumkonzepte für den Geographieunterricht. geographie heute, H. 200, S. 8-11

Weichhart, P. (1975). Geographie im Umbruch. Ein methodologischer Beitrag zur Neukonzeption der komplexen Geographie. Wien

Weichhart, P. (1999). Die Räume zwischen den Welten und die Welt der Räume. In: Meusburger, P. (Hrsg.,1999). Handlungszentrierte Sozialgeographie. Benno Werlens Entwurf in kritischer Diskussion. Erdkundliches Wissen, H. 130, Stuttgart, S. 67-94

Weichhart, P. (2005). Auf der Suche nach der „dritten Säule". Gibt es Wege von der Rhetorik zur Pragmatik? In: Müller-Mahn, D. u. Wardenga, U. (Hrsg. 2005). Möglichkeiten und Grenzen integrativer Forschungsansätze in Physischer Geographie und Humangeographie. Forum ifl, Heft 2, Leipzig, S. 109-136

Werlen, B. (1987). Gesellschaft, Handlung und Raum. Grundlagen handlungstheoretischer Sozialgeographie. Erdkundliches Wissen, H. 89, Stuttgart

Werlen, B. (1993). Gibt es eine Geographie ohne Raum? In: Erdkunde, H. 4, S. 241-255

Werlen, B. (1995). Sozialgeographie alltäglicher Regionalisierungen. Bd. 1: Zur Ontologie von Gesellschaft und Raum. Erdkundliches Wissen, H. 116, Stuttgart

Werlen, B. (1997). Sozialgeographie alltäglicher Regionalisierungen. Bd. 2: Globalisierung, Region und Regionalisierung. Erdkundliches Wissen, H. 119, Stuttgart

Werlen, B. : (2004). Geographieunterricht ohne Raum? In: Vielhaber, C. (Hrsg. 2004): Fachdidaktik alternativ – innovativ. Materialien zur Didaktik der Geographie und Wirtschaftskunde, Bd. 17, Wien

Wirth, E. (1979). Theoretische Geographie. Stuttgart

Zierhofer W. (1999). Die fatale Verwechslung. Zum Selbstverständnis der Geographie. In: Meusburger, P. (Hrsg.,1999). Handlungszentrierte Sozialgeographie. Benno Werlens Entwurf in kritischer Diskussion. Erdkundliches Wissen, H. 130, S. 163- 186, Stuttgart

Anlage 1 Raumbezüge in den grundlegenden Orientierungen von Rahmenplänen zum Geographieunterricht in Deutschland – Stand 2006 (eigener Entwurf)

Rahmenplan	Bemerkungen
Brandenburg, Sekundarstufe I (2002)	„Als Gegenstand geografischer Betrachtungen und Aussagen gilt der Lebensraum des Menschen in seiner Komplexität, die durch das Verschmelzen anorganischer, lebender, gesellschaftlicher und ideeller Form charakterisiert wird. Spezifisch geografisch zeigt sich der integrative Ansatz, der sich auf Erkenntnisse der anderen natur- und gesellschaftswissenschaftlichen Fächer stützt und diese im Raumbezug bewertet." (S. 21) „Im Geografieunterricht erarbeiten sich die Schülerinnen und Schüler auf der Grundlage fundierter Kenntnisse über geografische Räume, Ordnungssysteme und Prozesse auf lokaler, regionaler und globaler Eben raumwirksame (raumrelevante) Handlungskompetenz, ..." (S. 22)
Berlin und Brandenburg Rahmenlehrplan Grundschule Geografie (2004)	„Er leistet einen wesentlichen Beitrag zur grundlegenden Bildung, indem er den Schülerinnen und Schülern systematisch Phänomene des geographischen Raumes erschließt." (S. 17)
Bremen Rahmenplan für die Sekundarstufe II gymnasiale Oberstufe (2001)	„Das Fach Geographie erschließt den Raum als Wirklichkeit der menschlichen Lebensverhältnisse unter ganzheitlichen Betrachtungsweisen und vernetzenden Zugriffen geowissenschaftlicher, wirtschaftswissenschaftlicher und kulturwissenschaftlicher Horizonte in unterschiedlichen Dimensionen und durch thematische Akzentuierungen." (S. 17)
Bayern Gymnasium (1990)	„Das Werden der Naturräume, ihre Eigenart und ihr Wandel durch das Einwirken des Menschen mit allen Folgeerscheinungen sind die Grundthematik des Erdkundeunterrichts in allen Jahrgangsstufen." (S. 58)
Hamburg Bildungsplan Gymnasiale Oberstufe (2004)	„Kern des Faches ist die Beschäftigung mit dem System Erde als Lebensraum und Wirtschaftsraum des Menschen" (S: 5)
Hessen, Gymnasialer Bildungsgang (o. J.)	„Im Mittelpunkt des Erdkundeunterrichts steht der von Naturfaktoren und menschlichen Aktivitäten geprägte Raum. Dabei legt das Fach Erdkunde die Beziehungen zwischen und die Zusammenhänge innerhalb verschiedener Lebensräume der Erde dar, indem es die Gesamtheit der Mensch-Raum-Beziehungen betrachtet." (S. 2)
Mecklenburg-Vorpommern Gymnasium/Integrierte Gesamtschule (2002)	„Der Geographieunterricht im Sekundarbereich befasst sich in Fortführung des Fachunterrichts in der Orientierungsstufe mit dem Raum in seiner natürlichen und anthropogen beeinflussten Dimension." (S. 13)
Niedersachsen, Curriculare Vorgaben für das Gymnasium Schuljahrgänge 5/6 (2004)	„...Darüber hinaus vermittelt er Kompetenzen für den Umgang der Menschen miteinander und mit dem Raum. Dieser wird sowohl von Naturfaktoren als auch von menschlichen Aktivitäten geprägt und steht im Mittelpunkt des Erdkundeunterrichts" (S. 4)
Nordrhein-Westfalen Richtlinien und Lehrpläne für die Sekundarstufe II – Gymnasium/Gesamtschule (1999)	„Innerhalb des gesellschaftswissenschaftlichen Aufgabenfeldes hat der Erdkundeunterricht seine spezifische Bedeutung und Zuständigkeit im Zusammenhang mit dem raumbezogenen Handeln des Menschen... Leben auf der Erde ist immer auch Leben im Raum, der zugleich Bedingung und Ausdruck gesellschaftlichen Handelns ist." (S. 5)
Rheinland-Pfalz Lehrplan Erdkunde Klassen 7-9/10 (1998)	„Das Schulfach Erdkunde leistet einen wesentlichen Beitrag zur allgemeinen Grundbildung, indem er schrittweise ein fundiertes räumliches Weltbild vermittelt...Den Schüler/innen soll bewusst werden, dass der Mensch für die Nutzung und Gestaltung seines Lebensraumes verantwortlich ist." (S. 9)
Saarland Achtjähriges Gymnasium Lehrplan Erdkunde für die Klassenstufen 5,6 und 7 (2001)	„Zudem vermittelt der Erdkundeunterricht ...wissenschaftlich begründete Vorstellungen von den Wechselbeziehungen zwischen Natur und Mensch bzw. Gesellschaft und leistet damit einen wichtigen Beitrag zur Umwelterziehung und zur Förderung verantwortungsbewussten Verhaltens in unserem Lebensraum. Von besonderem Interesse sind dabei die natürlichen und gesellschaftlichen Prozesse, die diesen Lebensraum prägen und verändern." (S. 7)

Sachsen-Anhalt, Rahmenrichtlinien Gymnasium (2003)	„Der Geographieunterricht am Gymnasium befasst sich mit dem Raum als existentielle Dimension menschlichen Lebens, das heißt mit der Erde und ihren Teilräumen unterschiedlicher Abgrenzung und unterschiedlichen Maßstabs. Die Hauptaufgabe des Faches besteht darin, raumbezogene Handlungskompetenz, eingeschlossen die Fähigkeit, sich im Raum und über den Raum zu orientieren, zu entwickeln." (S. 6)
Schleswig-Holstein Sekundarstufe II Gymnasium, Gesamtschule (2002)	„Der Raum ist der Kernbegriff der Geografie als Wissenschaft und als Schulfach...Die Raumnutzungskonkurrenzen bieten für den Erdkundeunterricht ein breites Lern- und Arbeitsfeld, das die traditionelle geografische Kernfrage nach den Mensch-Raum-Beziehungen mit dem Prinzip der Zukunftsfähigkeit verbindet." (S. 21)
Thüringen Gymnasium (1999)	„...lernen die Schüler die Erde als Lebensgrundlage der Menschen kennen und werden für die Schönheit und Verletzlichkeit der Erde sensibilisiert. Sie setzen sich aktiv mit den in Räumen ablaufenden Prozessen, den dabei auftretenden Problemen und Interessenkonflikten auseinander. " (S. 7)
Sachsen Gymnasium (2001)	„Gegenstand des Geografieunterrichts ist die Erde als Lebensraum der Menschen, der sich auf der Grundlage natürlicher und gesellschaftlicher Prozesse entwickelt.... Der Geografieunterricht erschließt die Wirklichkeit über räumliche Kategorien. Dabei werden Räume als komplexe Gebilde über verschiedene Betrachtungsweisen naturgeografisch-ökologisch, wirtschafts-, sozial- und kulturgeografisch und historisch-geografisch erschlossen." (S. 7)

Der Raum um uns

Josef Birkenhauer

Vorbemerkung

Ich halte es für sinnvoll, auf einige Vorstellungen von Raum einzugehen, wie sie außerhalb und innerhalb der Geographie in den letzten zweihundert Jahren eine Rolle gespielt und das Denken sowie die Wahrnehmung der Außenwelt zum Teil tief beeinflusst haben. Dabei wird indessen keine Vollständigkeit angestrebt. Die Reihenfolge, so umständlich sie eventuell erscheinen mag, ist mit Bedacht gewählt. Dabei werden bestimmte Schwerpunkte gebildet, die sich insbesondere auf den *„existenziellen Raum"*, den *„Raum um uns"* beziehen.

1. Der apriorische Raum

Der „Erfinder" des apriorischen Raumes war Kant (1724 - 1804) in seiner tief schürfenden Abhandlung über die „Kritik der reinen Vernunft" (1781). Kant „erfand" diesen Raum, um für seine erkenntnistheoretischen Überlegungen eine unverrückbare Basis zu besitzen. Apriorisch heißt dieser Raum deswegen, weil er eine von vornherein zu setzende denknotwendige Kategorie sei, wie die Kategorie der Zeit – Kategorien, die vor allem Urteilen und Wissen im Voraus bestehen. Sie sind denknotwendige Anschauungsformen.

Diese kantische, den deutschen Idealismus im 19. Jahrhundert – und darüber hinaus bis zum Neukantianismus - prägende philosophische Auffassung bestimmte für viele Dekaden das philosophisch-erkenntnistheoretische Denken.

Ob indessen die apriorischen Anschauungsformen generelle Geltung – außerhalb der von Kant postulierten Denknotwendigkeit innerhalb seines Systems – beanspruchen dürfen, wage ich zu bezweifeln. Der Schüler und Zeitgenosse Kants selber, Herder (1746 – 1803), hat sich spöttisch über die Kantsche Erkenntnistheorie hinweg gesetzt, und ist, wie ich hinreichend belegt habe (Birkenhauer 2001), der Begründer der modernen Geographie gewesen.

Auch in der Geographie des 19. und 20. Jahrhunderts sind m. E. keine Spuren des kantischen Denkens zu entdecken (vgl. ebenfalls Birkenhauer 2001).

Schließlich wurden Raum und Zeit als apriorischer Anschauungsformen grundsätzlich durch Einstein (1879 - 1955), Heidegger (1889 – 1976) und Piaget (1896 – 1980) nicht nur in Frage gestellt, sondern prinzipiell zu Fall gebracht. Darauf wird später näher eingegangen.

Auch Giddens (*1938) von der Soziologie her als auch Werlen (1995) von der Sozialgeographie her verabschieden sich vom kantischen Raumbegriff.

2. Der real gesehene geographische Raum in unterschiedlichen Perspektiven

Zu betonen ist gleich anfangs, dass innerhalb der im Folgenden skizzierten drei Perspektiven (bzw. Forschungsrichtungen der Geographie) der erdoberflächliche Raum als ein real vorfindlicher und daher in seinen räumlichen Eigenschaften und Ausprägungen real erforschbarer Gesamtgegenstand angesehen wird. Diese Auffassung bezieht sich ebenfalls auf die Erforschung von Ausschnitten aus diesem Gesamtgegenstand.

Perspektive 1
Bei dieser Perspektive geht es darum, den geographischen Raum bzw. geographische Räume so zu erfassen, zu kategorisieren und ursächlich zu erforschen, wie sie in der Wirklichkeit vorkommen: als Länder, Landschaften, Geozonen und dgl. Es geht gewissermaßen um den „n o r m a l e n   R a u m", wie er auf Karten und Atlanten abgebildet ist und in vielfältiger Weise auch im heutigen Geographieunterricht eine große Rolle spielt (vgl. Kirchberg 2005, S. 7) Dieser geographische Raum und seine Ausschnitte werden in dreierlei Hinsicht erforscht: 1. in ihren naturräumlichen Gefüge als Folge natürlicher Prozesse, 2. in ihrem menschgeprägten Gefügen als Folge menschlich geleiteter Prozesse, 3. in Gefügen, die durch das Aufeinandertreffen natürlicher und menschlicher Gegebenheiten, z.B. über die gesellschaftliche Inwertsetzung natürlicher Möglichkeiten (Birkenhauer 2001), in einem Prozessfeld geschaffen wurden und werden und jeweils aufs Neue verändert werden. Solche Prozesse und Prozessfelder werden auch als Wirkungsgefüge bezeichnet – wobei ich allerdings dafür plädiere, diesen schwammigen Begriff zu vermeiden.
Diese Perspektive 1 wird z.B. von Wardenga (2002) als C o n t a i n e r -Raum bezeichnet.
Ich kann mich des Eindrucks nicht erwehren, dass diese Ausdrucksweise beinahe abwertend gemeint ist. Außerdem scheint mir die Bezeichnung eher falsch zu sein. Einige Ausschnitte der Erdoberfläche mögen einen solchen Eindruck erwecken, wie z.B. die von Randgebirgen eingerahmte Oberrheinebene.
Der Begriff scheint mir indessen nicht nur abwertend, sondern auch irreführend zu sein. Denn die gesamte Erdoberfläche – auch in ihren Ausschnitten – ist alles andere als ein bloßer „Behälter". Der irdisch-geographische Raum (im Sinne der Erdoberfläche samt Atmosphäre und Boden) ist über den Globus ausgebreitet und scheint mir primär zwei Eigenschaften zu besitzen:

1. „B e w a h r e r" für alles, was sich sowohl an Entwicklungen und Prozessen abgespielt hat, als auch für alle erdbezogenen „Einzeldinge". Wie etwa das älteste Zirkonkristall von 4,4 Mrd. Jahren oder das älteste Gestein von ca. 4 Mrd. Jahren. Oder ein Tal in der Schwäbischen Alb, das sicherlich 20 Mill. Jahre alt ist und von der Autobahn Ulm – Geislingen heute als bequemer Durchlass benutzt wird. Oder die älteste Landschaftszeichnung der Welt, die ein Mammutjäger vor 25 000 Jahren von einer noch heute real wieder findbaren Landschaft in Südmähren angefertigt hat. Dies alles und noch vieles andere mehr gilt es als solche zu registrieren und zu erforschen.

2. Ein von außen und von innen her o f f e n e s   „S y s t e m" für alle Arten von durchaus realen Einflüssen (kosmisch, tektonisch, klimatisch, gesellschaftlich), deren einzelne Wirkungen ebenso erforscht werden können und müssen.

Für die geographische Beschäftigung mit solchen individuellen Erscheinungen und Prozessen hat sich die Bezeichnung „i d i o g r a p h i s c h" (in etwa so viel wie „Einzelnes beschreibend") eingebürgert. Häufig wird eine solche Beschäftigung als wissenschaftlich minderwertig angesehen. Sie ist es jedoch nicht. Sie ist vielmehr in sich völlig legitim – und nicht nur deswegen, weil sie als „Steinbruch" für das Gewinnen regelhafter Erkenntnisse angesehen wird (vgl. Köck und Rempfler 2004).

Es ist völlig legitim, die Oberrheinebene als Individuum zu erfassen und zu erforschen, als reale „Gegend" im Sinne Heideggers (siehe Abschnitte 7 und 8) – genauso, wie es legitim ist, den Oberrheingraben als ein Beispiel für ähnliche Entstehensvorgänge auf der Erde heranzuziehen (vgl. bei Köck und Rempfler, 2004, z.B. mit der Entstehung des Roten Meeres). Es ist genau so legitim (sowohl wissenschaftlich als auch im Interesse der Öffentlichkeit), etwa die Alpen im Sinne individueller Lebens- und Wirtschaftsräume zu erforschen – und nicht als ein hierarchisches System von Hochgebirge – vgl. Köck und Rempfler 2004 - (was „die" Alpen zudem in Wahrheit gar nicht sind).

Nebenbei bemerkt: Auch die Erforschung von Raumindividuen wie den Alpen im Hinblick auf das Verständnis von Lebensräumen (floristisch, faunistisch, menschbezogen) kann zum Aufdecken regelhafter Zusammenhänge führen: im planetarischen Wandel, im W-O-Wandel, im hypsometrischen Wandel und im peripher-zentralen Wandel. (Vgl. Birkenhauer 1980.)

Andere Geowissenschaftler scheinen geringere Ängste vor dem „Idiographischen" zu haben.

Der eine Geologe z. B. (Bosselini 1998) fasst die Ergebnisse einer jahrhundertelangen und seiner eigenen lebenslangen Erforschung des Raumindividuums „Dolomiten" zusammen. Ein anderer (Bertle 2004) ist an der Entstehung der Strukturen des Ostalpins (im geologischen Sinn) interessiert und rekonstruiert deswegen die Situation vor ca. 100 Mill. Jahren („frühe Oberkreide").

Perspektive 2

Geographen sind hierbei bemüht, allgemein zutreffende Begriffe und R e g e l n heraus zu finden, die Lagebeziehungen und Systeme von materiellen (also realen) Objekten aller Art betreffen (Gliederung von Städten, Anordnung von Städtebändern, Anordnung und Bedeutung von Standorten jeder Art, Gebirgsräume als hierarchische Systeme und so fort). Köck und Rempfler (2004) stellen im Sinne dieser Perspektive 2 eine Fülle von Beispielen zusammen.

Wegen der Suche nach Gesetzmäßigkeiten, hinter denen das Individuum zurücktritt, wird diese Perspektive als „n o m o l o g i s c h" bezeichnet (von gr. nomos = Gesetz). Ich finde es bezeichnend, dass Regelhaftigkeiten, die ursprünglich aus der länderkundlichen Forschung stammen, allerdings keine Beachtung geschenkt wird - anscheinend deswegen, weil sie eben aus der als obsolet betrachteten „Länderkunde" herkommen. Ich denke hier an die vier allgemeinen Wandelkategorien (planetarisch, W-O, hypsometrisch, peripher-zentral) nach Lautensach (1953).

Dabei handelt es sich keineswegs um nur individuelle Regeln, sondern um Gesetzmäßigkeiten, die allgemein anwendbar sind, d.h. auf die ganze Erde (z.B. Vorhandensein und Erklärung der Geozonen) wie aber auch auf einzelne Räume (wie z.B. die Alpen oder die Iberische Halbinsel). Da die Wandelkategorien prinzipiell auf atmosphärischen Ursachen beruhen, sich dabei je nach kontinentaler Lage und Relief – z.B. Luv und Lee – regelhaft abwandeln, bilden die Wandelkategorien insgesamt sogar ein übergeordnetes (offenes) System.

Perspektive 3

Bei dieser Perspektive handelt es sich um die W a h r n e h m u n g konkreter Räume und einzelner Merkmale dieser Räume durch jeweilige Individuen (z.B. Stadtlandschaften; Landmarken wie das Matterhorn oder „Stadtmarken" wie den Eiffelturm oder Big Ben; Bewertung von bestimmten Raumgegebenheiten) (vgl. Downs und Stea 1982; aber auch Gold 1980). Hinsichtlich dieser räumlichen Gegebenheiten besitzen die Individuen durchaus vergleichbare, also regelhaft fassbare Bewertungen positiver und negativer Art. Positiv wird z.B. alles das bewertet, was eine „geographische Annehmlichkeit" bietet, wie z.B. Waldsäume, Hänge mit attraktiv empfundener Aussicht, Ufersäume wie bei den Rivieren im Großen. Abler, Adams und Gould (1971) sprechen daher von der „Geographie der Annehmlichkeiten".

Was eine solche Geographie z.B. für die Neubewertung von aufgelassenen Arealen in den Alpen im großen Stil bedeutet, kann man bei Birkenhauer (2002) ablesen. Zersiedelte Räume hingegen und Superbetonbauten von Hotels in alpiner Umgebung werden negativ beurteilt (vgl. Birkenhauer 1985/1986). Verschandelungen fallen hingegen nicht auf, wenn sie landschaftlich gut eingebettet sind wie am Tegernsee (dem Lago di Bonzo) oder (z. T.) im Oberengadin.

3. Der konstruktivistisch gesehene Raum

Bei dieser räumlichen Sichtweise geht man davon aus, dass „Räume" nichts sind als Produkte gesellschaftlicher Konstruktionsprozesse (z.B. Werlen 1995 und 1997). Die Sprache, in denen solche Prozesse beschrieben werden („Produkte gesellschaftlicher Produktionsprozesse"), ist über weite Strecken hin selbst ein Kunstprodukt (vgl. Miggelbrink 2002) und nicht leicht zugänglich.

Der Versuch ist daher gewagt, solche nahezu hermetischen Sprachformeln in verständlichere Sprache zu übersetzen. Ich versuche es trotzdem. M. E. meint man, dass „Raum" grundsätzlich erst geschaffen (konstruiert) wird dadurch, dass u.a. Menschen in gehobenen Entscheidungspositionen so handeln (agieren) und miteinander verhandeln (kommunizieren), dass das Resultat z.B. zu einer Neubewertung und als Folge zu einer Veränderung von Standorten führt, die zugleich auch die Veränderung der Umgebung dieses Standortes beeinflusst („affiziert").

Durch solches Kommunizieren und Agieren konnte z.B. das Projekt der „neuen Mitte Oberhausen" mit dem „CentrO" auf dem aufgelassenen Gelände der ehemaligen Stahlwerke Oberhausen (einer riesigen „Industriebrache") entstehen. (Vgl. Birkenhauer 2001.2 und Abb. 1)

Doch auch jeder einzelne von uns trägt durch sein alltägliches Handeln, z. B. durch das Konsum- oder durch sein Wegeverhalten (Wahl von Zugänglichkeiten), dazu bei, dass je neue „Konstituierungssprozesse" ablaufen. Der eine Supermarkt wird bevorzugt, der andere eher abgelehnt. Der eine wächst und dehnt sich aus; der andere schrumpft und verschwindet. Eine Boulettenbude in Berlin am Alexanderplatz kann sich vor Nachfrage kaum retten (Passantenstrom, kurze Distanz der Zugänglichkeit) – eine andere am Potsdamer Platz erweist sich als Fehlinvestition.

Alles dies (und weiteres, hier nicht Aufgezähltes) zusammen wird als „alltägliches Geographie–Machen" verstanden (Werlen 1995, 1997).

Wardenga (2002) ist der Ansicht, dass dieses konstruktivistische Raumkonzept „einen grundsätzlichen Perspektivwechsel" darstellt, weil es sich nicht mehr um einen realistischen, sondern um einen relationalen Raumbegriff „als Produkt sozialen Handelns von Subjekten" handelt. Von einem solchen radikalen Wechsel spricht auch Pohl (2005). Er formuliert diesen Wechsel folgendermaßen: „… von der

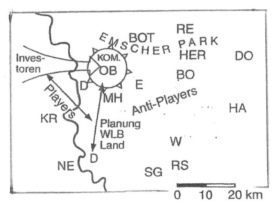

*Abb. 1: Players und Anti-Players am Beispiel des CentrO Oberhausen ("KOM OB").
Erläuterungen: Die Grafik wurde entworfen auf der Grundlage von Unterlagen im
Rathaus der Stadt Oberhausen (OB). Planung: Zusammenarbeit zwischen den Pla-
nungsämtern Oberhausen und den übergeordneten Behörden; WLB: Westdeutsche
Landesbank als Anschub-Finanzierer; Land: Land Nordrhein-Westfalen, insbesondere Regierung (Ministerpräsident Clement) mit besonderem Engagement; Investoren:
Z.B. aus Kanada, USA, Britannien. Der Kreis mit Zacken signalisiert die ausgeprägte
regionale Anziehungskraft des CentrO. Korrektur: Das „D" südwestlich Oberhausens
bedeutet die Stadt Duisburg. Entwurf: J. Birkenhauer*

Betrachtung der Dinge im Raum zu einer Betrachtung der Räumlichkeit der Dinge"
(2005, 48). Die erste Weise der Betrachtung nennt er „positivistisch", die zweite „konstruktivistisch" und stellt beide Weisen in einer instruktiven Tabelle einander gegenüber (42).
Allerdings muss man sich m. E. davor hüten, diesen Raumbegriff für die gesamte
Geographie als gültig zu betrachten. Außerdem ist das „alltägliche Geographie-
Machen" durchaus auch real zu verorten, wie die obigen Beispiele zeigen.

4. Raum und „Welt" als Gespinste des Hirns?

Pohl (2005, 48) ist der Ansicht, dass die „Zweifel an der Substanz des geographischen Gegenstandes Raum im Sinne der naturwissenschaftlichen Physischen
Geographie … durch jüngere Entwicklungen in der Neurophysiologie … verstärkt"
wurden. Er bezieht sich hierbei auf den Gehirnforscher Roth mit einer Veröffentli-
chung von 2003 (50 ff.). Pohl zitiert Roth ausführlich (48):
„Die Welt, in der wir leben, ist eine konstruierte Welt, konstruiert vom Gehirn. Sie
ist nicht real vorhanden, sondern ein Hirngespinst im wahrsten Sinne des Wortes.
Auch die Neurobiologen, die dies behaupten, glauben, dass es eine bewusstseinsu-
nabhängige Welt gibt, aber diese ist nicht identisch mit der, in der wir leben". Auch
ich selbst bin ein Konstrukt. Dieses Ich entsteht – so kann man heute nachweisen –
ganz allmählich während der frühkindlichen Entwicklung und parallel zur Hirnentwick-
lung. Fazit: Wenn ich mich durch diese Welt bewege, dann bewegt sich ein Konstrukt
des Gehirns durch eine konstruierte Raumwelt. Eine Tasse Kaffee z.B. <aus der ich
allerdings konkreten Kaffee trinke: J.B.> ist ebenfalls ein Konstrukt. „… nur ist es so,
dass mit der Konstruktion meines Körpers auch der zwingende Eindruck erzeugt
wird, dieser Körper sei von der Welt umgeben und stehe in deren Mittelpunkt…."

Mit diesem extremen Subjektivismus sind wir genau in die Mitte des 19. Jahrhunderts zurück gekehrt, wo, auf der Grundlage des kantischen Idealismus, ein ähnlich extremer Subjektivismus daraus hergeleitet wurde, dass es unmöglich sei, das „Ding an sich" zu erkennen.

Genau so wie sich diese Auffassung nicht hat halten können und vom kritischen Realismus abgelöst wurde, wie ihn z.B. Sir Karl Popper vertreten hat – genau so hat sich die extreme Auffassung Roths bereits nach kurzer Zeit nicht mehr halten lassen und wird auch von ihm selbst nicht mehr vertreten. Diese extreme Sichtweise wird als „neuronaler Reduktionismus" abgewertet. Dieser neuronale Reduktionismus wird allein davon hergeleitet, was an jeweils nur einer einzigen Nervenzelle beobachtet werden konnte. Es ist indessen wissenschaftlich generell unerlaubt, Ergebnisse, die aus der Isolierung einzelner Phänomene stammen, voreilig zu verallgemeinern.

Diese Auffassung wird inzwischen von führenden Gehirnforschern selbst vertreten, wie man im „Manifest über Gegenwart und Zukunft der Hirnforschung" (Zeitschrift für „Gehirn und Geist", 19. 10. 2004) nachlesen kann. Eine vollständige Beschreibung des individuellen Gehirns sei unmöglich. Daher kann eine Vorhersage über das Verhalten einer Person nur in sehr eingeschränkter Weise gelingen. Jedes einzelne Gehirn hat eine je eigene individuelle Strukturiertheit. Diese ist zurückzuführen einerseits auf die je individuellen genetischen Unterschiede sowie auf die jeweiligen Prägungsvorgänge, die von der Umwelt ausgehen und vom jeweiligen Gehirn individuell verarbeitet werden. Diese Prägungsvorgänge sind experimentell nicht reproduzierbar. Durch jeweils neue Erfahrungen wird das Gehirn je neu „umgebaut" – besonders in der Zeit der kindlichen und jugendlichen Entwicklung. (Vgl. Abschnitt 5.)

Auch jedes Lernen hinterlässt Veränderungen. Denn das Gehirn ist mit großer Lern- und Anpassungsfähigkeit ausgestattet. Auch für das Unbewusste gibt es Lern- und Speichervorgänge. Solche Erfahrungen sind zwar nicht bewusst, aber dennoch verarbeitet worden.

Viele unserer Fähigkeiten <und Einsichten: J.B.> sind durch Erfahrung erworben und werden im Gehirn aufbewahrt: das Gehirn als (riesiger) Speicher. Die über die bloße Beobachtung einzelner Hirnzellen hinausgehenden bekannten Fakten machen deutlich, dass Erfahrungen, die jeweilige Art der Betreuung und Erziehung für die Strukturierung von Gehirnzellen ungemein bedeutsam sind.

Vergleichbarer Auffassung ist Marcus (2005) im Hinblick auf die genetische Ausstattung. Diese Ausstattung ist zwar als naturgegebene Voraussetzung für die Arbeit des Gehirns und seinen Fähigkeiten wichtig. Diese Ausstattung liefert allerdings nur einen „Vor-Entwurf", eine Basis, die von jeder neuen Erfahrung überarbeitet wird, gerade auch vom sehr flexiblen jungen Gehirn.

Das Gehirn ist insofern ein Archiv aller lebensgeschichtlichen und umweltbedingten Erfahrungen, einschließlich des „Raumes um mich". Im jeweiligen Bedarfsfall werden diese Erfahrungen aktiviert. Eine jede neue Erfahrung (mit einem Haushaltsgerät, mit einem PC, mit einer Landschaft, mit einer Stimmung von Farben am Himmel, dem Geschmack eines Weines, der textlichen oder sprachlichen Erörterung, der Bedeutung von Bezugspersonen) wird nahezu automatisch in diesem Archiv auf ihre Stimmigkeit mit der Summe aller bisherigen Erfahrungen überprüft, verworfen oder akzeptiert.

In diesem Zusammenhang ist auf die allgemeine Bedeutung der entwicklungspsychologischen Äquilibrationstheorie Piagets zu verweisen (Birkenhauer 1987; vgl. auch Köck 2004, 87). Über diese – von den Neurophysiologen bisher anscheinend übersehene - Theorie her wird überhaupt erst verständlich, wie, vom Mutterleib an, jeder Mensch Erfahrungen verarbeitet, Einsichten gewinnt und nach und nach auf je höheren Stufen vernetzt. Keine unserer Einsichten und Ideen ist von vornherein her „da" („apriorisch"); jede Einsicht ist ein „Nachher" („aposteriorisch"). Auch alle Ideen im Sinne Platos sind nichts als generalisierte Einsichten, die aus verarbeiteten Erfahrungen stammen. (Vgl. Thomas von Aquin: „Nihil est in intellectu quod non est prius in sensu".) (Wer sich zur Existenz platonischer Ideen bekennt, ahnt offensichtlich nicht, wie brüchig dieses Bekenntnis ist.)

Das Gehirn als Archiv allen Gelernten, aller Erfahrungen, aller erworbener Verhaltensweisen! Sofern es gesund bleibt, hält es sich selbst in ständiger Bereitschaft, neue Erfahrungen, neue Einsichten zu verarbeiten und zu integrieren. L e b e n s l a n g e s L e r n e n ist allein nur deswegen möglich, auch im Hinblick auf den „Raum um uns".

Was im Vorstehenden dargestellt wurde, gilt ebenso für die Verarbeitung und Speicherung von Emotionen und Gefühlen (Markowitsch und Welzer 2005).

5. Der verinnerlichte Raum

Jean Piaget und seinen Mitarbeitern ist es über minutiöse empirische Beobachtungen gelungen, die E n t w i c k l u n g s s t u f e n zu rekonstruieren, über die vom Säuglingsalter an die „E r o b e r u n g   d e s   R a u m e s   u m   u n s" (J.B.) über immer weiter ausgreifende Handlungen und Erfahrungen fortschreitet (Piaget und Inhelder 1971) und nach und nach durch die kontinuierliche Arbeit unseres Gehirns so verinnerlicht (und auch formalisiert) wird, dass wir spätestens nach der Adoleszenz wie völlig selbstverständlich damit umgehen können. Insofern wird das Räumliche im Nachhinein gewissermaßen „apriorisch". (Vgl. *Abb. 2.*)

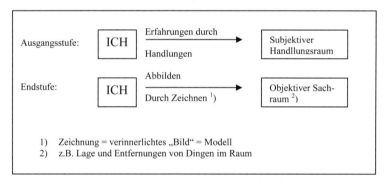

Abb. 2: Vom subjektiven Handlungsraum zum objektiven Sachraum
Erläuterung: „Abbilden durch Zeichnen" bei der Endstufe ist nur als Beispiel einer Möglichkeit für die mit der Endstufe erreichte Abstraktionsfähigkeit zu betrachten.
Entwurf: J. Birkenhauer

Eine jede S t u f e körperbezogenen, seelischen und geistigen Lernens wird erst dann verlassen, wenn die zu lernenden Vollzüge so vom Individuum beherrscht werden, dass sie mit Sicherheit ausgeführt werden können, als da beispielsweise sind: Gehen, Farben erkennen, Formen wieder erkennen (z.B. auch abstrakte wie Dreieck, Quadrat, Kreis), die räumliche Verteilung und Abfolge von Objekten erkennen, den Raum nach den drei (gedachten) Dimensionen „ordnen" usw. Erst wenn das nunmehr automatisch Gekonnte im Archiv des Unterbewussten gespeichert ist, kann das Individuum zu einer Stufe komplexerer Könnensansprüche fortschreiten.

Im Alter von etwa 12 Jahren wird die Stufe erreicht, in der das Ich in der Lage ist, sich die räumliche Lage von Objekten unabhängig vom eigenen Standort vorzustellen.

Diese Fähigkeit wird allerdings erst voll im Laufe der A d o l e s z e n z ausgebildet, nach der Phase der „späten Kindheit". Eine solche Phase war Piaget gezwungen anzuerkennen und seine Schülerin Inhelder (1972) zeichnete die Vorgänge genauestens nach sowie beide in Piaget und Inhelder 1977.

Es ist somit nicht so, wie Köck (in Köck und Rempfler 2004) annimmt, dass von etwa 12 Jahren ab eine kontinuierliche Entwicklung der formalen Fähigkeiten geradlinig ansteigt. Vielmehr gibt es nach der späten Kindheit noch eine weitere deutliche Stufung. Diese betrifft das räumliche Sehen, die sprachliche und die begriffliche Entwicklung (Birkenhauer 1983, Kaminske 1993). Was das räumliche Sehen angeht, so herrscht zunächst noch ein „k i n d l i c h e s S e h e n" vor: Das Ich nimmt im Raum um sich herum bzw. auch auf Fotos nur solche Details wahr, die für dieses Ich selbst auffällig sind. Dieses „kindliche Sehen" geht erst im Alter von 17-18 Jahren mit scharfem Anstieg in das „E r w a c h s e n e n s e h e n" über. Das bedeutet: Erst jetzt ist das Ich in der Lage, sofort ein räumliches Gesamtbild des Raumes um sich, aber auch eines jeden anderen Raumausschnittes oder auf einem Foto zu überblicken, wie z.B. den Verkehr an einer belebten Straßenkreuzung wie „von oben" her zu sehen oder einen gesamten Landschaftsraum (Oberrheinebene von den Vogesen zum Schwarzwald). (Vgl. Birkenhauer 2004.) Unterrichtlich gesehen hat dieses empirische Bobachtungsergebnis die Konsequenz, dass z.B. Überblicksfotos – etwa gar am Anfang einer Unterrichtseinheit – vor dem genannten Alter nicht erfasst werden können.

Die erwähnten S p r ü n g e d e s D e n k e n s (Sehen, Sprache, Begriffe) setzen als Basis anscheinend voraus, dass sich in der Adoleszenz durchgreifende Neuschaltungen und Entwicklungen im Gehirn ereignen - ein neurologisches Forschungsergebnis, das erst vor kurzem aus den USA bei uns bekannt wurde. (Vgl. Strauch 2003.)

In Anbetracht der Tatsache, dass die Forschungsergebnisse Piagets und seiner Schüler ein halbes Jahrhundert alt sind, stellt sich die Frage, ob sie inzwischen nicht längst überholt sind. Dies ist jedoch nicht der Fall, wie man etwa bei Oerter und Montada (1987) nachlesen kann. Und wie sich herausgestellt hat (z.B. Oerter), besitzen die Ergebnisse eine Gültigkeit, die vom jeweiligen kulturell bestimmten Erfahrungsraum unabhängig ist. Die Ergebnisse sind i n t e r k u l t u r e l l g ü l t i g.

6. Der physische (physikalische) Raum

Im Folgenden werden die Beobachtungen Einsteins zum physischen bzw. physikalischen Raum skizziert. Dazu ist es jedoch nicht notwendig, auf die Spezielle bzw. Allgemeine Relativitätstheorie einzugehen.

Der Raumbegriff Einsteins (bzw. der Physik) ist ganz und gar aposteriorisch. Raum ist nichts als eine F u n k t i o n d e s K ö r p e r s bzw. von Körpern (gr. physis). Existiert auch nur ein einziger Körper, z. B. mein eigener, ist um ihn Raum (Raum um mich sozusagen). Existieren mehrere Körper getrennt von einander, ist mit Notwendigkeit zwischen ihnen Raum gegeben. Diese Folgerung gilt für den atomaren Raum, den irdischen, für das gesamte Universum.

So wie Raum eine notwendige Funktion von Körpern ist, so sind Zeit und Geschichte notwendige Funktionen von Raum oder auch von einzelnen Körpern, die um sich selbst rotieren. Jede Rotation, so schnell sie auch ist, ist eine B e w e g u n g. Jede

Bewegung beansprucht Zeit. Jede mechanische Uhr ist ein Beispiel dafür, jeder Planet, der um die Sonne kreist. Aber auch jedes Herz, das schlägt und pulsiert.

Doch Zeit beanspruchende Bewegung entsteht notwendig ebenso dann, wenn irgend etwas – Licht, eine Flüssigkeit, eine Botschaft, eine Person, die von einem Ort zu einem anderen wandert, irgendein Gegenstand sonst – von einem Körper zu einem anderen gelangt. Bis ein solches Etwas durch den Zwischenraum beim anderen Körper, am anderen Ort, eintrifft, vergeht Zeit, messbare Zeit, fühlbare Zeit.

Auch der irdisch–geographische Raum ist notwendiger Weise ein physischer Raum, in dem physisch greifbare Phänomene auftreten: plattentektonische Bewegungen, die Entstehung der Atmosphäre, die Evolution der Lebewelt, die Entstehung von Tag und Nacht, von Sommer und Winter, von Hochs und Tiefs und Windzonen und Luv und Lee... Er ist ein realer Raum.

Räumlichkeit und Zeitlichkeit sind im irdisch-geographischen Raum ständig um uns, ständig mit uns – nicht apriorisch, sondern aposteriorisch, allein schon wegen unseres physischen Daseins.

7. Der existenzielle Raum

Die Sicht des irdischen Raumes als einer menschlich-existenziellen Kategorie und damit die „Entdeckung" der Geographie als einer „existenziellen" Wissenschaft begründe ich durch den Rückgriff auf Heideggers „Sein und Zeit" von 1927.

Die Beschäftigung mit diesem Buch ist m. E. für die Sichtweise, unter der Geographie betrachtet werden kann (aber nicht nur für diese), anregend und lohnend im Hinblick auf das Sehen und Verstehen von Existenz, „Welt", Raum und Räumlichkeit. Raum und Räumlichkeit, das „In-der-Welt-sein, spielen bei Heidegger sogar eine derart große Rolle, dass das Buch den Titel „Sein, Raum und Zeit" tragen müsste.

Das Räumliche ist nach Heidegger derart stark existenziell verinnerlicht (vgl. Piaget!), dass Heidegger Sprache als regelrecht von raumbezogenen Vorstellungen „durchherrscht" bezeichnet (369). Heidegger belegt dies nicht selbst durch Beispiele, aber greift man nur die Seiten 103 und 107 heraus und sieht sie sich genauer auf die aufgestellte Behauptung hin an, so findet man: Wo, wohin, Platz, Stelle, Um-gang, Um-kreis, fern, nah, Richtung, Gegend, Um-welt, oben, unten, Gang, Weg, Decke (des Zimmers), ent-decken, aus-legen, Um-sicht, Aufgang, Niedergang (der Sonne), Sonnen-Seite, Wetter-Seite, da, dort, Da-Sein, Reich-weite, Griff-weite, Blick-weite, Raum geben, ein-räumen, aus-richten, ein-richten, Rück-sicht, wenden, be-wenden, Bewandtnis. <Einfügung der Bindestriche: J.B.)

Ein für Heidegger sehr bedeutsamer Begriff ist der der „Gegend". „Gegend" ist alles das, was ein Individuum (bzw. mehre zusammen) sich als die Region, als die „Landschaft" erschließt, in der es „zu Hause" sein kann, die es überblicken, die es erforschen und nach und nach entfernungsmäßig ausweiten und für sich nutzen kann. „Gegend" umfasst alles, was uns im „Raum um uns" ent-gegen tritt.

Möchte man Näheres zu Existenz und Raum aus „Sein und Zeit" erfahren, muss man sich der Mühe unterziehen, sich in den sperrigen Sprachstil Heideggers einzulesen und versuchen, bestimmte allgemein formulierte Schlüsselwörter ins Konkrete zu wenden (wozu Heidegger durchaus Hilfen bereit hält), wie etwa den Begriff „Gegend" (s.o.).

Es soll im Folgenden weder das Buch als ganzes (bis zum Anhang 438 Seiten), noch in seinem Aufbau referiert werden. Vielmehr geht es darum, wieso das Räumliche so bedeutsam ist. Heidegger geht aus von dem, was er „Dasein" nennt. Damit meint er eine jede menschliche Person, ein jedes Individuum. Jedes solches „Dasein" ist im R a u m , weil es immer schon seit seiner Zeugung „in der Welt ist". Es ist nämlich nicht „zunächst ein geistiges Ding, das dann nachträglich in einen Raum versetzt wird" (56). Es ist vielmehr von allem Anfang an ein „Sein in und zur Welt" (60). Das „Dasein ist nicht etwa erst in einer Innensphäre … verkapselt", sondern es ist „immer schon ´draußen´ bei <anderen> begegnenden Seienden der <nach und nach> entdeckten Welt" (61) <Vgl. Piaget!> Die für das „alltägliche <!> Dasein" jeweils nächste „Welt" ist seine es umgebende Umwelt (Gegend). Im „Um" dieses Ausdrucks ist bereits „ein Hinweis auf Räumlichkeit" enthalten (66).

Mit und in dieser („Um-) Welt pflegt das Dasein in verschiedener Weise ständigen Umgang. Eine bedeutsame Weise solchen Umgehens ist „das hantierende, gebrauchende B e s o r g e n", einerseits, damit das Dasein sich in der Umwelt zurecht finden und bewegen kann (es hat z.B. gelernt, die Klinke einer Tür zu drücken, um in ein Zimmer oder Haus zu gelangen oder es zu verlassen), andererseits, um dieses sein Dasein durch Vorsorge (über das Besorgen) zu sichern (67, 191): D a s e i n s s i c h e r u n g über Vorsorge in und aus einer Gegend. Um dies hinlänglich tun zu können, bedarf es des „Zeuges" (68). Unter „Zeug" versteht Heidegger: Klinke, Hammer, Hobel, Pflug …. (71). Ohne die „Zuhandenheit" von „Zeug" ist kein „Besorgen" möglich (69). (Der Ausdruck „Zuhandenheit" ist ein für Heidegger existenziell zentraler Begriff. Es ist schwierig, ihn in ein Wort unserer Zeit zu übersetzen. Daher wird er im Folgenden – auch als Adjektiv „zuhanden" – beibehalten. „Zuhanden" bedeutet, dass das Individuum im Raum um sich „Zeuge" vor-findet, mit denen es im Hinblick auf Daseinssicherung hantieren kann.)

„Z e u g" indessen ist seinerseits „herstellungsbedürftig". Dazu braucht man: Eisen, Stahl, Holz, Gestein, - im weitesten Sinne „Natur". Die genannten Materialien werden im Forst gewonnen, im Steinbruch, im Ofen be- und verarbeitet. Man lernt, biologische Energie durch die Kraft eines Flusses zu ersetzen. Man (d.h. das „Dasein") entdeckt und gebraucht somit die real existierende Umwelt <als R e s s o u r c e, wie wir heute sagen würden> (70). Um die Materialien dorthin zu bringen, wo sie einerseits verarbeitet, andererseits als „Zeug" gebraucht werden, baut man (im existenziellen „Besorgen") Wege, Straßen, Brücken, Gebäude (71). Mithin: V e r k e h r entfaltet sich, I n f r a s t r u k t u r e n entstehen.

Der Landmann entdeckt beim Besorgen der Landwirtschaft, dass er Wetterbedingungen zu berücksichtigen hat. K l i m a t i s c h e Bedingungen gehören somit ebenfalls zur Räumlichkeit des Daseins. (Heidegger drückt dies folgendermaßen aus: „ Vielmehr entdeckt die Umsicht der Landbestellung in der Weise des Rechnungstragens gerade erst den Südwind in seinem Sein" – 81).

Zunehmend gewinnt ein jedes Dasein an „konstitutiver W e l t v e r t r a u t h e i t" (86). Vertrautheit mit dem Räumlichen also ist für alles „innerweltlich Seiende mitkonstitutiv" (d.h. von zentraler Bedeutung) (101).

Solche Räumlichkeit darf allerdings nicht im Sinne der kantischen vorgegebenen Dreidimensionalität verstanden werden, sondern sie wird erst „durch die Gänge und Wege des a l l t ä g l i c h e n Umgangs entdeckt" (103). <Vgl. Piaget.> Erst wenn Seiendes da ist, ist auch Räumlichkeit da (104). <Vgl. Einstein.>

Jedes Dasein, alles Seiende, jede Umwelt, der mit diesem allem gegebene Raum ist r e a l vorhanden (201). „Die Frage, ob überhaupt eine Welt sei und ob deren Sein bewiesen werden könne, ist als Frage, die das Dasein als In-der-Welt-sein stellt, ohne Sinn" (202).

Insgesamt, so kann man auch sagen, wird „Gegend" im „Besorgen" für die Daseinsvorsorge „i n w e r t g e s e t z t". Dieser Begriff, in der französischen Geographie selbstverständlich (mettre-en-valeur bzw. mise-en-valeur), wurde durch Vidal de la Blache

(1845 – 1918) von Rousseau (1712 – 1778) übernommen (Birkenhauer 2001.1, besonders 64-65). Für Rousseau (wie dann für Vidal) ist die Beziehung zwischen menschlicher Lebenswelt und „Landschaft" („Gegend") stark. Insofern scheinen – über fast zwei Jahrhunderte hinweg – Rousseau und Heidegger in einer gewissen Nähe der Grundauffassungen zu einander zu stehen.

Im Zusammenhang mit der Daseinsvorsorge wird W i s s e n s c h a f t aus der Praxis des „Zuhandenen" geboren. Wissenschaft hat somit einen primär *existenzialen* Bezug (Kursiv: Heidegger). „Der existenziale Begriff versteht die Wissenschaft als Weise der Existenz und damit als Modus des In-der-Welt-Seins, der Seiende bzw. Sein entdeckt, bzw. erschließt" (357). „Davon unterscheidet sich der 'logische' Begriff" von Wissenschaft. Logisch gesehen, wird die Wissenschaft „mit Rücksicht auf ihr Resultat" verstanden und Wissenschaft wird so als ein „'Begründungszusammenhang wahrer, das ist gültiger Sätze' bestimmt" (357). Mit Wissenschaft erfolgt ein „Umschlag" vom Besorgen „zur Erforschung des innerweltlich vorfindlichen Vorhandenen mit der leitenden Absicht, zur … Konstitution des In-der-Welt-seins überhaupt vorzudringen" (357).

Als klassisches Beispiel für die geschichtliche Entwicklung von Wissenschaft wählt Heidegger die Entstehung der Physik. Über sie wird Materie als solche und als ein ständig Vorhandenes entdeckt, werden Bewegung und Kraft quantitativ bestimmt. (362) In einem jeden wissenschaftlichen Entwurf wird ein Sachgebiet, werden Fragen thematisiert. „Die T h e m a t i s i e r u n g objektiviert" (363). <Sperrung: J.B.> Dennoch bleibt unverrückbar festzuhalten, dass jede Thematisierung das innerweltlich Seiende, das In-der-Welt-sein, als Grundvoraussetzung des Daseins zur Voraussetzung hat (363).

Existenzielle Wissenschaft ist somit zunächst nichts anderes als ein Verstehen wollendes Nach-Entdecken innerweltlicher Gegebenheiten und Zusammenhänge, eine Erschließung von Sein und Seienden. Erst daraus wird eine allgemeine („logische") Form von Wissenschaft im Sinne des Herausfindens gültiger Sätze (357, 361 – 363).

In vergleichbarer Weise, so können wir den Heideggerschen Ansatz weiterdenken, entstehen a l l e Wissenschaften, auch Geographie, auch G e o w i s s e n s c h a f t e n.

Die Beobachtung von Wind und Wetter, zunächst durch den Landmann, führt zu Klimageographie und Klimatologie.

Das Verstehen bergbaulicher Zusammenhänge im Hinblick auf Gestein und Erz mündet aus in Geologie, Petrographie, Mineralogie, Kristallographie.

Die Notwendigkeit des Landvermessens nach den Nilfluten und der Grundstücke in den Siedlungen führt zu Geometrie und Geodäsie.

8. Geographische Regionen als Beispiel ursprünglich existenzieller Raumbezogenheit

„Gegenden" können zu g e o g r a p h i s c h e n R e g i o n e n und darüber hinaus zu Regionsklassen formalisiert werden. Beispiele sind: Aus gesellschaftlicher Verbindung der Individuen werden politische Territorien aller Art begründet; regional weiter verbreitete Wertesysteme werden zu Kulturregionen verallgemeinert; städtische Regionen und Ballungsräume können als Funktionalregionen verstanden werden; die Aufgabe, Lösungen für territoriale und funktionale Ungleichgewichte zu finden, führen zur Ausformung von Planungsregionen unterschiedlicher Art; die physischgeographische Welt tritt in Geozonen und als Reliefregionen entgegen. Bedeutsam erscheint es mir, sich als Geograph bewusst zu machen, dass die genannten Regionsklassen ihren ursprünglichen Bezug, ihren u r s p r ü n g l i c h e n S i t z i m L e b e n haben: in der

51

Sicherung des Lebens, in seiner Förderung, in seiner sinnvollen Erfülltheit, in Hemmnissen für das Leben, in der primär zuhandenen Lebensbasis. (*Abb. 3*)

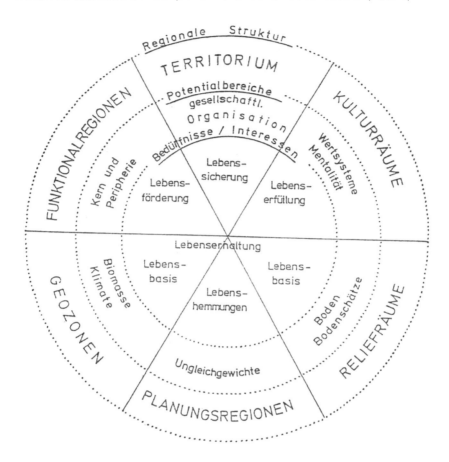

Abb. 3: Klassen geographischer Regionen in Beziehung zu Lebensbedürfnissen und –interessen Entwurf: J. Birkenhauer

Alle Beispiele finden auf die eine oder andere Weise Beachtung in der geographischen Forschung und Lehre, z. T. mehr, z .T. weniger, je nach Interesse und wissenschaftlicher Modeströmung. Persönlich mag der oder jener andere Beispiele und andere geographische Forschungsgebiete für wichtiger halten. Darauf kommt es hier indessen nicht an, sondern es kommt darauf an, das Bewusstsein für die ursprünglich existenzielle Wurzel des Raumes um uns offen zu halten.

9. Fazit

Den apriorischen Raum (Kant) gibt es nicht. Es gibt vielmehr nur den aposteriorischen. Dieser ist in verschiedenen Weisen erfahrbar und fassbar: sei es in der Weise der physischen Welt (Einstein), sei es in der Weise, wie das jeweilige Individuum ihn sich je selbst angeeignet hat (Piaget und Inhelder), sei es in der Weise des alltäglichen Besorgens und Handelns (Heidegger, Werlen).

Dieser Raum ist kein subjektivistisches Gespinst des Hirns, sondern er ist real (Einstein, Heidegger, Piaget und Inhelder) – bis hin zu den Einzeldingen, die über Milliarden Jahre hinweg Zeugen der physischen Entwicklung, aber auch der menschlichen Entfaltung sind.

Somit ist auch der irdisch-geographische Raum real: die Gegenden, die Regionen, die physischen Grundlagen und ihre Inwertsetzung durch den sorgenden und handelnden Menschen. Daraus resultieren die konkreten Infrastrukturen, die Agrar-, Siedlungs- und Industrieräume.

Existenziell gesehen (im Sinne Heideggers) ist es unsinnig und darüber hinaus unstimmig, „die" Geographie in Physio- bzw. Humangeographie zu dividieren (oder in allgemeine und individuelle Geographie). M. E. weist Heidegger schlüssig nach, dass jede Wissenschaft ursprünglich aus der Notwendigkeit der Daseinssicherung heraus entstanden ist und erst allmählich beginnt, bestimmte Fragen zu thematisieren und gültige Sätze dafür zu finden. Aus vergleichbarem Zusammenhang heraus ist und bleibt die Geographie nicht nur existenziell, sondern auch sachlogisch eine einheitliche Wissenschaft. Gleichgültig, ob im physischen oder im humanen Bereich: Es geht immer darum, die für alle Geowissenschaften eigentümliche Verknüpftheit von wo, wann und warum zu erforschen.

Der irdisch-geographische Raum kann in unterschiedlichen Perspektiven erforscht werden (vgl. Abschnitt 2). Dabei ist jede Perspektive in sich legitim und real (idiographisch, nomologisch, die individuelle Wahrnehmung betreffend). Ein „radikaler Wechsel" (Abschnitt 3) ist m. E. konstruiert. Auch alltägliches Geographie-Machen (sei es nun nach Werlen oder nach Heidegger) findet im realen Raum statt und erzeugt reale Strukturen.

Wie auch immer, stets geht es darum, den irdisch-geographischen Raum um uns herum, indem wir uns existenziell befinden, zu verstehen, zu thematisieren, zu erforschen.

In diesem Zusammenhang ist schließlich darauf hinzuweisen, dass selbst unsere Sprache (und damit unser Denken) von irdisch-räumlichen Vorstellungen regelrecht durchherrscht ist (Heidegger). Die Begründung für diesen überraschenden Sachverhalt erblicke ich darin, dass jeder von uns sich den „Raum um uns" in einem langjährigen Prozess aneignen musste und diesen Prozess und seine Resultate verinnerlicht hat (vgl. Piaget und Inhelder).

„Der Raum um uns": Verinnerlicht und existenziell W u r z e l der Geographie, des Geographie-Tuns, des Geographie-Machens: alltäglich, idiographisch, nomothetisch.

Literatur

Abler, R., Adams, J., Gould, P. (1971) Spatial organization. Eaglewood Cliffs, N.J.

Bertle, R. J. (2004) The sedimentary records of north Pennine schistes lustrées of the lower Engadin window in correlation to the Tauern window. In: Jahrbuch des Geologischen Bundesamtes. Wien

Birkenhauer, J. (1980.1) Die Alpen. Paderborn

Birkenhauer, J. (1980.2) Psychologische Grundlagen des Geographieunterrichts. In: Kreuzer, G. (Hrsg., 1980) Didaktik des Geographieunterrichts, 104 – 135. Hannover

Birkenhauer, J. (1983) Sprachliche Differenzierung bei Kindern und Jugendlichen zwischen 10 und 18 Jahren am Beispiel eines geographischen Planspiels. In: Birkenhauer, J. (Hrsg., 1983) Sprache und Denken im Geographieunterricht, 37 – 67. Paderborn

Birkenhauer, J. (1985/1986) Landschaftsbewertung und perspektivisches Sehen. In: Geographie und ihre Didaktik, 13, 1985, 169 – 181; 14, 1986, 14 – 34

Birklenhauer, J. (1987) Die allgemeine Bedeutung der Piagetschen Äqulibrationstheorie. In: Geographie und ihre Didaktik,15, 117 ff.

Birkenhauer, J. (2001.1) Traditionslinien und Denkfiguren. = Erdkundliches Wissen, 133. Stuttgart

Birkenhauer, J. (2001.2) Soziale Geographien – eine Bereicherung der Schulgeographie. In: Geographie u. Schule, H. 129

Birkenhauer, J. (2002) Alpen 2002 – eine Bestandsaufnahme. In. Geographische Rdsch., 54, 5, 51 – 55

Birkenhauer, J. (2004) Wahrnehmung von Raum und Landschaft bei Kindern und Jugendlichen. In: Praxis Geographie, 34, 12, 58 – 60

Bosselini, A. (1998) Die Dolomiten. Bozen

Downs, R. M., Stea, D. (1982) Kognitive Karten: Die Welt in unseren Köpfen. New York

Gold, R. (1980) Behavioural geography. Oxford

Heidegger, M. (1927) Sein und Zeit. Stuttgart

Inhelder, B. (1972) Die affektive und kognitive Entwicklung des Kindes. Darmstadt

Kaminske, V. (1993) Überlegungen und Untersuchungen zur Komplexität von Begriffen im Erdkundeunterricht. = Münchner Studien zur Didaktik der Geographie, 4. München

Kant, I. (1781) Kritik der reinen Vernunft.

Kirchberg, G. (2005) Die Geographielehrpläne in Deutschland heute. In: Geographie und Schule, 27, H. 156, 2 – 9

Köck, H. (2004) Ansprüche der Lerner – entwicklungsphysiologische und – psychologische Aspekte. In: Schallhorn, E. (Hrsg., 2004), 77 ff.

Köck, H. Rempfler, A. (2004) Erkenntnisleitende Ansätze – Schlüssel zur Profilierung des Geographieunterrichts. Köln

Lautensach, H. (1953) Der geographische Formenwandel. Bonn

Manifest über Gegenwart und Zukunft der Hirnforschung (2004). In: Gehirn und Geist, 19. 10. 2004

Marcus, G. (2005) Der Ursprung des Geistes. Wie Gene unser Denken prägen. Düsseldorf

Markowitsch, H.J., Welzer, H. (2005) Das autobiographische Gedächtnis. Stuttgart

Miggelbrink, J. (2002) Der gezähmte Blick. = Beiträge z. Regionalen Geogr., 55. Leipzig

Oerter, R., Montada, L. (1987). Entwicklungspsychologie. München.

Piaget, J., Inhelder, B. (1971) Entwicklung des räumlichen Denkens beim Kinde. Stuttgart

Piaget, J., Inhelder, B. (1977) Von der Logik des Kindes zur Logik des Heranwachsenden. Olten

Pohl, J. (2005) Erfahrungen mit und Erwartungen an die Physiogeographie aus der Sicht eines Humangeographen. In: Müller-Malm, D., Wardenga, U. (Hrsg., 2005) Möglichkeiten und Grenzen integrativer Forschungsansätze in Physischer Geographie und Humangeographie. = forum ifl, 2, 37 – 54. Leipzig

Roth, G. (2003) Ich – Körper – Raum. In: Krämer-Badoni, Kuhn (Hrsg. 2003). Die Gesellschaft und ihr Raum, 35 – 52. Opladen

Strauch, B. (2003) Warum sie so seltsam sind. Gehirnentwicklung bei Teenagern. Berlin

Wardenga, U. (2002) Alte und neue Raumkonzepte für den Geographieunterricht. In: geeographie heute, 23, H. 200, 8 – 11

Werlen, B. (1995) Sozialgeographie alltäglicher Regionalisierung. Bd. 1 = Erdkundliches Wissen, 116. Stuttgart

Werlen, B. (1997) Sozialgeographie alltäglicher Regionalisierung. Bd. 2: Globalisierung, Region und Regionalisierung. = Erdkundliches Wissen, 119. Stuttgart

Raum-Perzeption und geographische Erziehung

Hartwig Haubrich

Wahrnehmungsprozesse sind in erster Linie Gegenstand psychologischer Forschung. Wahrnehmungsergebnisse sind allerdings auch für Geographen interessant, da sie raumbezogenes Handeln beeinflussen. Sie sind aber erst recht für Geographiedidaktiker wichtig, da diese durch ihre Forschungen der Praxis Hilfen anbieten sollen, die „Welt in den Köpfen" von Schülerinnen und Schülern zu formen, um sie für ein raumgerechtes Handeln zu befähigen.

1. Raum: Perzeption und Kognition

Die englische Bezeichnung „perceptional geography", die oft auch als Teil der Behavioural Geography (Verhaltensgeographie) (Lowental 1967) gilt, wird im deutschen mit Perzeptionsgeographie oder Wahrnehmungsgeographie übersetzt. Im psychologischen Verständnis bezeichnet aber Wahrnehmung den Prozess der Sinneswahrnehmung und nicht dessen Ergebnis. Das Ergebnis bezeichnen wir im Deutschen als „Vorstellung". Nun sind aber Geographen im Gegensatz zu Psychologen vor allem an dem Ergebnis der Wahrnehmung und an dessen Einfluss auf raumbezogenes Handeln interessiert und nicht an den Wahrnehmungsprozessen selbst. Fälschlicherweise spricht man aber von Wahrnehmungsgeographie und nicht etwa von Vorstellungsgeographie. Selbst wenn das Wort Kognition benutzt wird, bezeichnet dieses vor allem den Prozess einer Informationsaufnahme. Kognitive Strukturen, Images, geistige Landkarten, d. h. mental maps sind da schon eher Begriffe, die den Gegenstand beschreiben, den Humangeographen in ihrer Wirkung auf „Geographie machen" untersuchen. Trotz der inadäquaten Begriffsbezeichnung ist es hilfreich, von Psychologen eine modellhafte Vorstellung zu gewinnen, wie Wahrnehmungsprozesse auf Handeln wirken. Gold hat dies schon 1980 für die Geographie - wie in Abb. 1 dargestellt - getan:
Kognitive Prozesse sind sehr komplexe Prozesse der Sinneswahrnehmung und Erkenntnis. Dass Variabeln wie Persönlichkeit, Motivation, Emotion, Kultur usw. Einfluss auf Wahrnehmung haben, ist offensichtlich. Jedoch ist deren Intensität weitgehend unerforscht. Ein sehr kompliziertes System von Beziehungen und Prozessen führt zu Kognitionen, d. h. z. B. zu räumlichen Schemata wie Images, Stereotypen, Klischees und mental maps. Diese mentalen Repräsentationen sind nicht etwa fotographische Abbildungen der Außenwelt sondern Vorstellungen in Abwesenheit von äußeren Stimuli. Die Hirnforschung (Köck 2006) hat zwar erforscht, in welchen Teilen des Gehirns derartige Schemata gespeichert werden, ihre Bedeutung für Handeln blieb aber bisher unbekannt. Die „objektive Umwelt" und die wahrgenommene Welt sind nicht identisch. Zwischen der Kognition und der Umwelt befinden sich Informationsfilter wie Schule, Eltern, Freunde, Massenmedien, aber auch persönliche Fähigkeiten, Interessen und Werthaltungen. Sowohl bewusste kognitive Schemata als auch unbewusste Faktoren bilden die Basis für Handeln. Auch zwischen Kognition und Handeln befinden sich Entscheidungsfilter wie Einstellungen und Werte, welche zur Auswahl bestimmter Aktionen führen. Dieses Modell ist kein deterministisches oder mechanistisches Modell, sondern zeigt nur die Vielzahl von Faktoren, Subsystemen, Beziehungen und Feedbacks des sehr komplexen Prozesses der räumlichen

Wahrnehmung und des alltäglichen „Geographie Machens", d. h. des raumorientierten Handelns.

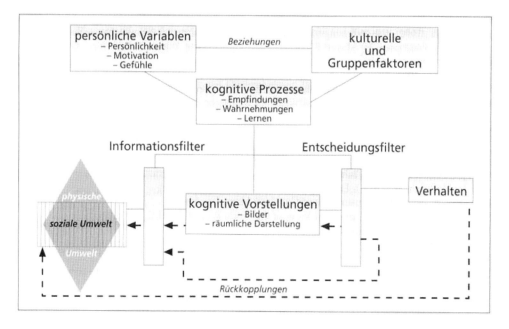

Abb. 1 Paradigma des räumlichen Wahrnehmens und Verhaltens (Gold 1980 – übersetzt von Haubrich)

2. Perzeption geographischer Elemente

Das Forschungsinteresse der Perzeptionsgeographie erstreckte sich bisher auf die verschiedenartigsten Elemente - wie z. B. die Wahrnehmung von Objekten, Distanzen, Richtungen, Räumen, Problemen bzw. Selbst- und Fremdbildern, die im folgenden skizziert werden sollen.

2.1 Perzeption von Objekten
Zur Perzeption von Objekten liegen mehrere Forschungsarbeiten vor z. B. von Appleyard et al. 1964, Lee 1971 und Walther 1992.
Einige Ergebnisse sind die folgenden:
-	Die Wahrnehmung ist immer durch Selektion ausgezeichnet.
-	Die Motive des Perzeptors steuern die Wahrnehmung.
-	Die Intensität der Wahrnehmung hängt davon ab, ob der Perzeptor das Wahrnehmungsobjekt eher positiv oder eher negativ bewertet.
-	Die Lesbarkeit (Gestaltqualität) von Objekten ist für deren Wahrnehmung sehr entscheidend.
-	Ungewöhnliches wird besser wahrgenommen als Alltägliches.
-	Die Wahrnehmung orientiert sich im geographischen Raum an Landmarken z. B. an Gebäuden in der Stadt oder an Baumgruppen in der Landschaft.

- Ob ein Objekt als bedeutsame Landmarke angesehen wird, hängt auch vom Alter bzw. von den Interessen einzelner Menschen und Gruppen ab.
- Die Art der Fortbewegung durch eine Siedlung oder durch eine offene Landschaft hat Einfluss auf die Wahrnehmung.
- Fußgänger haben in der Regel eine kontinuierlichere Wahrnehmung ihres geographischen Raumes als Benutzer öffentlicher Verkehrsmittel.
- Schüler, die zu Fuß zur Schule gehen, haben eine umfassendere Wahrnehmung ihres Schulweges als Schüler, die mit dem Schulbus zur Schule gebracht werden. Die Wahrnehmung letzterer besteht häufig nur aus dem Wohn- und Schulstandort ohne Verbindung.

2.2 Perzeption von Distanzen und Richtungen

Die Erforschung der Wahrnehmung von Distanzen hat die folgenden Hauptergebnisse (Werlen 2000) erbracht:
- Die Wahrnehmung von Distanzen beeinflusst z. B. Verkehrsverhalten.
- Distanzen von Orten geringer Priorität zu Orten größerer Priorität werden in der Regel unterschätzt.
- Distanzen von Orten großer Priorität zu Orten geringerer Priorität werden in der Regel im Vergleich zur Wirklichkeit überschätzt.
- Die Einschätzung bzw. Präferenz einer Destination beeinflusst die Raumwahrnehmung.
- In den USA wird die Distanz vom Stadtrand zur Stadtmitte eher überschätzt und diejenige von der Stadtmitte zum Stadtrand unterschätzt.
- In Europa ist es umgekehrt. Hier gilt die Stadtmitte als ein Ziel hoher Attraktivität und in den USA eher nicht. Die Distanz zur Stadtmitte wird deshalb in Europa in der Regel unterschätzt und in den USA überschätzt.
- Die Distanz geradliniger Verkehrswege wird in der Regel unterschätzt und die Distanz kurvenreicher Verbindungen eher überschätzt.
- Je vertrauter die räumlichen Gegebenheiten sind desto deckungsgleicher sind Distanz und Distanzwahrnehmung.
- Menschen betrachten und bewerten ihre Welt aus unterschiedlichen Richtungen und zwar immer von ihrem Standort als Zentrale ihrer Wahrnehmung aus.
- Menschen schauen oft vorwiegend in eine Richtung, z. B. schauten die Deutschen während des Kalten Krieges vorwiegend nach Westen und vermieden den Blick nach Osten.
- Die Mittellage Deutschlands ist z. B. mit einer zentralen Betrachtung der Europäischen Union verbunden.
- Periphere Lagen von EU-Ländern sind mit sehr unterschiedlichen Perspektiven – z. B. nach oben, unten, Westen oder Osten – verbunden. (Abb. 2)
- Die Begriffe „hinten, vorne, oben, unten" wie z. B. der Hinterwesterwald oder der Vorderwesterwald sind nur aus der Perspektive des Namengebers zu verstehen. Was für den einen „hinten" bedeutet, ist für den anderen „vorne".
- Die Perspektive des Namengebers – selbst wenn sie einem Irrtum unterliegt – bleibt oft bestehen wie z. B. „Westindien" als Irrtum von Kolumbus.

2.3 Perzeption von Räumen

Mental maps werden oft herangezogen, um die Wahrnehmung von Räumen zu erfassen und um diese mit den realen Rauminhalten und Raummaßen zu

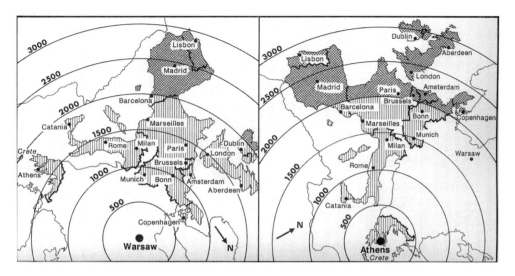

Abb. 2 Views of the European Community from different places in Europe on its periphery or outside it. Circles are drawn at 500 km intervals from each centre. The 12 Member States are shaded with lighter shading within 2000 km and heavier shading beyond.
(Cole, J and F. Cole 1993)

vergleichen. Mental maps sind von Individuen angefertigte Kartenskizzen, die in gewisser Weise deren Raumvorstellung widerspiegeln. Down/Stea 1982 betrachten mental maps bzw. geistige Landkarten als Raumkognitionen bzw. als ein Ergebnis geistigen Kartierens geographischer Räume. Das kognitive Kartieren dient der Aufnahme, Ordnung, Speicherung, Verarbeitung und Nutzung von Rauminformationen zur Bewältigung von Alltagsaufgaben wie z. B. einer Entscheidung über einen Weg zu einem Einkaufszentrum, der Wahl eines Urlaubsortes oder eines Wohnstandortes und der Einschätzung eines aktuellen Ereignisses in einem fernen Land. Wenn auch darauf hingewiesen werden muss, dass das Zeichnen von mental maps auch von der individuellen Fähigkeit zu zeichnen abhängig ist und dass ein „Gewusst Wo" nicht unbedingt auch eine entsprechende Entscheidung für das „Wo" und eine Handlung beim „Wo" auslöst, so erbringen mental maps doch interessante Einsichten hinsichtlich einer aktuellen und dauerhaften Raumwahrnehmung.

Overjoerdet (1984) hat z. B. zur Zeit der Falklandkrise von jüngeren Schülern Weltkarten (Abb. 3) mit dem Ergebnis zeichnen lassen, dass alle Karten auch die Falklandinseln beinhalteten. Weltperzeptionen sind also dynamischer Natur, d. h. abhängig von der aktuellen Medienberichterstattung.

Saarinen (1973) hat Studierende zu Beginn ihres Studiums Weltkarten zeichnen lassen und herausgefunden, dass die Studierenden mit den korrektesten mental maps die besten Abschlussexamina machten. Er empfahl sogar das Zeichnen von mental maps zur Prognose für den Erfolg eines Geographiestudiums.

Eine geeignete Methode, mental maps zu analysieren, ist, sie nach Punkten, Linien und Flächen zu untersuchen. Punkte spiegeln das mehr punktuell selektierte Inventar in einer geistigen Landkarte wie z. B. Gebäude, Kreuzungen oder Landmarken, Linien deuten auf gewusste Beziehungen bzw. Interaktionen im geographischen Raum und Flächen deuten auf Strukturen und Funktionen größerer Gebiete. Alles

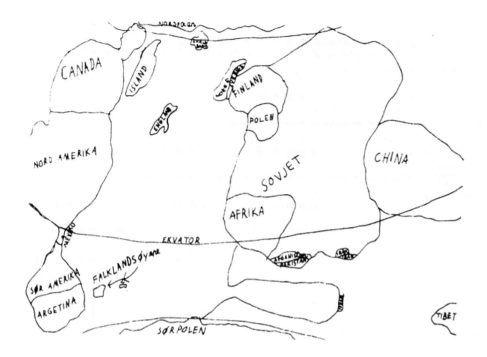

Abb. 3 Die Weltwahrnehmung eines 10-jährigen norwegischen Schülers während der Falklandkrise (Overjoerdet 1984)

zusammen ergibt das kognitive Netz geographischer Gegebenheiten in den Vorstellungen von Menschen.

In der Regel sind mental maps nicht Ergebnisse von geistigen Kartierungen realer Landschaften sondern Spiegelungen medialer Darstellungen. So fehlt z. B. bei einer mental map Europas nur selten der „Stiefel Italiens", den die Zeichner sich nach der Gestaltpsychologie aus einer Europakarte erschlossen und eingeprägt haben. Französische Schüler zeichnen Frankreich in der Regel als Hexagon, da sie dieser geometrischen Vereinfachung oft im Geographieunterricht begegnet sind. So wird z. B. auch deutschen Schülern Afrika als eine Zusammensetzung eines Dreiecks und eines Parallelogramms vermittelt. Mental maps sind also oft sekundäre Karten von Karten und nicht primäre Kartierungsergebnisse realer Räume. Trotzdem schaffen die Karten von Karten im weitesten Sinne Vorstellungen über geographische Räume.

2.4 Perzeption von Problemen

Es ist bekannt, dass in den 70iger Jahren z. B. der Geographieunterricht über westliche Länder stets eine größere Problemdichte zum Gegenstand hatte als derjenige über östliche Länder. Dieses Phänomen wurde durch die leichtere und größere Verfügbarkeit von Informationen – auch kritischer Informationen - aus den westlichen Demokratien erklärt.

Hard (1981) hat sich mit der Wahrnehmung von Problemen in der Stadt beschäftigt und dabei eine sehr selektive Wahrnehmung sozialer Probleme festgestellt. Es hatte sich gezeigt, dass diejenigen Stadtteile, die durch journalistische Veröffentlichungen und durch Leserbriefe als die in der öffentlichen Wahrnehmung problemreichsten galten, in Wirklichkeit die am besten ausgestatteten waren. Die Probleme der ärmeren Gebiete wurden weniger wahrgenommen. Hard kam zu dem Schluss: Ärmere Viertel korrelieren mit der öffentlichen Problemwahrnehmung negativ und reichere Viertel positiv. Je stärker der Akademikeranteil eines Wohngebietes umso mehr beeinflusst es die öffentliche Wahrnehmung bzw. veröffentliche Meinung.

Nicht selten haben kartierende Geographen in slumähnlichen Quartieren zahlreiche Probleme festgestellt, die in keiner Weise mit einer entsprechenden Unzufriedenheit der Bewohner einhergingen. Ebenso zeigt die Erfahrung, dass juristische Auseinandersetzungen zwischen Nachbarn in villenartigen Wohngebieten häufiger auftreten als in weniger privilegierten Vierteln. Hier gilt der Maßstab des satisfizer, optimizer, suboptimzer oder maximizer. Probleme sind demnach nicht Probleme per se, sondern immer sozial definierte Erscheinungen, die vom Anspruchsniveau des wahrnehmenden Subjekts bestimmt werden.

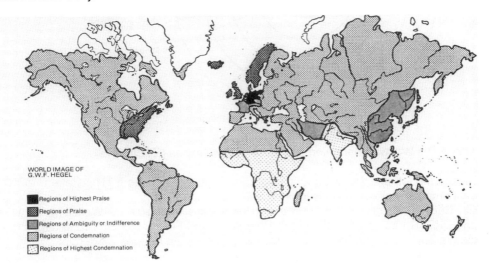

Abb. 4 Die Weltwahrnehmung Hegels (Elliott 1979)

Elliott (1979) hat die Literatur vieler Wissenschaftler aus allen Kulturregionen der Erde nach ihrer Weltwahrnehmung und Weltbewertung untersucht und immer – sei es eine arabische, europäische, asiatische oder amerikanische Sicht – eine zentralistische Perspektive festgestellt. Hegels Äußerungen (Abb. 4) über die Weltregionen konnten von Elliot eingeteilt werden in hoch gelobte, gelobte, indifferente, zu verurteilende und stark zu verurteilende Regionen. Die zentral-periphere Weltbeurteilung ist bei Hegel fast als ein geographisches Distanzmodell zu verstehen. In der Regel ist es aber ein psychologisches Distanzmodell, wobei auch geographische Distanzen eine Rolle spielen. Nähe kann anziehend aber auch abstoßend sein. Das Gleiche gilt für die Ferne. Begriffe wie „Achse des Bösen" oder ähnliche belegen, dass die Einteilung der Welt in „Gut und Böse" nicht nur ein historisches Problem war sondern eine höchst aktuelle und brisante Herausforderung.

Viele Länder sehen sich in der Mitte der Welt oder betrachten sich sogar als Mittelpunkt der Welt. Die Städte Washington, Rom und Peking sind Beispiele dafür. Im Sonnentempel von Peking kann man physisch auf den „Mittelpunkt" der Erde treten. Während der Kaiserzeit wurde sie eingeteilt in die zentrale kaiserliche Zone, gefolgt von der fürstlichen Zone, der befriedeten Zone, der alliierten Barbaren, der kulturlosen Wilden (Abb. 5).

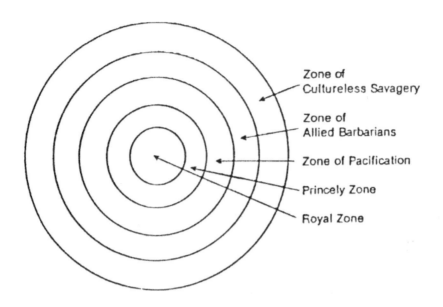

Abb. 5 Die Weltwahrnehmung des kaiserlichen Chinas (Elliott 1979)

Dieses Modell der Weltwahrnehmung kann man bei genauem Hinschauen zumindest unterschwellig in allen Regionen der Erde finden.

Ein Beispiel für die zentralistische und perspektivisch verzerrte Weltsicht der USA und UdSSR bzw. die Einteilung der Welt in Freund Feind spiegelt sich in der Abb. 6, die die Bedrohungswahrnehmung während des Kalten Krieges wiedergibt.

Abb. 6 Die Weltwahrnehmung der USA und UdSSR während des Kalten Krieges (In: Haubrich 1984)

2.5 Perzeption von Länder-Images

Die Wahrnehmung von Ländern und Volkern ist manchmal sehr langlebig, sie kann aber auch einem relativ schnellen Wandel unterliegen. Als ein Beispiel möge das Deutschlandbild in Russland (Haubrich 2005) dienen. Das langjährige Feindbild hat sich wohl in jüngster Zeit zu einem Freundbild entwickelt. Bis zum Ersten Weltkrieg galten Deutsche fast als „Verwandte" der Russen. Viele deutsche Siedler, Handwerker und Akademiker wanderten nach Russland. Deutschland galt als Modell zur Modernisierung des Zarenreiches.

Nach der Oktoberrevolution 1917 wurden Deutsche wie Karl Marx und Friedrich Engels bis ins letzte Dorf bekannt. Deutschland galt als Land der fortschrittlichen, revolutionären Arbeiterklasse. Der Überfall Hitlers auf die Sowjetunion machte die Deutschen sofort zu Staatsfeinden.

Nach dem Krieg wurde aufgrund der Spaltung Deutschlands auch das Deutschlandbild zweigeteilt. Während die DDR zum sozialistischen Bruderland wurde, galt die BRD als kapitalistisches Feindesland. Nach der Ostpolitik und dem Fall der Berliner Mauer gelangten nun mehr ungefilterte Informationen nach Russland. Vertrauensbildende Maßnahmen der Politiker steigerten das Vertrauen in ein neues Deutschland. Inzwischen sucht Russland wieder deutsche Investitionen und deutsches Know-how – ähnlich wie zur Zeit Peters des Großen. Dieses Beispiel sich wandelnder Bilder von Ländern und Völkern lässt hoffen, dass geographische Erziehung die Chance nutzen kann, Stereotypen oder sogar Feindbilder zu verändern, um sie in friedliche Bahnen zu lenken. Grundsätzlich sollte man aber auch bedenken, dass unterschiedliche Gruppen unterschiedliche Fremdbilder entwickeln, also oft mehrere kontrastierende Bilder nebeneinander existieren können. Zur Image-Analyse werden mittlerweile zahlreiche Methoden angewandt, wie z.B. Rankings von Ländern und Völkern nach Beliebtheitsgrad, freie Assoziationen und Vergleiche von Selbst- und Fremdbildern.

3.Raumorientierte Handlungskompetenz durch geographische Erziehung
Perception-Kognition-Aktion

Die Abbildung 7 zeigt ein Paradigma geographischer Erziehung von der Wahrnehmung über die Erkenntnis zur Handlung. Geographische Bildung heißt z. B. sowohl andere Länder und Völker zu verstehen als auch positive Einstellungen zu anderen Völkern in der Welt zu entwickeln. Kenntnisse sind ein wichtige Basis für Einstellungen. Die Frage ist: „Welche Kenntnisse führen zu positiven Einstellungen?" Forschungsergebnisse (Haubrich 1990) belegten keine Zusammenhänge zwischen Einstellungen und Allgemeinkenntnissen. Zukünftige Forschungen sollten daher stärker zwischen verschiedenen Klassen von Kenntnissen, z. B. physisch-geographischen und humangeographischen Kenntnissen unterscheiden. Es kann vermutet werden, dass Kenntnisse über Menschen entscheidender sind als Kenntnisse über Landschaften. Es ist wichtig, die Filter und Tore zwischen der potenziellen Wahrnehmungswelt und dem wahrnehmenden Subjekt zu kennen. Geographische Erziehung ist nur ein kleines Tor in diesem Kommunikationsprozess. Natürlich hat geographische Erziehung die „richtigen" Informationen anzubieten, aber noch wichtiger scheint zu sein, Jugendliche für den kritisch-konstruktiven Gebrauch der Informationen aller „gatekeeper" wie z.B. der Massenmedien zu befähigen. Außerdem ist es notwendig die kognitive Dimension der Erziehung und Bildung durch die Nutzung aller Sinne zu erweitern. Obwohl das endgültige Verhalten des wahrnehmenden Subjekts nicht durch die Auswahl der „richtigen" Informationen bzw.

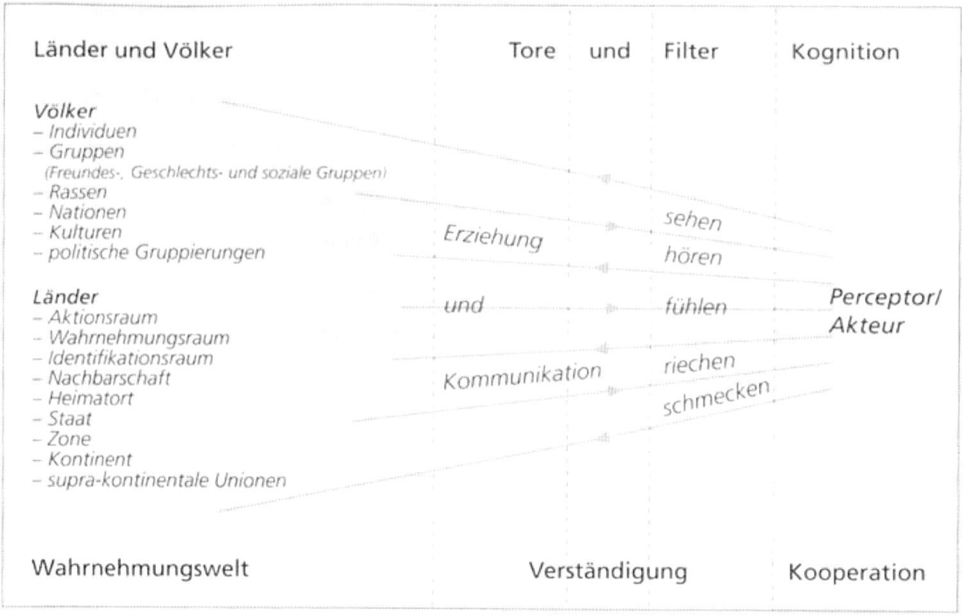

Länder und Völker	Tore und Filter	Kognition

Völker
- Individuen
- Gruppen
  (Freundes-, Geschlechts- und soziale Gruppen)
- Rassen
- Nationen
- Kulturen
- politische Gruppierungen

Erziehung — sehen, hören

Länder
- Aktionsraum
- Wahrnehmungsraum
- Identifikationsraum
- Nachbarschaft
- Heimatort
- Staat
- Zone
- Kontinent
- supra-kontinentale Unionen

und — fühlen — **Perceptor/ Akteur**

Kommunikation — riechen, schmecken

Wahrnehmungswelt	Verständigung	Kooperation

Abb. 7. Raumwahrnehmung und geographische Erziehung (Haubrich 1995)

durch die Übereinstimmung mit den „richtigen" Werten determiniert wird, kann man jedoch hoffen, dass dieser Weg eine solide Basis für angemessene Einstellungen und Handlungen darstellt. Noch aussichtsreicher erscheint die Handlungsorientierung der Erziehung durch konkrete Kommunikation mit Menschen im eigenen Lebensraum und in anderen Ländern.

Schlussbemerkung
Der geographiedidaktischen Forschung stellt sich die wichtige und komplizierte Forschungsaufgabe, den Zusammenhang von realem geographischen Raum, dem wahrgenommenen Raum als Wahrnehmungsraum, dem bewerteten Raum als Bewertungsraum (z. B. als positiv bewerteter Identifikations- oder Heimatraum oder als kritisch bewerteter Fremdraum) und dem konkreten Handlungsraum aufzudecken. Noch steht die empirische Forschung ziemlich am Anfang. Eine Zusammenarbeit mit Psychologen wäre sehr nützlich.

Literatur

Appleyard, D., Lynch, K. u. J. Meyer (1964). The view from the road. Cambridge/Mass.

Cole, J. u. F. Cole (1993). The Geography of the European Community. London

Elliott, H. M. (1979). Mental maps and ethnocentrism: geographic characterizations in the past. In: Journal of Geography, Vol. 78, No. 7

Gold, J. R. (1980). An introduction to Behavioural Geography. Oxford

Haubrich, H. (ed.) (1984). Perception of people and places through media. Freiburg (unpublished Proceedings of the IGUCGE Congress in Freiburg)

Haubrich, H., U. Schiller und H. Wetzler (1990). Regionalbewusstsein Jugendlicher am Hoch- und Oberrhein. Freiburg

Haubrich, H. (1995). Selbst- und Fremdbilder von Ländern und Völker. In: geographie heute, H. 133, S. 42-47

Haubrich, H. (1996). Weltbilder und Weltethos. In: geographie heute, Heft 145, S. 4-10

Haubrich, H. (2005). Deutschlandbilder im Ausland. In: Leibniz-Institut für Länderkunde (Hrsg.) Nationalatlas Bundesrepublik Deutschland. Bd. 11, S. 30f

Hard, G. (1985). Problemwahrnehmung in der Stadt. Osnabrücker Studien zur Geographie. Bd. 4 Osnabrück

Köck, H. (2005). Dispositionen raumbezogenen Lernens und Verhaltens im Lichte neuronal-evolutionärer Determinanten I und II. In: Geographie und ihre Didaktik Heft , S. 94 – 1104 und Heft 3, S. 113-132

Lee, T. R.. Psychology and architecural determinism. In Arcitects'Journal Vol. 154, p. 253-261 and 475-483 and 651-659

Lowenthal, D. (1967). Environmental Perception and Behaviour. Research paper 109. Department of Geography Chicago

Overjordet, A. H. (1984). Children's vies of the world during an internationla media covered conflict. In: Haubrich, H. (ed.): Perception of People and Places through Media. Freiburg, p. 208-214

Saarinen, T. F. (1973). Students views of the world.In: Downs, R. M. and D. Stea (eds): Image and Environment: Cognitive mapping and Spatial Behaviour. Chicago, P. 148-161

Walther, P. (1992). Akkumulation von Wissen über eine naturnahe Landschaft. In: Geographica Helvetica 47. Jg. H. 4, 128-135

Werlen, B. (1987). Gesellschaft, Handlung und Raum. Stuttgart

Werlen, B. (1995). Sozialgeographie alltäglicher Regionalisierungen. Bd. 1, Zur Ontologie von Gesellschaft und Raum, Stuttgart

Werlen, B, (1997). Sozialgeographie alltäglicher Regionalisierungen. Bd. 2, Globalisierung, Region und Regionalisierung. Bd. 2, Stuttgart

Werlen, B. (2000). Sozialgeographie. Eine Einführung. Bern

Räumliche Orientierung von Kindern und Jugendlichen – Ergebnisse und Defizite nationaler und internationaler Forschung

Ingrid Hemmer, Michael Hemmer und Eva Neidhardt

Räumliche Orientierung – eine wesentliche Kompetenz

Eine hohe gesellschaftliche Relevanz der räumlichen Orientierung wird immer wieder betont. Auch Köck (1997, S. 166 f.) bezeichnet sie, gleichwohl mit kritischer Relativierung, als eine der wichtigsten Leistungen des Geographieunterrichts. Der hohe Stellenwert in der Öffentlichkeit wurde erst in jüngerer Zeit durch eine Studie nachgewiesen (Hemmer et al. 2004), in der gesellschaftliche Spitzenrepräsentanten nach der Bedeutung verschiedenster topographischer Kenntnisse und Fähigkeiten gefragt wurden. Der Umgang mit Karten als ein wichtiger Teilbereich wird außerdem als eine wesentliche Kulturtechnik angesehen (vgl. Liben 1999, S. 318; Hüttermann 1998).

Diesem hohen Stellenwert, aber auch dem Selbstverständnis des Faches Geographie folgend, wird in den nationalen Bildungsstandards ein eigener Kompetenzbereich „räumliche Orientierung" ausgewiesen (vgl. DGfG 2006). Bevor Näheres dazu ausgeführt wird, ist es wichtig, räumliche Orientierung im geographiedidaktischen Sinne zu definieren.

Nach dem durch Kroß erweiterten Modell von Fuchs (1977) und Kirchberg (1977), (1995) entfaltet sich die Fähigkeit zur räumlichen Orientierung auf vier Lernfeldern. Das erste Lernfeld „Topographisches Orientierungswissen" umfasst die Kenntnis der Lage von z.B. Staaten, Flüssen und Gebirgen. Das zweite Lernfeld „Räumliche Ordnungsvorstellungen" beinhaltet die Kenntnis von verschiedenen räumlichen Orientierungsrastern, wie z.B. Klimazonen oder auch Ballungsräumen. Das dritte Lernfeld „topographische Fähigkeiten" umfasst die Orientierung im Gelände mit Karten und anderen Hilfsmitteln, wie z.B. Kompass, das Lesen und Interpretieren sowie das Zeichnen von Karten, auch mit Hilfe Geographischer Informationssysteme (GIS). In das vierte Lernfeld „Räumliche Wahrnehmungsmuster" schließlich gehört das Bewusstsein um die Relativität und Subjektivität von Raumwahrnehmung und – darstellung, z.B. das Bewusstsein der eurozentrischen Perspektive vieler Karten.

Die nationalen Bildungsstandards bauen auf diesem Modell auf, unterscheiden dabei jedoch stärker differenzierend fünf Teilkompetenzen im Kompetenzbereich „Räumliche Orientierung":

(1) Kenntnis grundlegender topographischer Wissensbestände

(2) Fähigkeit zur Einordnung geographischer Objekte und Sachverhalte in räumliche Ordnungssysteme

(3) Fähigkeit zu einem angemessenen Umgang mit Karten (Kartenkompetenz)

(4) Fähigkeit zur Orientierung in Realräumen

(5) Fähigkeit zur Reflexion von Raumwahrnehmung und - konstruktion

Die Fähigkeit, sich im Raum zu orientieren, wird in der Definition von Schäfer (1984, S. 181) dahingehend konkretisiert, dass die Erfassung von Punkten im Raum in ihrer Lage zueinander, in ihrer Lage zum eigenen Standort und zu einem außerhalb der eigenen Person liegenden Orientierungspunkt erfolgt und zwar in Bezug auf absolute und relative Entfernungs- und Richtungsangaben. Sie umfasst die Bestimmung von Lagebeziehungen und Standorten im (Real)Raum (vgl. auch Schniotalle 2003, S. 21).

Man muss konstatieren, dass geographiedidaktische Veröffentlichungen, die sich mit dem Kompetenzbereich „räumliche Orientierung" beschäftigen, zwar durchaus vorhanden sind, dass es sich dabei aber vor allem um eher normative oder konzeptionelle handelt (vgl. Böhn und Haversath 1994, Hüttermann 1979, 1988, 1995, 1998; Sperling 1982), die sich vor allem mit einzelnen Bereichen der o.g. Teilkompetenzen 1, 2 und 3 beschäftigt haben. Köck (1984, 2004, 2005a, b) hat sich in mehreren Veröffentlichungen v.a. mit den Voraussetzungen raumbezogenen Lernens beim Kind beschäftigt. Dagegen gab es nur sehr wenige empirische Studien im deutschsprachigen Raum, so z.B. Sperling (1968) zur Raumvorstellung des Heimatraumes, Schrettenbrunner (1978) zum Kartenlesen, Schäfer (1984) zur Entwicklung des kindlichen Raumverständnisses und van der Schee (1988) zur Kartenanalyse. Erst in jüngster Zeit gibt es wieder einige empirische Arbeiten, die u.a. auf Teilkompetenz 4 abzielen: Hüttermann (Hrsg. 2004) zum Aufbau eines geographischen Weltbildes, Schniotalle (2003) zu Schülervorstellungen in Europa und Schmeinck (2004) zur Raumvorstellung von Grundschulkindern. Die Fähigkeit zur Orientierung in Realräumen (Teilkompetenz 5) wurde in der Geographiedidaktik bislang nicht systematisch untersucht. Schäfer (1984) nennt drei ältere Arbeiten aus den 1950er und 1960er Jahren, in denen Kinder-Skizzen von Schulwegen und Unterrichtsgängen analysiert wurden. Lediglich Engelhardt (1973) untersuchte, wie Grundschüler sich mit Hilfe einer Kartenskizze im Raum zu orientieren vermochten und verglich seine Ergebnisse mit den von Stückrath (1968) aufgestellten Entwicklungsstufen. Gerade diese Fähigkeit wird jedoch von der Gesellschaft besonders eingefordert (vgl. Hemmer et al. 2004). Im Folgenden sollen also die diese Teilkompetenz betreffenden jüngeren internationalen und fachübergreifenden Ergebnisse von empirischen Untersuchungen, die noch auf die kartengestützte Orientierung in Realräumen fokussiert sind, vorgestellt werden. Hier ist insbesondere die vorhandene psychologische und kartographische Literatur zu sichten, denn räumliche Orientierung ist ein wichtiges Arbeitsfeld auch dieser Disziplinen. Die Ergebnisse, die im Folgenden vorgestellt werden, sind anhand von vorangestellten konzeptionellen Überlegungen zur Konstellation Kind, Karte und Bezugsraum gegliedert.

Orientierung von Kindern mit Hilfe von Karten im Raum

In der Kartographie gibt es verschiedene theoretische Ansätze, z.B. den kommunikationswissenschaftlich-informationstheoretischen Ansatz, bei dem die Karte als Informationsträger im Kommunikationsprozess angesehen wird (vgl. Hüttermann 1981, S. 2,7). Für die hier diskutierte Kompetenz der Orientierung im Realraum mit Karten wird beim momentanen Diskussionsstand sowohl von kartographischer / geographischer (vgl. MacEachren 1995, S. 12ff) als auch von psychologischer Seite (vgl. Liben 1997, 1999) das Konzept der Repräsentation als der angemessene theoretische Hintergrund erachtet. Dabei wird die Karte als eine von vielen möglichen Repräsentationen von Phänomenen im Raum angesehen. Gemeint ist hier die Karte als externe Repräsentation und nicht die mental map als interne Repräsentation (vgl. Downs und Stea 1982).

Ergänzt werden muss das Konzept der Repräsentation bei der hier behandelten Teilkompetenz durch die Überlegungen von Liben (1997), die dem ständig präsenten Referenzraum neben der Karte eine besondere Aufmerksamkeit widmet (vgl. dazu auch Pick et al. 1995, S. 257). Nach Liben (1997) müssen bei Studien, die untersuchen, wie Kinder sich mit Hilfe von Karten orientieren, neben der Aufgabenstellung stets folgende drei Hauptkomponenten (vgl. Abb. 1) berücksichtigt werden: die **Karte** (als materielle Repräsentation), der **Bezugsraum** sowie das sich orientierende **Kind**. Es geht also nicht nur um das Kartenverständnis, sondern auch um die wechselseitigen Transformationen zwischen Karte und Gelände sowie das kindliche Wissen um diese Beziehung.

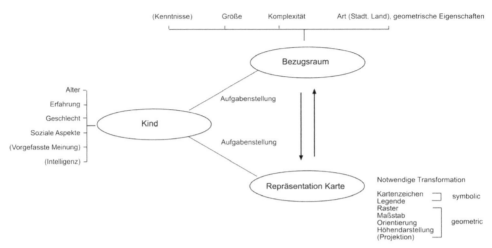

Abb. 1: Einflussfaktoren der Konstellation Kind-Karte-Raum
(verändert nach Liben 1997, Schumann-Hengsteler 1995, MacEachren 1995)

Zur Untersuchung der kindlichen Orientierungsprozesse ist es wichtig zu unterscheiden, um welche Art von **Referenzraum** es sich handelt (vgl. auch Gärling et al. 1986). Grundlegend ist zunächst, ob der Proband den Raum kennt oder ob er ihm fremd ist. Zur Orientierung im fremden Gelände liegt eine Studie von Pick et al. (1995) vor. Sie überprüften das sogenannte drop-off-Problem, bei dem Testpersonen in einer fremden Umgebung ausgesetzt werden. Dabei nutzten die Probanden zur Bestimmung der eigenen Position primär die Karte als Orientierungshilfe. Im bekannten Raum erfolgt demgegenüber die Orientierung im Regelfall zunächst an Landmarken (vgl. z.B. Neidhardt 2004). Hier spielt auch, anders als im fremden Raum, die mental map der Versuchspersonen eine Rolle.
Weatherford (1982) zieht nach einem Vergleich von Untersuchungsergebnissen mit Räumen unterschiedlicher Größe das Fazit, dass qualitative Unterschiede, die allein durch die Größe des Untersuchungsraumes bedingt sind, nicht ausgeschlossen werden können. Verbunden mit der Größe ist häufig auch der Aspekt der Komplexität eines Raumes (vgl. Liben 1997, S. 69). In diesem Kontext kritisierten Liben (1997) und Schumann-Hengsteler (1995), dass nur sehr wenige Untersuchungen in komplexen Realräumen durchgeführt wurden. Ausnahmen bilden die Studien von Heth et al. (1997) und von Gerber und Kwan (1994), die Kinder einen Weg durch ein suburbanes Gebiet finden ließen. Die meisten Studien wurden mit jüngeren Kindern durchgeführt und beziehen sich auf kleinere überschaubare Räume. Bei Blades und Spencer (1987) war es z.B. ein 25 m langes Labyrinth auf dem Schulhof und bei Uttal und Wellmann (1989) ein navigierbares Spielhaus. Aufgrund der insgesamt geringen Anzahl an Studien gibt es nur Einzelbefunde, die eine Differenzierung der Erkenntnisse nach Raumarten bislang noch nicht zulassen.
Wastl (2000) weist darauf hin, dass es bei der Analyse der Transformationsprozesse nicht unerheblich ist, um welche **Art von Karte** es sich handelt. So sind z.B. die Un-

terschiede zwischen einem Stadtplan, einer topographischen oder thematischen Karte erheblich (vgl. hierzu auch Deutsche Gesellschaft für Kartographie 2003). In den wenigsten empirischen Untersuchungen wurden jedoch bislang handelsübliche Karten verwendet (vgl. z.B. Wastl 2000; Talbot et al. 1993; Yarnal und Coulson 1982). Diese Untersuchungen wurden jedoch hauptsächlich mit Erwachsenen durchgeführt und sind nur bedingt aussagekräftig, weil die Probanden selbst ihren Erfolg evaluierten. Auch wenn es nur verschwindend wenige empirische Studien gibt, lassen diejenigen, die existieren, vermuten, dass die kartengestützte Navigation auch bei Jugendlichen und Erwachsenen eine Herausforderung bleibt (vgl. Liben et al. 2002). Meistens wurde bei Kindern mit eigens für die Studie angefertigten einfachen Kartenskizzen gearbeitet (vgl. die Kritik von Blades 1997).

Neben der Kartenart ist die **Komplexität der Karte** ein wichtiger Einflussfaktor auf die Fähigkeit der Transformation. Stadtpläne werden zum Beispiel im Rahmen der psychologischen Forschung als komplexe Karten betrachtet. Durch komplexere Karteninformationen zeigen sich Vorschulkinder häufig überfordert (z.B. Rutland et al. 1993). Fünfjährige berücksichtigen meist nur eine Landmarke auf der Karte, d.h. sie finden ein Objekt vor allem dann, wenn es sich in der Nähe einer identifizierbaren Landmarke befindet. Sechsjährige können ein Objekt auch dann aufsuchen, wenn sie dazu die Information nutzen müssen, dass es sich zwischen zwei Landmarken befindet. Sie können also die Relation des Objekts zu zwei Landmarken auf der Karte herstellen (Blades 1991). Bremner und Andreasen (1998) führten eine Reihe von Untersuchungen als Beleg für die wechselseitige Kompensation zwischen der Ausrichtung der Karte, ihrer Komplexität und der Ähnlichkeit der Kartensymbole mit den realen Objekten bei Vorschulkindern an. Demnach können Kinder komplexere Karten oder solche mit unähnlicheren Symbolen dann eher nutzen, wenn die Ausrichtung mit dem realen Raum übereinstimmt, während die Ausrichtung bei einfachen Karten oder bei solchen mit sehr realistischen Symbolen keine Rolle spielt.

Die Geographie unterscheidet verschiedene Merkmale einer Karte, welche die **Beziehungen zwischen Karte und Realität** verdeutlichen. Liben und Downs (1989, 1993) bilden dabei zwei Gruppen von Beziehungen: symbolic (symbolische) und geometric (geometrische) (vgl. Abb. 1). Weiterhin unterscheiden sie zwischen drei Hauptarten der geometrischen Beziehungen: scale (Maßstab), viewing azimuth (Orientierung) und viewing angle (Perspektive, Projektion, inkl. Verebnung). Bei der Wegfindung (navigation) mit einer Karte müssen Kinder **Transformationen** in diesen genannten Bereichen vornehmen (vgl. Abb. 1). Besondere Aufmerksamkeit gilt dabei der Transformation des viewing azimuth, also der Einnordung der Karte und den daraus resultierenden Richtungsentscheidungen, weil hier besondere Probleme festgestellt wurden (vgl. Liben 2003; Montello 1998, S. 96). Bei den bisher vorliegenden Studien stehen im Regelfall nur einzelne isolierte Transformationen im Vordergrund, wie z.B. der Maßstab (vgl. Matthews 1981; Liben et al. 2002) oder die Ausrichtung der Karte (vgl. Presson 1982) und die Distanzeinschätzung: Studenten, die eine Liste von Objekten erhalten, die sie mit möglichst kurzen Wegen aufsuchen sollen, entscheiden sich ohne Übersichtsplan für die jeweils lokal kürzesten Strecken. Nur mit Übersichtsplan sind sie in der Lage, die Gesamtstrecke zu minimieren (Gärling 1989). Bezüglich der Distanz-Transformationen ist der Unterschied zwischen Luftlinie und Entfernung zu bedenken.

Mögliche Einflussfaktoren beim Kind

Im Folgenden werden potentielle Einflussfaktoren beschrieben, die beim Kind eine Rolle spielen können. Bei den Variablen Alter und Geschlecht ist nach dem Forschungsstand klar davon auszugehen, dass sie differenziell wirken.

Alter

Von einer altersabhängigen Leistungsveränderung bei verschiedenen Teilfähigkeiten der kartengestützten Orientierungskompetenz ist auszugehen (vgl. z.B. Siegel und White 1975; Schumann-Hengsteler 1995; Liben 1997). Eine Untersuchung von Presson (1982) legt beispielsweise nahe, dass erst Grundschulkinder eine nicht passend ausgerichtete Karte tatsächlich mental rotieren können. Huttenlocher et al. (1994) wiesen eine altersabhängige Kodierung bei räumlichen Distanzinformationen nach. Alterskorrelierte Leistungsveränderungen zwischen fünf und zwölf Jahren bei der Informationsentnahme aus Karten stellten auch Liben und Downs (1993) fest. Dabei ist die Entwicklung für die geometrische bzw. perspektivische Information klarer als für die symbolische.

Geschlecht

Generell werden in der Literatur immer wieder geschlechtsbezogene Leistungsunterschiede im Bereich räumlicher Orientierung erwähnt (vgl. z.B. Köck 2005, Lohaus et al. 1999). Diese zeigten sich in vorliegenden empirischen Untersuchungen vor allem im Kartenvorwissen und in der Selbsteinschätzung, in geringerem Maße in der Orientierung im Makroraum (vgl. Neidhardt 2004). Nach Matthews (1992) finden sich geschlechtsbezogene Unterschiede erst ab etwa acht Jahren. Mit neun Jahren zeichneten Jungen deutlich detailliertere Raumkarten als gleichaltrige Mädchen. Dabei stand die Detailliertheit der Karte in positivem Zusammenhang zur Größe des kindlichen Aktionsradius. Offenbar gibt es auch strategische Unterschiede zwischen Mädchen und Jungen darin, wie sie ein Ziel ansteuern: Mädchen orientieren sich eher an Landmarken, während Jungen eher Richtungs- und Entfernungsinformationen nutzten (Schmitz 1999). Entsprechend geben Frauen nach Kartenstudium auch andere Wegauskunft als Männer; Frauen beschreiben Landmarken und Abzweigeverhalten („nach der Apotheke links abbiegen"), während Männer eher Himmelrichtungen und Entfernungen nennen (MacFadden et al. 2003). Diese geschlechtsunterschiedlichen Orientierungspräferenzen fanden sich kulturübergreifend in einer amerikanischen genauso wie in einer ungarischen Population (Lawton und Kallai 2002).

Vorkenntnisse und Vorerfahrungen

MacEachren (1995, S. 95ff) führt die Vorerfahrung im Kartenlesen als wichtigen Einflussfaktor auf Seiten des Kartennutzers an. Montello (1998, S. 94f) verweist auf Studien, die einen Einfluss von Erfahrungen, z.B. auf die Geschwindigkeit des Kartenlesens, belegen. So werden bei Experten im Kartenlesen durch die Integration in vorhandene Schemata Informationen strukturierter und deshalb schneller aus Karten entnommen. Pick et al. (1995) stellten fest, dass erfahrene Nutzer folgende Strategien verwendeten, wenn sie erfolgreich waren: Sie verglichen komplexere Merkmalskonfigurationen zwischen Karte und Gelände, legten den Schwerpunkt eher auf lokale Merkmale und arbeiteten stärker hypothesengeleitet. Im deutschsprachigen Raum liegt eine ähnliche Untersuchung von Wastl (2000) vor. Insgesamt lassen die wenigen vorliegenden Studien die These zu, dass Kartenerfahrung zu besserer Orientierung und erfolgreicherem Wegfinden führt.

Bezüglich des Wegfindens von Kindern kritisieren sowohl Blades (1997) als auch Liben (1997), dass die bisherigen Studien den Einfluss der unabhängigen Variablen „Erfahrung mit Karten" nicht hinreichend untersucht haben. Dabei zielen sie jedoch in erster Linie auf private Erfahrungen ab, z.B. durch die Angehörigkeit zu Pfadfindergruppen.

Kinder, die sich privat öfter selbstständig im Gelände bewegen, zeigen bessere Wegfindeleistungen (Neidhardt und Schmitz 2001). Daraus wäre ggf. zu folgern, dass der

Herkunftsraum (ländlicher oder städtischer Raum) einen weiteren potentiellen Einflussfaktor darstellt.

Selbsteinschätzung

Die Selbsteinschätzung der eigenen Orientierungsfähigkeit im Alltag korrelierte signifikant (allerdings mit r=,33 nicht besonders hoch) mit der Fähigkeit, in fremdem Gelände Gebäude auf dem kürzesten Weg aufzusuchen, auf die die Untersuchungsteilnehmer (Studierende) vorher im Rahmen einer Führung hingewiesen worden waren (vgl. Rovine und Weisman 1989). Höhere Korrelationen fanden Montello und Pick (1993) zwischen der Frage „Wieviel Prozent der Erwachsenen hat wohl einen besseren Richtungssinn als Sie?" und der mittleren Abweichung beim Zeigen zu Landmarken (r=,41) sowie der Reaktionszeit, bis die Richtung gezeigt wurde (r=,51). Beim „Orientierungsselbstkonzept", d.h. bei der Einschätzung eigener Fähigkeiten hinsichtlich der Orientierung in Makroräumen, unabhängig davon, ob dazu eine Karte herangezogen wird oder nicht, finden sich geschlechtsbezogene Unterschiede. Offensichtlich schätzen Frauen ihre Orientierungsfähigkeit als schlechter ein als Männer. Nach Lawton (1994) gibt es signifikante Zusammenhänge zwischen Selbsteinschätzung und tatsächlicher Orientierungsfähigkeit, wobei unklar ist, ob sich die Selbsteinschätzung der Erfahrung der eigenen Orientierungsfähigkeit anpasst, oder ob eine niedrigere Selbsteinschätzung und eine höhere Orientierungsängstlichkeit mittels ungünstiger Strategiewahl zu geringeren Orientierungsleistungen führt (vgl. Lawton 1994).

Das bessere männliche Orientierungsselbstkonzept könnte zu den Befunden besserer Leistungen bei der Nutzung von Kartenwissen beitragen: Männliche Überlegenheit fanden Beatty und Troester (1987) bei der Zuordnung von Orten oder Regionen auf US-Karten, die nicht auf Ausbildung, Reise-Erfahrung oder Zugang zu geographischen Informationsquellen zurückgeführt werden konnte. Die Autoren schlossen - angesichts vergleichbarer Karten-Lernfähigkeit - allerdings nicht auf den Einfluss eines negativen Selbstkonzepts sondern auf geringeres Interesse an Kartenwissen seitens der teilnehmenden Frauen.

Interesse

Prenzel und Lankes (1995, S. 13) sowie Krapp (1998, S. 185) verweisen generell auf die Bedeutung des Interesses für die Qualität der Kompetenzentwicklung im Schulunterricht. Hemmer und Hemmer (1997) stellten fest, dass die Arbeit mit Karten im Rahmen des Geographieunterrichts für 10- bis 17-jährige Schülerinnen und Schüler nur von mittlerem Interesse ist, wobei die Jungen signifikant mehr Interesse zeigen als die Mädchen. Im Rahmen der fachdidaktischen Interessenforschung wurde mehrfach nachgewiesen, dass bestimmte Kontexte (wie z.B. lebensweltlicher Bezug, gesellschaftliche Relevanz) sich positiv auf die Interessenausprägung auswirken (vgl. Hoffmann und Lehrke 1986). Entsprechend fand sich bei Hemmer und Hemmer (1997) ein hohes Interesse für Exkursionen. Bei Arbeiten mit Karten im Realraum könnte somit gegenüber dem theoretischen Umgang mit Karten im Klassenzimmer ein stärkeres Interesse erwartet werden, das in bessere Orientierungsleistungen münden könnte. Ein Nachweis des Zusammenhangs zwischen Interesse und kartengestützter Orientierung in Realräumen steht jedoch noch aus.

Räumliche Intelligenz

Rost (1977) verweist auf die Mehrdimensionalität räumlicher Fähigkeiten. Mit einem möglichen Einfluss der räumlichen Vorstellungsfähigkeit auf die Kartenarbeit setzten sich in der Geographiedidaktik bereits Schrettenbrunner (1978) und Köck (2005) kritisch auseinander. Ein Zusammenhang zwischen räumlichen Fähigkeiten, wie sie in

Testaufgaben gemessen werden, und Orientierungsleistungen in Makroräumen kann vermutet werden: Baenninger und Newcombe (1989) fanden in Meta-Analysen einen zwar geringen, aber reliablen Zusammenhang zwischen Parametern räumlichen Verhaltens und Testleistungen. An anderer Stelle ist das Fazit weniger eindeutig: Nach Beatty und Duncan (1990) zeigt sich ein signifikanter Zusammenhang zwischen der Häufigkeit räumlicher Aktivitäten und der Lösungswahrscheinlichkeit in der Wasserspiegelaufgabe, nicht aber bei anderen Aufgaben räumlicher Fähigkeiten. Einen höheren Einfluss haben demgegenüber die demografischen Variablen wie Geschlecht und Alter. Ein Zusammenhang ist vermutlich eher zu erwarten, wenn beim Lösen der Testaufgaben tatsächlich „räumlich" vorgegangen wird – viele dieser Aufgaben lassen sich als logische oder mathematische Problemaufgaben, d.h. ohne mentale Rotation oder Visualisierung und nur durch analytisches Denken, lösen (Zimmerman 1954; French 1965; Carroll 1993). Laut Sternberg und Williams (1998, S.179) beginnen Jugendliche erst ab 14 Jahren, zwischen räumlichem und experimentellem oder mathematischem Denken zu unterscheiden.

Signifikante Korrelationen fanden Rovine und Weisman (1989) zwischen der Effizienz beim Aufsuchen von Gebäuden, die in fremdem Gelände gezeigt worden waren, und dem Witkin'schen Feldabhängigkeitstest (Witkin u.a. 1971), nicht jedoch zu einem räumlichen Intelligenz-Subtest (Thurstone 1938) oder zu einem Test fluider Intelligenz. Dem steht aber beispielsweise die Untersuchung von Fenner et al. (2000) gegenüber, die bei Kindern mit höheren Werten in einem räumlichen Intelligenz-Test auch bessere Leistungen in einer Weg(zurück-)finde-Aufgabe feststellten. Bryant (1982) fand einen signifikanten Zusammenhang zwischen den Leistungen in einem mentalen Rotationstest und den Richtungszeigeleistungen nur bei Männern, nicht jedoch bei Frauen. Allerdings wurden die Zeigeleistungen nicht wirklich in Makro-Außenräumen erhoben, sondern sie erfolgten durch Zeichnen eines Richtungspfeils auf ein Blatt Papier zu vorgestellten Zielen. Neidhardt (2004) fand einen zwar signifikanten, aber kleinen Effekt zwischen Leistungen in räumlichen Intelligenztest-Aufgaben und Pfadintegrationsleistungen in Makroräumen.

Die Bedeutung der Aufgabenstellung

Die Distanz des zurückzulegenden Weges (Neidhardt 2004), die Art der Karte (Wastl 2000), die Art der Abfrage von Kartenwissen (Liben 1997; Newcombe 1997; Newcombe und Huttenlocher 2000) und die Ausrichtung der Karte (z.B. Levine et al. 1984) sind nur einige der aufgabenbezogenen Faktoren, die auf die Leistungen in Bezug auf die kartengestützte Orientierungskompetenz einwirken. In den vorliegenden Studien wird die Aufgabenstellung im Regelfall jedoch nicht systematisch variiert.

Trainierbarkeit räumlicher Orientierung
Insgesamt findet sich eine große Anzahl von Veröffentlichungen, in denen erfolgreiche Trainingsprogramme in Bereichen räumlicher Fähigkeiten beschrieben werden (z.B. Souvignier 2001; Rost 1977). Dabei reicht die Palette von ganz banalen Wahrnehmungstrainings (Crist et al. 1997), die klassischerweise noch gar nicht dem Bereich räumlicher Fähigkeiten zugeordnet werden, über die Verbesserung bei der Lösung räumlicher Testaufgaben bis zur Leistungssteigerung im Umgang mit virtuellen Umgebungen oder in realen Räumen (Neidhardt 2005). Montello (1998) betont darüber hinaus die Möglichkeit und Notwendigkeit der Trainierbarkeit des Kartenlesens.

Obwohl die Debatte um den rechtzeitigen Beginn der Einführung in das Kartenverständnis bis heute anhält (vgl. Liben und Downs 1997) sind die Befürworter einer ersten Vermittlung in der Grundschule in der Mehrheit. Schon Engelhardt und Glöckel (1977, S. 125) sowie Sperling (1982) postulierten das Training räumlicher Orientierung bereits im Grundschulalter. In der Geographiedidaktik liegen zahlreiche Konzepte vorrangig zur Einführung in das Kartenverständnis sowie darüber hinaus vereinzelt auch zu anderen Aspekten der räumlichen Orientierung vor. Neben den klassischen Vorgehensweisen (vgl. z.B. Hüttermann 1998; Nebel 1992) wurden auch computergestützte Lernprogramme entwickelt (vgl. Schrettenbrunner 1992; Schrettenbrunner 1997; Schrettenbrunner & Schleicher 2002; Liben et al. 2002). Die Effektivität dieser Konzepte in Bezug auf die Orientierung im Realraum wurde jedoch noch nicht untersucht. Dies liegt wohl daran, dass es sich hierbei um eine hochkomplexe Situation handelt und noch kein geeignetes Messinstrumentarium vorliegt.

Defizite und Konsequenzen für die Forschung

Insgesamt herrscht ein Mangel an empirischen Untersuchungen bzgl. des Kompetenzbereichs „Räumliche Orientierung" insgesamt (vgl. Hüttermann 1981; Köck 1998). Hier dürfte eines der wichtigsten künftigen Forschungsfelder der Geographiedidaktik liegen.

Untersuchungen bzgl. der Teilkompetenz „Orientierung im Realraum", die mehrere Transformationen berücksichtigen, stehen noch aus. Es ist daher noch eine offene Frage, welche Einflüsse bei einem Schulkind entscheidend sind, wenn es sich mit Hilfe einer Karte im Raum orientiert und durch richtige Navigation einen Weg findet. Es ist zu vermuten, dass der Herkunftsraum (ländlicher oder städtischer Raum) einen weiteren potentiellen Einflussfaktor darstellt. Bislang fehlt auch eine differenzierte Erfassung des Einflusses schulischer Erfahrung. Es sind jedoch keine Studien bekannt, die diese Aspekte systematisch untersucht haben.

Da für Orientierung in komplexen Realräumen gut operationalisierte Messinstrumente fehlen, ist es wichtig, ein entsprechendes Instrument zu entwickeln und zu überprüfen. Die Erkenntnisse einer solchen Untersuchung könnten teilweise direkt didaktisch umgesetzt werden. Sie könnten ferner in didaktisch-methodische Konzepte zur Optimierung der räumlichen Orientierungskompetenz im Sachunterricht der Grundschule und im Geographieunterricht der Sekundarstufe I einfließen, deren Effektivität in weiterführenden Studien experimentell-empirisch überprüft werden müsste.

Konsequenzen für Schule und Unterricht

Die Kompetenzentwicklung bezüglich der räumlichen Orientierung ist Bestandteil der Curricula des Sachunterrichts der Grundschule sowie des Geographieunterrichts aller Schularten. Art, Zeitpunkt und v.a. Umfang der Inhalte sowie der Methoden der Vermittlung sind in den sechzehn deutschen Bundesländern jedoch recht verschieden (vgl. Hinrichs 2005). Im Regelfall wird auf das theoretische Kartenlesen bzw. -interpretieren deutlich mehr Wert gelegt und mehr Zeit aufgewendet als auf die reale Orientierung mit einer Karte. Einer Untersuchung von Rinschede (1997) zufolge finden jedoch etwa 20 % bis 25 % der Exkursionen in der Grundschule in diesem Bereich statt. Dabei werden in erster Linie Kartenskizzen und gelegentlich topographische Karten, aber auch Stadtpläne eingesetzt. In der Jahrgangsstufe 5 erfolgt im Regelfall im Rahmen der Behandlung des Bundeslandes oder Deutschlands eine

Beschäftigung mit Karten, wobei jedoch die Orientierung mir der Karte im Realraum eine geringe Rolle spielt. Nur wenige Lehrkräfte führen hier überhaupt eine Exkursion durch (vgl. Rinschede 1997). Noch weniger Lehrpersonen geben ihren Schülerinnen und Schülern dabei Orientierungsaufgaben zur Bearbeitung mit. In der späteren Schullaufbahn ist eine Beschäftigung oder gar Wegfinden mit Karten eher die Ausnahme, was nicht zuletzt mit dem nach wie vor vorherrschenden curricularen Prinzip vom Nahen zum Fernen zusammenhängt. In den Abschlussklassen und in der Oberstufe erfolgt in vielen Bundesländern eine erneute vertiefte Behandlung Deutschland und / oder des Nahraums. Dies bietet die Chance, die Teilkompetenz der kartengestützten Orientierung im Realraum weiter auszubauen.

Literatur

Baenninger, M. & Newcombe, N. (1989). The role of experience in spatial test performance: A meta-analysis. Sex Roles, *20*, 327-344

Beatty, W. W. & Duncan, D. (1990). Relationship between performance on the Everyday Spatial Activities Test and on objective measures of spatial behavior in men and women. Bulletin of the Psychonomic Society, *28*, 228-230

Beatty, W. W. & Troester, A. I. (1987). Gender differences in geographical knowledge. Sex Roles, 16 (11-12), 565-590

Blades, M. (1991). The development of the abilities required to understand spatial representation. In Mark, D. M. & Frank, A. U. (Eds.), Cognitive and linguistic aspects of geographic space. Dordrecht: Kluwer Academic Publishers, 81 - 115

Blades, M. (1997). Research paradigms and methodologies for investigating children's wayfinding. In Foreman, N. & Gillett, R. (Hrsg.), A Handbook of Spatial Research Paradigms and Methodologies. Hove: Psychology Press, 103 - 123

Blades, M., & Spencer, C. (1987). The use of maps by 4-6-year-old children in a large-scale maze. British Journal of Developmental Psychology, *5*, 19-24

Böhn, D. & Haversath, J. B. (1994): Zum systematischen Aufbau topographischen Wissens. Geographie und ihre Didaktik, 22(1), 1 - 20

Bremner, J. G., & Andreasen, G. (1998). Young children's ability to use maps and models to find ways in novel spaces. British Journal of Developmental Psychology, 16, 197-218

Bryant, K. J. (1982). Personality Correlates of Sense of Direction and Geographical Orientation. Journal of Personality and Social Psychology, 41(6), 1318-1324

Carroll, J. B. (1993). Human cognitive abilities: a survey of factor-analytic studies. Cambridge: Cambridge University Press

Deutsche Gesellschaft für Geographie (Hrsg. 2006). Bildungsstandards im Fach Geographie für den Mittleren Schulabschluss. Berlin

Deutsche Gesellschaft für Kartographie e.V. Kommission Schulkartographie (Hrsg.) (2003): Aspekte zur Gestaltung und Nutzung von Karten für den Schulunterricht. (Kartographische Schriften Band 8). Bonn: Kirschbaum Verlag

Crist, R. E., Kapadia, M. K., Westheimer, G., & Gilbert, C. D. (1997). Perceptual learning of spatial localization: Specificity for orientation, position, and context. Journal of Neurophysiology, 78, 2889-2894

Downs, R. M. & Stea, D. (1982). Kognitive Karten. Die Welt in unseren Köpfen. New York: UTB

Engelhardt, W. D. (1973). Zur Entwicklung des kindlichen Raumerfassungsvermögens und der Einführung ins Kartenverständnis. In Engelhardt, W.D. und Glöckel, H. (Hrsg): Einführung ins Kartenverständnis. Bad Heilbrunn: Klinkhardt

Engelhardt, W. & Glöckel, H. (1977). Wege zur Karte. Bad Heilbrunn: Klinkhardt

Fenner, J., Heathcote, D., & Jerrams Smith, J. (2000). The development of wayfinding competency: Asymmetrical effects of visuo-spatial and verbal ability. Journal of Environmental Psychology, 20, 165-175

French, J.W. (1965). The relationship of problem-solving styles to the factor composition of tests, Educational and Psychological Measurement, 25, 9-28

Fuchs, G. (1977). Überlegungen zum Stellenwert und zum Lernproblem des topographischen Orientierungswissens. Hefte zur Fachdidaktik der Geographie, 1, 4 – 24

Gärling, T., Böök, A., & Lindberg, E. (1986). Spatial orientation and wayfinding in the designed environment. A conceptual analysis and some suggestions for postoccupancy evaluation. Journal for Achitectural Planning Research, 3, 55-64

Gärling, T. (1989). The role of cognitive maps in spatial decisions. Journal of Environmental Psychology, 9, 269 - 278

Gerber, R., & Kwan, T. (1994). A phenomenographical approach to the study of pre-adolescents' use of maps in a wayfinding exercise in a suburban environment. Journal of Environmental Psychology, 14, 265-280

Hemmer, I. & Hemmer, M. (1997). Arbeitsweisen im Erdkundeunterricht – Ergebnisse einer empirischen Untersuchung zu Schülerinteresse und Einsatzhäufigkeit. In F. Frank, V. Kaminske & G. Obermaier (Hrsg.). Die Geographiedidaktik ist tot, es lebe die Geographiedidaktik. (Münchener Studien zur Didaktik der Geographie 8). München: Selbstverlag, 67 - 78

Hemmer, I., Hemmer, M., Obermaier, G. & Uphues, R. (2004). Die Bedeutung topographischer Kenntnisse und Fähigkeiten aus der Sicht der Gesellschaft. Praxis Geographie 34 (9), 55 – 56

Heth, C. D., Cornell, E. H., & Alberts, D. M. (1997). Differential use of landmarks by 8- and 12- year-old children during route reversal navigation. Journal of Environmental Psychology, 17, 199-213

Hinrichs, T. (2005). Einführung in das Plan- und Kartenverständnis in der Grundschule - eine Befragung von Lehrpersonen in Nordrhein-Westfalen und im Saarland. Examensarbeit. Münster

Hoffmann, L. & Lehrke, M. (1986). Eine Untersuchung über Schülerinteressen an Physik und Technik. Zeitschrift für Pädagogik, 32, 189 - 204

Hüttermann, A. (Hrsg.1981): Probleme der geographischen Kartenauswertung. (Wege der Forschung). Darmstadt: Wissenschaftliche Buchgesellschaft

Hüttermann, A. (1979). Die Karte als geographischer Informationsträger. Geographie und Schule 1(2), 4 - 13

Hüttermann, A. (1988). Wege mit der Karte. Anregungen zur Einführung in das Kartenverständnis. Sachunterricht und Mathematik in der Primarstufe, 16 (11), 491 – 494

Hüttermann, A. (Hrsg. 1995). Beiträge zur Kartenerziehung in der Schule. (Materialien zur Didaktik der Geographie 17). Trier: Selbstverlag

Hüttermann, A. (1998). Kartenlesen - keine Kunst. München: Oldenbourg

Hüttermann, A. (Hrsg. 2004). Untersuchungen zum Aufbau eines geographischen Weltbildes bei Schülerinnen und Schülern. Ludwigsburg: Selbstverlag

Huttenlocher, J., Newcombe, N., & Sandberg, E. H. (1994). The coding of spatial location in young children. Cognitive Psychology, 27, 115-148

Kirchberg, G. (1977). Der Lernzielbereich „Topographie" im geographischen Lehrplan. (Hefte zur Fachdidaktik der Geographie1), 25 – 44

Köck, H. (1984): Studien zum Erkenntnisprozess im Geographieunterricht. Köln: Aulis

Köck, H. (1997). Zum Bild des Geographieunterrichts in der Öffentlichkeit. Gotha: Perthes

Köck, H. (1998): Desiderata der geographiedidaktischen Forschung in Deutschland. Geographie und ihre Didaktik 26 (4), 173 - 199

Köck, H. (2004): Ansprüche der Lerner: entwicklungspsychologische und – psychologische Aspekte. In Schallhorn, E. (Hrsg. 2004). Erdkunde-Didaktik. Berlin: Cornelsen Verlag, 77-92

Köck, H. (2005a): Dispositionen raumbezogenen Lernens und Verhaltens im Lichte neuronal-evolutionärer Determinanten (Teil I und II). In Geographie und ihre Didaktik 33 (2), 94 – 105 und 33 (3), 113-132

Köck, H. (2005b). Räumliches Denken. Praxis Geographie 35 (7/8), 62-64

Krapp, A. (1998). Entwicklung und Förderung von Interessen im Unterricht. Psychologie in Erziehung und Unterricht, 44, 185 - 201

Kroß, E. (1995). Global lernen. Geographie heute, 16 (134), 4 – 9

Lawton, C. A. (1994). Gender differences in way-finding strategies: Relationship to spatial ability and spatial anxiety. Sex Roles, 30, 765-779

Lawton, C. A. & Kallai, J. (2002). Gender differences in wayfinding strategies and anxiety about wayfinding: A cross-cultural comparison. Sex Roles. 47, 389 - 401

Levine, M., Marchon, I., & Hanley, G. L. (1984). The placement and misplacement of you-are-here maps. Environment and Behavior, 16, 139-157

Liben, L. S. (1997). Children's understanding of spatial representations of place: Mapping the methodological landscape. In Foreman, N. & Gillett, R. (Hrsg.). A Handbook of Spatial Research Paradigms and Methodologies (pp. 41-83). Hove: Psychology Press

Liben, L. S. (1999). Developing an understanding of external spatial representations. In Sigel, I.E. (Hrsg.), Development of mental representation: Theories and applications. Mahwah, N. J.: Lawrence Erlbaum Associates, 297 - 321

Liben, L.S. (2003). Beyond point and shoot. Advances in children and behavior, 31, 1 - 42

Liben, L. S. & Downs, R. M. (1989). Understanding maps as symbols: The development of map concepts in children. In Reese, H.W. (Hrsg.): Advances in child development and behavior, 22, 145-201. New York: Academic Press

Liben, L. S. & Downs, R.M. (1993). Understanding person-space-map relations: Cartographic and developmental Perspectives. Developmental Psychology, 29, 739-752

Liben, L. S. & Downs, R. M. (1997). "Can-ism and Can´tianism: A Straw Child". Annals of the Association of American Geographers 87, 159-167

Liben, L. S., Kastens, K. A., & Stevenson, L. M. (2002). Real-world knowledge through real-world maps: A developmental guide for navigating the educational terrain. Developmental Review, 22, 267-322

Lohaus, A., Schumann-Hengsteler, R., & Kessler, T. (1999). Räumliches Denken im Kindesalter. Göttingen: Hogrefe, Verlag für Psychologie

MacEachren, A. M. (1995). How maps work. Representation, visualization, and design. New York: Guilford Press

MacFadden, A., Elias, L. & Saucier, D. (2003). Males and females scan maps similarly, but give directions differently. Brain and Cognition. 53, 297 - 300

Matthews, M. H. (1981). Children's perception of urban distance. Area, 13, 333-343

Matthews, M.H. (1992): Making sense of place: Children`s understanding of large-scale environments. London, England UK: Harvester Wheatsheaf; Savage MD USA: Barnes and Noble Books

Montello, D. R. (1998). Kartenverstehen: Die Sicht der Kognitionspsychologie. In Zeitschrift für Semiotik, 20, 91-103

Montello, D. R., & Pick, H. L. (1993). Integrating knowledge of vertically aligned large-scale spaces. Environment and Behavior, *25*, 457-484

Nebel, J. (1992). Start in die Kartenwelt. Lehrerheft. Braunschweig: Westermann

Neidhardt, E. (2004). Die ontogenetische Entwicklung von Raumkognition in Makroräumen – Pfadintegration bei Vorschul- und Grundschulkindern. (Habilitationsschrift am Fachbereich Psychologie der Universität Marburg). Marburg

Neidhardt, E. (2005). Training räumlicher Fähigkeiten. In Schilling, S. Sparfeldt, J. Pruisken, C. (Hrsg.), Aktuelle Aspekte pädagogisch-psychologischer Forschung. Detlef H. Rost zum 60. Geburtstag. Münster: Waxmann, 71 - 86

Neidhardt, E. & Schmitz, S. (2001). Entwicklung von Strategien und Kompetenzen in der räumlichen Orientierung und in der Raumkognition: Einflüsse von Geschlecht, Alter, Erfahrung und Motivation. Psychologie in Erziehung und Unterricht, 48, 262-279

Newcome, N. S. (1997). New perspectives on spatial representation: What different tasks tell us about how people remember location. In Foreman, N. & Gillett, R. (Hrsg.). A handbook of spatial research paradigms and methodologies, Vol.1. Spatial cognition in the child and adult. Hove, East Sussex,UK: Psychology Press, 85 - 102.

Newcombe, N. S. & Huttenlocher, J. (2000). Making space: The development of spatial representation and reasoning: Cambridge, MA, USA: The MIT Press

Pick, H. L., Heinrichs, M. R., Montello, D. R., Smith, K., Sullivan, C. N. & Thompson, W. B. (1995). Topographic Map Reading. In Hancock, P.A. Flach, J. Caird, J.K. und Vincente, K. (Hrsg.). Local Applications of the Ecological Approach to Human-Machine Systems. Hillsdale NJ: Erlbaum, 255 - 284

Prenzel, M. & Lankes, E.-M. (1995). Anregungen aus der pädagogischen Interessenforschung. Grundschule, 6, 12 - 13

Presson, C. C. (1982). The Development of Map Reading Skills. Child Development, 53, 196-199

Rinschede, G. (1997). Schülerexkursionen im Erdkundeunterricht – Ergebnisse einer empirischen Erhebung bei Lehrern und Stellung der Exkursion in der fachdidaktischen Ausbildung. In Preisler, G., Rinschede, G., Sturm, W. & Vossen, J. Schülerexkursionen im Erdkundeunterricht II: Empirische Untersuchungen und Exkursionsbeispiele. (Regensburger Beiträge zur Didaktik der Geographie 2). Regensburg: Selbstverlag, 7 - 80

Rost, D. (1977). Raumvorstellung – psychologische und pädagogische Aspekte. Weinheim: Beltz

Rovine, M. J., & Weisman, G. D. (1989). Sketch-map variables as predictors of wayfinding performance. Journal of Environmental Psychology, 9, 217-232

Rutland, A., Custance, D. & Campbell, R. N. (1993). The ability of three- to- four-year-old children to use a map in a large-scale environment. Journal of Environmental Psychology, 13, 365-372

Schäfer, G. (1984). Die Entwicklung des geographischen Raumverständnisses im Grundschulalter. Ein Beitrag zur Curriculumdiskussion. (Geographiedidaktische Forschungen 9). Berlin: Dietrich Reimer Verlag

Schee, J. A. v.d. (1988): Eine fachdidaktische Untersuchung über die Kartenanalysefähigkeiten von Schülern der Sekundarstufe II. In Schrettenbrunner, H. & J. Westrhenen (Hrsg. 1988): Empirische Forschung und Computer im Geographieunterricht. (Geographiedidaktische Forschungen 17). Lüneburg: Selbstverlag, 67 – 77

Schmeinck, D. (2004). Außerschulische Einflussfaktoren bei der Entwicklung der geographischen Raumvorstellung von Grundschulkindern. (Karlsruher pädagogische Beiträge 57), 89 – 106

Schmitz, S. (1999). Wer weiß wohin? Orientierungsstrategien beim Menschen: Geschlechterunterschiede und ihre Hintergründe. Egelsbach: Verlag Hänsel-Hohenhausen

Schniotalle, M. (2003). Räumliche Schülervorstellungen von Europa. Berlin: Tenea

Schrettenbrunner, H. (1978). Konstruktion und Ergebnisse eines Tests zum Kartenlesen (Kartentest KAT). In Schrettenbrunner, H. et al. Quantitative Didaktik der Geographie II. (Der Erdkundeunterricht 28). Stuttgart, 56 - 75

Schrettenbrunner, H. (1992). Atlas - Karte – Computer. Geographie und Schule, 14, 23 - 31

Schrettenbrunner, H. (1997). Software für den Geographieunterricht. Stadtplanung Karberg, Standort CITY, Hunger in Afrika, Kartofix, Wega, Golfstrom und Vegetation, Simuland, Wetterkarte. 4. Aufl., (Geographiedidaktische Forschungen 18).Nürnberg: Selbstverlag des HGD

Schrettenbrunner, H. & Schleicher, Y. (2002). „Der Berg ruft!" Wie schwierig ist ein Programm für Schüler? Praxis Geographie, 32 , 58 - 61

Schumann-Hengsteler, R. (1995). Die Entwicklung des visuell-räumlichen Gedächtnisses. Göttingen: Hogrefe

Siegel, A. W. & White, S. H. (1975). The development of spatial representations of large-scale environments. In Reese, H. W. (Hrsg.), Advances in child development and behavior, 10, 10-55

Souvignier, E. (2001). Training räumlicher Fähigkeiten. In Klauer, K. J. (Hrsg.). Handbuch Kognitives Training. Göttingen: Hogrefe, 293 - 319

Sperling, W. (1968). Kindliche Luftbildnerei. In Film, Bild, Ton

Sperling, W. (1982). Kartographische Didaktik und Kommunikation. Kartographische Nachrichten, 32, 5-15

Sternberg, R. J. & Williams, W. M. (1998). Intelligence, Instruction, and Assessment. Mahwah NJ: Lawrence Erlbaum Associates

Stückrath, F. (1968). Kind und Raum. München: Kösel

Talbot, J. F., Kaplan, R., Kuo, F. E. & Kaplan, S. (1993). Factors that enhance effectiveness of visitors maps. Environment and Behavior, 25, 743 – 760

Thurstone, L. L. (1938). Primary mental abilities. (Psychometric Monographs 1). Chicago: University of Chicago Press

Uttal, D. H. & Wellmann, H. M. (1989). Young Children´s Representation of Spatial Information Acquired from Maps. Developmental Psychology, 25, 128-138

Wastl, R. (2000). Orientierung und Raumvorstellung. Evaluierung unterschiedlicher kartographischer Darstellungsarten. (Klagenfurter Geographische Schriften 20). Klagenfurt: Selbstverlag

Weatherford, D. L. (1982). Spatial cognition as a function of size and scale of the environment. In Cohen, R. (Hrsg.), New Directions for Child Development, 15. San Francisco, CA: Jossey-Bass, 5 – 18

Witkin, H.A., Oltman, P.K., Raskin, E. & Karp, S.A. (1971). Embedded Figures Test, Children's Embedded Figures Test, Group Embedded Figures Test Manual. Palo Alto, CA: Consulting Psychologists Press

Yarnal, C. M. M. & Coulson, M. R. C. (1982). Recreational map design and map use: An experiment. The Cartographic Journal, 19, 16 – 27

Zimmerman, W.S. (1954). Hypothesis concerning the nature of spatial factors, Educational and Psychological Measurement, 14, 396-400

Konzentrische Kreise oder vernetzte Inseln?
Zur Einordnung von Nähe und Ferne in den Geographielehrplänen

Günter Kirchberg

Der Aufbau der heutigen Lehrpläne

Die Lehrpläne der Bundesländer unterscheiden sich schon seit langer Zeit erheblich, die Vielfalt hat sich im Rahmen neuer Revisionen noch vergrößert. Eine aktuelle Analyse (Kirchberg 2005) zeigt auf vielen Feldern deutliche inhaltliche und konzeptionelle Abweichungen.

Hinsichtlich des regionalen Aufbaus folgt die Stoffanordnung im Geographieunterricht jedoch weithin wieder dem Prinzip *„Vom Nahen zum Fernen"*, sie ist stark an das frühere Vorgehen beim länderkundlichen Unterricht angelehnt. Diese bereits von Schultze (1998) beschriebene Rückentwicklung hat sich fortgesetzt. Klassisches Thema im Jahrgang 5 ist wieder Deutschland (mit einem kleinen orientierenden Blick auf die Welt), es folgen - nur wenig variiert und je nach Stundentafel etwas versetzt - Europa, dann Afrika, schließlich Amerika, Asien und zuletzt wiederum Deutschland, letzteres häufig gepaart mit EU-Europa und der Welt.

Dieser Lehrplanaufbau dominiert insbesondere in den neuen Bundesländern, wo damit an die Tradition des DDR-Lehrplans angeknüpft wird. Aber nicht nur in den neuen Bundesländern ist hiermit ein Erbe aus den Zeiten des länderkundlichen Durchgangs in den Geographielehrplänen bewahrt worden, auch in manchen der alten Bundesländer (z.B. Hessen, Schleswig-Holstein) ist die zwischenzeitliche thematische Anordnung aufgegeben zugunsten eines jetzt wieder rein regionalen Aufbaus, wie ihn z.B. Bayern immer hatte.

Die regionale Gliederung in den Lehrplänen ist also nicht strikt linear nach außen angelegt, wie es die verkürzende Bezeichnung als Vorgehen „in konzentrischen Kreisen" suggerieren könnte. Sie enthält Richtungs- und Maßstabssprünge, durchaus auch Merkwürdigkeiten (vgl. Kirchberg 2005) und sie kehrt am Ende wieder - jetzt in umgekehrter Richtung - nach Deutschland zurück. Dennoch steht im Kern ein zentrifugales Ausgreifen dahinter.

Erst in den Klassen 9/10 nahezu aller Länder wird die Regionenabfolge aufgelöst. Hier bestimmen weithin Themen die Lehrpläne: Raum- und Landschaftsplanung, Nachhaltigkeit, Strukturwandel in Europa, Weltwirtschaft, Dritte Welt, Globalisierung, System Erde usw. Hier, am Ende der Sekundarstufe I, wird der regionale Durchgang verlassen und solche Themen als Inhalte mit komplexerem Sachanspruch platziert.

Die Wurzeln des Prinzips „Vom Nahen zum Fernen"

Das Vorgehen vom Nahen zum Fernen, mehr oder weniger nach dem *Prinzip der konzentrischen Kreise*, greift auf die Anfänge des Geographieunterrichts zurück (dazu ausführlicher z.B. Kreuzer 1980, Sperling 1992, Schultze 1996). Bereits im 17. Jahrhundert hat Comenius in der Anordnung der Räume von der Heimat zur Fremde eine angemessene Stofffolge gesehen. „Man sollte mit der nächsten Umgebung des Kindes beginnen und über das Vaterland, die hauptsächlichen Reiche Europas, die großen Erdteile, den Umkreis des Meeres, die Kugelgestalt der Erde zur Wölbung des Himmels fortschreiten" (Kreuzer 1980, S.154). Dies greifen dann auch Rousseau und später Pestalozzi auf, die ebenfalls dafür plädieren, von der Heimat in die Welt auszugehen.

Mit dem Beginn eines eigenständigen Erdkundeunterrichts um 1870 ist dieses Vorgehen - besonders unter dem Einfluss von Diesterweg, Ritter und Herbart, später auch von Hettner - von Anfang an fest verankert. Dieser sog. synthetische Lehrgang soll den Schüler/innen von ihrer Heimat aus die Ferne zentrifugal erschließen, wobei diese schrittweise Raumerweiterung zugleich als Länderkunde gestaltet ist. Ein besonderes Schwergewicht liegt von Anfang an, synchron mit der Schaffung des Deutschen Reiches 1871, auf Deutschland, auf dem Verbreitungsgebiet der deutschen Kultur als dem eigenen Vaterland. Harms fordert in diesem Sinn 1895 mit großer Resonanz eine „vaterländische Erdkunde", in der mindestens die Hälfte des geographischen Unterrichts Deutschland gewidmet sein soll. Dazu gehört auch der Heimatkundeunterricht der ersten Schulklassen.

Hinter diesem den Geographieunterricht über 100 Jahre prägenden Prinzip „Vom Nahen zum Fernen" steckt die pädagogisch begründete Vorstellung, dass der Unterricht vom Bekannten zum Unbekannten, vom Anschaulichen zum Nicht-direkt-Greifbaren voranschreiten soll. Dieser Weg der Erschließung der Welt folgt im Geographieunterricht aber nicht wirklich Kreisen im geometrischen Sinne. Er ist dennoch in dem Sinne konzentrisch, als dass sein Ausgangspunkt und Zentrum Deutschland und dort vor allem der Heimatraum ist. Vor hier aus sollen die Schüler/innen in zentrifugalen Schritten die Welt kennenlernen und eine Vorstellung vom erdräumlichen Kontinuum entwickeln.

Argumente für das konzentrische Vorgehen - und kritischer Widerspruch dagegen

Für und gegen dieses Vorgehen gibt es eine Fülle von gegensätzlichen Argumenten, einige Aussagen sind in Abb.1 zusammengestellt. Dass nach einer kurzen Unterbrechung zwischen 1970 und 1990 heute wieder nahezu alle Geographielehrpläne vom Fernen zum Nahen vorgehen, widerspricht der Position der meisten Geographiedidaktiker. In der Lehrplanarbeit setzten sich aber wieder die Pro-Argumente durch, die durchaus auch bei einigen Fachdidaktikern Zuspruch finden (z.B. Birkenhauer 1992, ausführlich Newig 1993).

Auf einige dieser Argumente soll hier kritisch und durchaus zugespitzt eingegangen werden.

„Das Vorgehen in konzentrischen Kreisen… …ist ein klares und logisches Gliederungsprinzip"

Hier ist vor allem einzuwenden, dass *Distanz* eine rein geometrische und keinesfalls eine pädagogische Kategorie ist. Sie gibt nur formal Anhaltspunkte für eine Stufung im Lehrplan, ohne deshalb per se schon schülergerecht zu sein. Solche Scheinlogik mag populär sein, eine überzeugende Grundlage für das Stufen von Erkenntnisprozessen liefert sie dennoch nicht, zumal die im Abarbeiten der „Kreisringe" anzutreffenden Inhalte zufällig und sprunghaft sind. Ohnehin ist dieses Vorgehen oft gar nicht wirklich streng konzentrisch, wenn z.B. wie in Thüringen Russland nach Asien kommt. Unlogisch ist auch, dass ein Objekt in 300 km Entfernung einem Schüler näher sein soll als ein anderes, das 3000 km entfernt liegt.

„Der geographische Unterricht … kann so lange nicht in bildender Weise betrieben werden, als er sich mit einer gewissen Gleichmäßigkeit über die ganze Erde erstreckt... Er muss sich … in der Hauptsache auf *einen* bedeutsamen Erdraum zurückziehen und diesen einer allseitigen und gründlichen Betrachtung unterziehen... Dieser Erdraum kann nur das Vaterland sein" (Harms 1895, zit. nach Schultze, Hrsg., 1996, S. 71).

„Der Streit darüber, ob man … von dem eigenen Vaterland oder von den fremden Erdteilen ausgehen solle, ist lange mit übergroßem Eifer geführt worden. Wie schön klangen die theoretischen Ausführungen vom ‚konzentrischen Fortschreiten'! … So verlange es die didaktisch wohlberechtigte Forderung: Fortschreiten vom Nahen zum Fernen, vom Bekannten zum Unbekannten. Man übersah nur dabei, dass … gleich hinter dem engsten Heimathorizont für den Schüler die unbekannte Welt anhebt" (Kirchhoff/Günther 1906, S. 27 f.).

„Eine gesunde Entwicklung der geographischen Auffassung ist nur möglich, wenn die Betrachtung allmählich aus der Nähe in die Ferne schreitet und wenn dabei der Maßstab der Betrachtung allmählich verkleinert wird... Und ist es gesund, wenn es (das Kind) von Indianers und Negern früher hört als von den Landsleuten in anderen deutschen Gauen? Die von erfahrenen Pädagogen ausgesprochene Forderung, dass der geographische Unterricht in konzentrischen Kreisen fortschreiten solle, scheint mit durchaus richtig zu sein" (Hettner 1927, S. 438 f.).

„Der synthetische Lehrgang geht von der Heimat des Schülers aus, schreitet vom Nahen zum Entfernten, vom Bekannten zum Unbekannten, vom geographisch Ähnlichen zum Andersartigen, von der Heimat zum Vaterland, zu Europa und den anderen Erdteilen fort und endet mit der Betrachtung der Erde als Weltkörper inmitten des Weltalls ... Diese Stoffanordnung entspricht den methodischen Grundsätzen, ist psychologisch begründet, kindgemäß und daher für die Volksschule geeignet" (Adelmann 1962, S. 63).

Gegliedert wird nicht nach dem Motto ‚Vom Nahen zum Fernen'; für alle Schuljahre werden Nah- und Fernstoffe angesetzt und häufig miteinander verknüpft. Gegliedert wird auch nicht nach der Größe der Objekte, etwa: Einzelbilder - Länder - Weltübersichten; Arbeit am Detail im Sinne der ‚Case Studies' gehört in alle Schuljahre. Es wird vielmehr eine Gliederung versucht nach Stufen der Schwierigkeit und Komplexheit der Gegenstände, nach Stufen des Aufbaus geographischer Kategorien" (Schultze 1970, S. 8).

„Dieses Modell (vom Nahen zum Fernen; d.V.) als Gliederungsprinzip für Lehrpläne zu verwenden, ist heute als unpraktikabel, absurd, unlogisch, realitätsfern und lernpsychologisch ungeeignet abzulehnen" (Geiger 1990, S. 15).

„Die wechselseitige Verschränkung von Heimat und Welt wurde von den Geographiemethodikern damals noch nicht erkannt, weil das Kontinuum des länderkundlichen Durchgangs Zusammengehöriges künstlich trennte... Das nationalstaatliche Denken verhinderte die Erkenntnis, dass die Heimat als ein Teil der Welt gesehen wurde, dass die Welt aus vielen Heimaten besteht" (Sperling 1992, S. 64).

„Gerade wegen der schrittweisen, kindgemäßen Erschließung ist das Prinzip ‚Vom Nahen zum Fernen' für die Abfolge der Inhalte in den Lehrplänen eher wieder bedeutsam geworden ... Dass es wieder stärker angewendet wird, hat seine Begründung zunächst auch darin, dass die Grundaufgabe des Fachs Erdkunde schlechthin, nämlich eine zureichende weltweite Orientierung, auf diese Art und Weise am besten erreicht werden kann" (Birkenhauer 1992, S. 198).

„Das Prinzip ‚Vom Nahen zum Fernen'... ist heute wieder im Kommen, weil sich kein anderes Gliederungsprinzip des Gesamtlehrgangs als ähnlich praktikabel erwiesen hat. Losgelöst von der alten Länderkunde ist es in der Lage auch einen modernen Unterricht... zu strukturieren und den Vorstellungen der Öffentlichkeit vom Raumfach Erdkunde wieder mehr entgegenzukommen" (Newig 1993, S. 75).

„Die geforderte Eigenreflexivität der Betrachtung von Menschen in fernen Ländern hebt die bisher vollzogene Trennung zwischen dem Unterricht über den Nahraum und dem Unterricht über ferne Länder auf. Unterricht über das ferne Fremde sollte immer zugleich auch Unterricht über das nahe Eigene im Sinne einer Reflexion eigener lebensweltlicher Erfahrungen und Wertigkeiten sein" (Tröger 1994, S. 8).

„Die (geographischen) Themen folgen keinen räumlichen Anordnungsmustern etwa nach dem Prinzip ‚vom Nahen zum Fernen'. Sie bemühen sich allerdings stets um ‚Nähe'. Nähe ist, wo eine Erfahrung vorliegt und eine Informationsverdichtung sich mit einer Sinnbedeutung, mit persönlicher Betroffenheit, verbindet" (Schmidt-Wulffen 1994, S. 15).

"Unter psychologischen Gesichtspunkten kann argumentiert werden, dass das Eigene ohne die Folie des Fremden nur diffus ausgebildet wird… Ohne die rechtzeitige und verantwortungsbewußte Verarbeitung alltäglicher Erfahrungen mit dem Fremden auch im Erdkundeunterricht besteht die Gefahr, dass die Meinungsbildung darüber der Straße überlassen bleibt… Deshalb die Forderung: Mehr Fernthemen in der Unterricht über die Nähe und gleichzeitig mehr Nahthemen in den Unterricht über die Ferne" (Kroß 1993, S. 7).

„Dabei kommt dem Spannungsverhältnis Nahraum - Welt gerade vor dem Hintergrund der Globalisierung eine besondere und neue Bedeutung zu: diese räumlichen Anbindungen müssen in Unterrichtssequenzen nicht mit dem Nahraum beginnen und im globalen Kontext gipfeln, sondern sie erlauben jederzeit räumliche Querverknüpfungen von den jeweils primär relevanten Schwerpunkträumen aus" (Mittelstädt 2000, S. 109).

„Folglich spricht alles dafür, am exemplarischen Geographieunterricht auf allgemeingeographischer Basis und verknüpft mit dem Transferkonzept festzuhalten… Wie hinreichend gezeigt, ist das Regionale auch im allgemeingeographisch-exemplarischen Kontext stets gefragt, dann aber als Mittel zum Zweck" (Köck 2004, S. 79).

Abb. 1: Einige kontroverse Aussagen zum Prinzip „Vom Nahen zum Fernen"

Zudem fördert die aufeinander folgende Darstellung der Räume nach Distanz die Gefahren eines additiven, isolierten Vorgehens. Es ist zu befürchten, dass die Schüler/innen die nacheinander behandelten Regionen über die Jahre hinweg nicht in räumlichen Zusammenhängen wahrnehmen, sondern lediglich als „Raumkette" von Einzelräumen (Geiger 1990, S.15).

… entspricht der kindgemäßem Erschließung der Welt"

Das mag früher richtig gewesen sein. Tatsächlich hat sich die Raumorientierung der Schüler/innen erheblich verändert (vgl. Kirchberg 1998). Früher eigneten sich Kinder ihre räumliche Umwelt durch die allmähliche Ausweitung ihres Lebensraums an. Von der eigenen Wohnung ausgehend erschlossen sie sich nach und nach „streifend" die weitere Umgebung in mehr oder weniger konzentrischen Ringen. Mit zunehmendem Alter vergrößerte sich der erschlossene Raum. Inzwischen werden die „Streifräume" nicht mehr konzentrisch erweitert, sondern sie sind durch separate Teilräume inselartig erheblich vergrößert. Die Inseln stehen für bestimmte Aktivitäten und Beziehungen (Klavierstunde, Verwandte, Fußballplatz, Einkaufszentrum, Urlaub usw.). Der Raum dazwischen bleibt relativ unbekannt und bedeutungslos, er wird mit Kommunikationssträngen wie Telefon, Internet und Straßen überbrückt.

Jedenfalls wird bei den heutigen Jugendlichen Ferne nicht zeitlich nach der Nähe erschlossen, sondern *weithin synchron*. Das Ferne ist nicht mehr automatisch das Fremde, sondern durch Reiseaktivitäten und durch Medien nicht mehr fremd, es ist bereits Teil ihrer täglichen Lebenswelt (Reisen, Urlaub, Medien, Ausländer, Waren, Informationen, Schüleraustausch, Sportbegegnungen usw.).

Fernes aus dem Unterricht zunächst auszuschließen, vergibt wertvolle Möglichkeiten, didaktische Spannung aufzubauen. Denn das räumlich Ferne, das Fremdartige, kann aufgrund seines hohen Erlebniswertes für den Zehn- bis Zwölf-Jährigen psychologisch viel näher sein als seine Heimat, zumindest als Deutschland.

… entspricht dem kindlichen/jugendlichen Interesse"

Die Ergebnisse der *empirischen Untersuchungen* zu dieser Frage sagen anderes. Die Behandlung des Heimatraums und Deutschlands in den Jahrgangsstufen 5 und 6 liegt im unteren Interessebereich; sie entsprechen auch nicht ihren Erfahrungsräumen (Obermaier 1997, S.115/116). Das höchste Interesse überhaupt besteht für Nordamerika/USA, gefolgt von Australien und Arktis/Antarktis; das Interesse an Deutschland liegt noch deutlich unter dem Interesse an Europa (Hemmer/Hemmer 1999, S.54/55). Jeder Lehrer weiß, welche Beachtung und Aufmerksamkeit Schüler/innen sog. Fernthemen entgegenbringen, das deutsche Mittelgebirge stößt dagegen weithin auf Desinteresse.

Auch wenn sich Unterricht selbstverständlich nicht nur an den Schülerinteressen orientieren kann, ist es ein fataler Fehler, nicht daran anzuknüpfen und den jüngeren Schülern/innen die Ferne vorzuenthalten. Unterricht lebt von Motivation; wo er auf vorhandenes Interesse trifft, ist es zutiefst unpädagogisch, das nicht aufzugreifen. Die Signale sind jedenfalls eindeutig: mehr zum Leben von Menschen auf der Welt, weniger Deutschland zugunsten anderer Räume, mehr Naturgeographie, mehr Umweltthemen, mehr Alltags- und Lebensweltnähe, mehr Zukunftsaspekte u.a.

… erschließt zunächst am Raum Deutschland anwendbare Grundeinsichten"

Dahinter steht die Idee, dass an diesen Räumen zunächst Erdkunde „gelernt" werden müsse, bevor das dabei Gelernte auf andere Räume übertragen oder angewendet werden kann. Natürlich ist richtig, dass dem Nah- oder Heimatraum und Deutschland eine besondere Bedeutung im Geographieunterricht zukommen muss, dazu unten mehr. Aber warum sollte die Nähe weniger schwierig und komplex sein als die Ferne? „Deutschland lässt sich auf früher Stufe nicht angemessen bewältigen" (Schultze 1996, S.17).

Und noch eine andere Gefahr steckt in dieser Argumentation: Deutschland wird durch das konzentrische Vorgehen zum Maßstab, zur Messlatte für die Behandlung anderer Erdregionen. Dies hat zweifellos *nationalistische Wurzeln* (siehe die „Vaterländische Erdkunde" nach Harms) und prägt von vornherein die Vorstellungswelt der Kinder ausgesprochen einseitig. Bei aller Notwendigkeit des Schaffens von Vergleichsgrundlagen ist das eindeutig abzulehnen. In einem modernen Geographieunterricht hat „der frühere Teutonozentrismus ebenso wenig Platz … wie die strikte Befolgung des Prinzips vom Nahen zum Fernen" (Mittelstädt 2000, S.108).

… schafft eine Vorstellung von Raumkontinuum"

Dieses Argument beinhaltet die These, dass durch die lineare Addition von Ländern und Räumen in den Köpfen der Schüler/innen ein gedanklicher Zusammenhang hergestellt werden kann, eine Vorstellung vom erdräumlichen Kontinuum (vgl. Köck 1984). Tatsächlich führt das konzentrische Vorgehen - vor allem in Verbindung mit der Länderkunde - eher zu isolierter Raumaddition (s.o.). „Die Ringe in den konzentrischen Kreisen, gewissermaßen nach Schuljahren voneinander abgegrenzt, entwickelten ein Eigenleben und wurden zu voneinander getrennten „Geographien" (Sperling 1992, S.64). Sie behindern jedenfalls eine ganzheitliche Sicht.

In diesem Zusammenhang wird auch das mit anderen Lehrplankonzepten verbundene *„Springen über die Erde"* attackiert. Es führe für die Schüler/innen zu unzumutbaren Rösselsprüngen. Dabei wird übersehen, dass gerade das nichtlineare Vorgehen eine bessere Vorstellung vom Raumzusammenhang schaffen kann, indem es nämlich durch das immer wieder notwendige Aufgreifen z.B. der Vorstellungen von Entfernungen, Größen und Zusammenhängen diese wiederholt, vertieft und festigt. Das Springen ist hier ein gewolltes und genutztes Unterrichtsprinzip, das freilich auch viele methodische Konsequenzen hat! Reflektierte Bilder von Raumkontinuum können jedenfalls nicht durch ein bloßes Nacheinander von Räumen entstehen, bei dem übrigens ebenfalls heftig „gesprungen" wird!

… vermittelt sichere topographische Kenntnisse"

Zweifellos ist es eine unverzichtbare Aufgabe des Geographieunterrichts, topographische Kenntnisse und Fähigkeiten zu vermitteln. Sie äußern sich in dem Vermögen, sich räumlich orientieren zu können. Beim Erwerb topographischer Vorstellungen geht es also nicht nur um das Aneignen von Fakten, sondern um ein anwendungsbezogenes Verfügungswissen, um *topographische Kompetenz*. Ziel ist also nicht das Kennen von isolierten Punkten auf Kontinenten und Meeren, sondern der zunehmend kompetent und sichere Umgang mit Lagebeziehungen. Es geht um Größen wie Lage, Flächen, Distanzen und Umgebungen sowie um die entsprechenden Fertigkeiten des Sich-orientieren-Könnens mit Kompass, Karten und Atlanten.

Das Topographielernen wird durch das Vorgehen vom Nahen zum Fernen keinesfalls erleichtert. Zwar kann das damit verbundene längere Verweilen in einem Raum durchaus zunächst zu einem besseren Wissen führen, doch dieses verblasst danach rasch wieder, weil es nicht mehr gebraucht wird. Ein ständig weltweites Vorgehen ist aber überlegen, denn es erzwingt immer wieder ein Einordnen und damit das zentrale methodische Unterrichtsprinzip des Topographielernens. Die im Unterricht betrachteten Räume müssen stets in das bereits bekannte topographische Raster eingebettet werden, aus den Raumbeispielen ergeben sich neue topographische Verknüpfungen. Die Schüler/innen lernen, geographische Sachverhalte zunehmend selbstständig in ein immer dichter werdendes topographisches Orientierungsnetz einzuordnen. Solche topographische Orientierungsfähigkeit ist dem leeren Merkwissen überlegen.

… folgt einer sinnvollen Maßstabsverkleinerung"

Das konzentrische Vorgehen erzwingt bei seinen Schritten nach außen einen sich immer mehr verstärkenden Weitwinkeleffekt. „Je ferner die zu betrachtenden Erdräume liegen, desto größer wurden sie in ihrem räumlichem Umfang, desto mehr wurden sie „generalisiert", was einer didaktischen Reduzierung gleichkam" (Sperling 1992, S.64). Ist das zu rechtfertigen? In Grenzen ja, aber es müsste auch den Schüler/innen bewusst werden, dass bei einem gegebenen Maßstabsbereich nur bestimmte Inhalte erkannt werden können, andere nicht ausreichend oder überhaupt nicht.

Das Vorgehen vom Nahen zum Fernen verführt stattdessen dazu, in den Schülerköpfen scheinbar Größen gleicher Ordnung aneinander zu reihen. Es nutzt nicht hinreichend die didaktischen Möglichkeiten eines fortgesetzten *Maßstabwechsels* mit seinem Zwang zum Wechsel zwischen Generalisierung und Konkretisierung (siehe z.B. Geiger 1990, Sperling 1992). Warum nicht mehr weltweite exemplarische Fallstudien im Unterricht, natürlich ergänzt durch Raumausschnitte anderer Maßstabsdimensionen (siehe Köck 1980, S.59)? Die häufige Verbindung des zentrifugalen Voranschreitens mit der Länderkunde hat jedenfalls deutliche Begrenzungen entstehen lassen. In allen Klassenstufen ineinander „geschachtelte" Maßstabswechsel z.B. durch kleinräumige Fallstudien *und* regionale Raumanalysen *und* globale Überblicke sind die pädagogisch wertvollere Alternative.

… ist eine Antwort auf die unübersichtliche Welt"

Angesichts der unübersichtlich gewordenen Welt zeigen die Kinder und Jugendlichen heute ein ausgeprägtes Bedürfnis nach Hilfen zur Ordnung ihrer Erfahrungen. Ein solides fachliches Grundlagenwissen ist nicht Selbstzweck, sondern es verhilft zu gedanklich geordneten Vorstellungen und zur Orientierung in der Vielfalt der Welt. Übersichtliche inhaltliche Orientierung ist auch ein wichtiges Zukunftspolster gegen Ideologieansprüche oder Verdummung.

Das Gliederungsprinzip von Nahen zum Fernen folgt unbestreitbar einer klaren äußeren Ordnung. Es sichert aber dennoch nur scheinbar ein klar strukturiertes Vorgehen, weil es in den jeweiligen Kreisringen gänzlich *unsystematisch* auf räumliche Strukturen und Prozesse trifft. Die inhaltliche Orientierung ist eher zufällig oder sie wird mit didaktischen Zuspitzungen „gemacht": früher mit einer Länderkunde nach Dominanten, heute eher mit flotten Lehrbuchüberschriften und großzügig ausblendender Materialauswahl. Ein Vorgehen in konzentrischen Kreisen verhindert sogar, dass Kinder sich schon früh als ein Teil dieser Welt begreifen lernen.

Über topographische und inhaltliche Orientierung hinaus muss Geographieunterricht auch interkulturelle und ethische Orientierung bieten. Die Schüler/innen sollen z.B. lernen, fremde Lebensweisen und Kulturen aus ihren jeweils spezifischen Gegebenheiten zu verstehen. Im Kern korrespondiert das Bild vom Fremden immer mit dem Eigenbild. Das macht es so wertvoll, möglichst früh fremdkulturelle Orientierungen zu erkennen - und dabei das eigene Orientierungssystem zu reflektieren. Im günstigsten Fall gelingt es so, auch einige Vorurteile abzubauen.

… erfüllt die Erwartungen der Öffentlichkeit"

Dieses Argument ist nicht leicht zu entkräften. Köck hat in seiner verdienstvollen Untersuchung immerhin zeigen können, dass in der Öffentlichkeit „die Regionale Geographie (bzw. darin enthalten: die Länderkunde) keineswegs als Hauptlerngegenstand des Geographieunterrichts gewünscht wird" (Köck 1997, S.139). Zugleich haben Bildungsbehörden dennoch das Vorgehen vom Nahen zum Fernen mehrfach als Vorgabe für Lehrplanrevisionen gesetzt, - mit breiter Zustimmung in der Elternschaft. Bei Diskussionen zeigt sich, dass hier der selbst erlebte Erdkundeunterricht oft nachhaltig prägt und dass bezweifelt wird, ob andere Konzepte das für sehr wichtig gehaltene Topographielernen leisten können.

Es muss leider festgestellt werden, dass die Vorschläge, Geographielehrpläne mit *differenzierten Progressionsstufen* zu gestalten (z.B. Verband… 1999, Deutsche Gesellschaft … 2003), in vielen Ländern bisher nicht aufgenommen worden sind. Auch entsprechende Anregungen aus der Geographiedidaktik (z.B. Köck 2002 zum Themenbereich „Räumliche Prozesse", Kaminske 2000 zur „Komplexität von Unterrichtsthemen" u.a.) bleiben weithin unberücksichtigt. Selbst entwicklungsphysiologische und -psychologische Aspekte (Köck 2004) werden wenig beachtet.

… ist ohne plausible Alternativen"

Das ist schon historisch falsch, denn es gab und gibt andere regionale Sequenzen. Kreuzer (1980) stellt z.B. synthetische und analytische Lehrgänge vor und beschreibt darüber hinaus die Parallelmethode. In jüngerer Zeit gab es schon um 1950 deutliche Angriffe auf das Prinzip der konzentrischen Kreise und alternative Vorschläge.

Heute heißt der Gegenvorschlag jedenfalls nicht „Vom Fernen zum Nahen", sondern er ist in einer *Verschränkung* dieser beiden Kategorien zu sehen (siehe auch Kroß 1993). In einer Zeit, in der die Ferne eigentlich im Verschwinden begriffen ist (Werlen 2000), in der komplexe Erziehungsziele wie globales Denken, ökologisches Handeln oder interkulturelles Verständnis stärker in den Geographieunterricht integriert werden müssen, ist ein Vorgehen in konzentrischen Kreises eigentlich ein *Anachronismus*. „Wo Nahraum und Fernraum voneinander abhängig sind und alle großen Probleme globale Dimensionen haben, gehören Nähe und Ferne auch im Unterricht zusammen" (Schultz 1995, S.149). Ein Land-nach-Land- oder Kontinent-nach-Kontinent-Unterricht erschwert zumindest eine Progression der Einsichten erheblich, denn er folgt der Zufälligkeit von Gegebenheiten im jeweiligen Raum. Die schematische Abfolge erlaubt es zudem kaum, Nahes und Fernes - und damit eigenes Erleben und Fremdes - im Geographieunterricht ständig und gleichberechtigt in Beziehung zu setzen.

Als weithin anerkanntes Leitziel geographischen Unterrichts gilt heute das „kompetente Raumverhalten" (Köck 1992). Es baut auf dem Verständnis von weltweiten räumlichen Strukturen und Prozessen auf. Diese sind nicht durch eine Ausrichtung an Distanzen, sondern nur durch ein ständiges Nebeneinander von Nähe und Ferne im Geographieunterricht erreichbar. Ein solches, in allen Jahrgangsstufen *„Globales Lernen"* ist die Antwort auf die veränderte Gesellschaft und Welt.

Bereits in der Lehrplanreform der westlichen Bundesländer in den siebziger Jahren gab es verbreitet Versuche, Lehrpläne und Schulbücher grundsätzlich *weltweit* anzulegen (Abb. 2). Das geschah damals vielleicht noch zu sprunghaft, die stark thematische Ausrichtung oft überzogen und auch die Wahl der Raumbeispiele zuweilen zu beliebig. Trotzdem hatten sich diese neuen Konzepte schlagartig durchgesetzt, was sich dann aber als Pyrrhussieg erwies. Die methodischen Implikationen dieses Vorgehens hatten viele Lehrer, die zunächst begeistert zugriffen, tatsächlich überfordert. Die betrachteten Räume dürfen bei weltweitem Vorgehen eben nicht wie Inseln isoliert bleiben, sondern sie müssen eingeordnet, verglichen, verbunden, vernetzt usw. werden. Hier sei an die schon alte Grundregel erinnert: exemplarisches Vorgehen muss stets durch das orientierende Verfahren ergänzt werden.

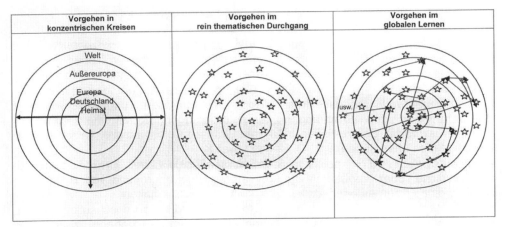

| Vorgehen in konzentrischen Kreisen | Vorgehen im rein thematischen Durchgang | Vorgehen im globalen Lernen |

Abb. 2: Vorgehensweisen im Geographieunterricht

Heute gibt es - wie gezeigt - viele neue Impulse, die anregen, zu diesen Ansätzen modifiziert zurückzukehren. Ein zeitgerechter Lehrplan braucht andere Gliederungs-gesichtspunkte als Distanzen und zentrifugales Vorgehen. Das Curriculum 2000+ der Deutschen Gesellschaft für Geographie bietet dafür eine Vielfalt von Such- und Prüf-instrumenten für die *Raumauswahl* und für die *Lernstufen* im Lehrplan (Arbeitsgrup-pe … 2002; siehe Abb. 3). Dabei können einzelne Klassenstufen durchaus Schwer-punkträume zugeordnet werden, wie es z.B. der Verband Deutscher Schulge-ographen auch in seinem Grundlehrplan (Verband … 1999) vorschlägt. Und nach wie vor ist gültig, was Schultze immer wieder und zu Recht anmahnt (z.B. 1998): Die Raumbeispiele im Geographieunterricht - und damit die Räume - müssen exempla-risch für geographische Strukturen und Prozesse stehen und eben nicht für ein räum-liches Nach- und Nebeneinander. Nur solche Struktureinsichten lassen sich nämlich lehrplanmäßig stufen und entsprechenden Stufenzielen wachsender Komplexität und kumulativen Lernens zuordnen, - eine Progression, wie sie das konzentrische Vor-gehen nur mit viel „Gewalt" schafft.

Neben dem notwendigen Vernetzen der „Lerninseln" hat ein solches Konzept aber noch eine andere weit reichende Konsequenz: eine neue *Stellung des Heimat- oder Nahraums.* Dieser ist ja weit mehr als nur der Wahrnehmungsraum der Schü-ler/innen, er ist zugleich ihr Erfahrungs- und Handlungsraum. Aus der Kontrastierung von Nähe und Ferne lässt sich eine wertvolle didaktische Spannung aufbauen: Das Fremde hilft nämlich, das Nahe besser zu begreifen. Die Orientierung in der Welt muss in den lebensweltlichen Erfahrungen und Wertigkeiten der Schüler/innen ge-spiegelt werden, das erleichtert den Aufbau einer regionalen Identität. Insofern ge-winnt im „Globalen Lernen" die Nähe also eine neue, gesteigerte Bedeutung (vgl. auch Schmidt-Wulffen/Schramke, Hrsg. 1999). Vor allem Engelhard (1995) verdeut-licht, dass die lokale Ebene heute immer auch ein Ausschnitt des globalen Ganzen bildet und dass darin für den Unterricht didaktische Chancen liegen. Der Heimatraum gehört deshalb - wie im konzentrischen Vorgehen - nicht nur an den Anfang des Geographieunterrichts.

• … für Räume	• … für Lernstufen
• *Exemplarität* (d.h. signifikante Räume für die jeweiligen Strukturen/Prozesse oder für die zu gewinnenden Einsichten) • *Schülererfahrung/- interesse* (d.h. Orientierung an den Erfahrungen und Interessen der Schüler/innen in verschiedenen Altersstufen) • *Bedeutsamkeit* (d.h. politische, wirtschaftliche oder größenmäßige Stellung eines Raumes oder Aktualität) • *Maßstabswechsel* (d.h. Berücksichtigung der Raumeinheiten von der lokalen über die regionale, nationale und internationale bis zur globalen Dimension.) • *Ausgewogenheit* (d.h. Vermeidung von Einseitigkeiten hinsichtlich der Lage, des Typs und der Größe von Räumen zugunsten von Vielfalt und Kontrast) • *Topographische Abdeckung* (d.h. Erfassung des Raumkontinuums: flächendeckende Orientierungsraster und ein Netz topographische Einzelobjekte)	• *Altersgemäße Interessenbezogenheit* (d.h. Nähe zu alterspezifischen Vorlieben und Interessen, ohne diesen ausschließlich zu folgen) • *Grad der Lernanforderungen* (d.h. zunehmend umfangreichere und schwierigere Lernanforderungen, die mit einem immer höheren Grad an Selbständigkeit bewältigt werden sollen) • *Sachabhängige Lernfolgen* (d.h. aufeinander aufbauende Anordnung von zusammenhängenden Sachverhalten) • *Komplexität* (d.h. von anschaulichen einfachen Fallstudien ausgehend zunehmend komplexere Sachverhalte und Arbeitsweisen) • *Abstraktion* (d.h. ausgehend von konkreten raumbezogenen Phänomenen hin zu abstrakteren Modellvorstellungen) • *Betrachtungsweisen* (d.h. zunächst Vorrang des Physiognomischen, dann des Prozessualen und schließlich des Funktionalen und Prognostischen) • *Einbettung von Fallbeispielen in Zusammenhänge und Überblicke* (d.h. Verbindung des exemplarischen Vorgehens mit dem orientierenden Verfahren) • *Regionale Abfolge* (d.h. nicht starr vom Nahen zum Fernen, sondern Sicht in die Welt auf allen Stufen) • *Maßstabsebenen* (d.h. Berücksichtigung aller Ebenen; zunächst Hauptgewicht auf kleinräumigen Fallstudien , dann Vorrang der mittleren Maßstabsbereiche und schließlich der internationalen und globalen Dimension)

Abb. 3: Such- und Prüfinstrumente für Lehrplanentscheidungen (aus: Arbeitsgruppe … 2002, S. 7)

Plädoyer für offenere Lehrpläne mit einer Vielfalt der Blickwinkel

Die Alternative zum Prinzip „Vom Nahen zum Fernen" lautet also „Globales Lernen". Es ist gekennzeichnet durch
• Nähe und Ferne mit- und nebeneinander in allen Klassenstufen
• durch Zielsetzungen, Schwerpunkträume und Inhaltsfelder voneinander abgegrenzte Lernstufen
• Ausrichtung an altergemäß gestuften Kompetenzen

- Progression durch steigenden Anspruch
- kumulative Lernsäulen durch wachsende Komplexität
- exemplarisches und orientierendes Vorgehen nebeneinander
- häufige Perspektiven- und Maßstabswechsel
- variable Zugriffe in der Vorgehensweise
- hoher Stellenwert des Vergleichens
- Lehrplanöffnungen für Handlungsorientierung und außerschulisches Lernen
- besonderes Gewicht der lokalen Ebene vor Ort
- durchweg Rückgriffe auf das eigene Raumerleben und -verhalten der Schüler/innen.

Geographieunterricht will *Orientierung* vermitteln. Dies ist mit einem Gang von innen nach außen nicht zu leisten. Unsere heutigen Schüler/innen besitzen bereits ausgeprägt eigene Raumerfahrungen und sie haben bereits einen Blick auf die Welt. Ihnen „Orientierung bieten" heißt deshalb nicht nur, durch Geographieunterricht Unbekanntes zu erschließen. „Es geht weniger darum, jeden Tag etwas Neues zu sehen, als vielmehr das Alte, was man jeden Tag sieht, neu zu sehen" (Wolf/Bosche 2001, S.2). Orientierung bedeutet auch „hinschauen lernen", den Blick in eine bestimmte Richtung lenken können.

Der stetige Umgang mit dem Fremden unter Bezug auf das Vertraute, - davon „lebt" der Geographieunterricht. Das Aneignen von Orientierungen wird durch bewusste *Perspektivenwechsel* erheblich gefördert (vgl. Rhode-Jüchtern 1996). Blick- und Maßstabswechsel lenken die Kinder und Jugendlichen zu divergierenden Sichtweisen und sie unterstützen die Auseinandersetzung mit Andersartigem und zugleich mit sich selbst. Vielperspektivität macht nicht orientierungslos, sondern sie begünstigt reflektierte Orientierung.

Für den geographischen Unterricht gibt es - über die Chancen häufiger Maßstabswechsel hinaus (s.o.) - eine ausgesprochen größere Vielfalt möglicher Blickwinkel als nur der Blick von innen nach außen (siehe Abb.4). Der *Blick zurück* stellt nicht nur einen Lebensbezug für die Schüler/innen her, sondern er gibt dem eigenen, eher zufälligen Raumerleben eine Orientierung. Der *Blick nach außen* stößt auf eine zunächst verwirrende Vielfalt, die verstanden und geordnet werden muss, um kompetent mit ihr umzugehen. Er ist stets mit dem *Blick nach innen* verbunden, mit der Reflexion des eigenen Orientierungssystems.

Zugleich wird der Geographieunterricht nicht nur statisch über das derzeit vorhandene Inventar der Weltregionen orientieren. Es ist auch der *Blick nach vorne* erforderlich: Orientierung auf die Zukunft, der die Heranwachsenden mit Mut und Zuversicht entgegengehen sollen und an deren Gestaltung sie aktiv Anteil haben. Bei immer enger werdenden weltweiten Zusammenhängen geht es auch um die Übernahme von Mitverantwortung in größeren Dimensionen. „Bewahrung der Erde" oder „Umweltbildung" sind beispielhaft Schlagwörter, mit denen auf die wichtiger gewordene weltweite Perspektive hingewiesen wird. Dieser *globale Blick* orientiert über die Erde als Ganzes und als ein vielfach vernetztes System.

Nah- und Fernraum-Perspektiven tragen somit zum persönlichen Weltverstehen bei. Sie sind im „Globalen Lernen" auf allen Jahrgangsstufen des Geographieunterrichts zu verfolgen.

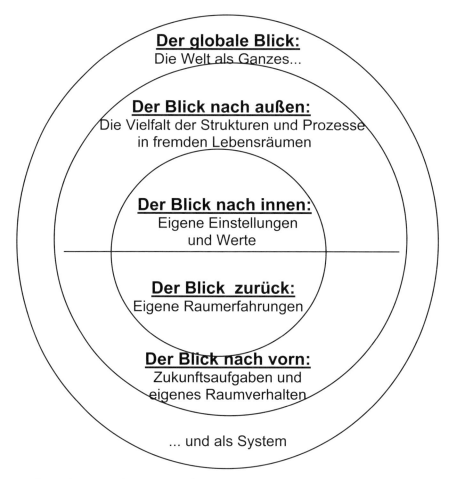

Abb. 4: Orientierungsrichtungen im Geographieunterricht
(in Anlehnung an Wolf/Bosche 2001)

Literatur

Adelmann, J. (1962). Methodik des Erdkundeunterrichts. München, 2.Aufl.

Arbeitsgruppe Curriculum 2000+ der Deutschen Gesellschaft für Geographie (2002). Curriculum 2000+. Grundsätze und Empfehlungen für die Lehrplanarbeit im Schulfach Geographie. Geogr. heute 23 (200), 4 -7

Birkenhauer, J. (1992). Wortmeldung zu Kirchberg (1992). Zeitschr. für den Erdkundeunterricht 44 (5) 198

Engelhard, K. (1995). "Eine Welt" oder „Keine Welt" ist keine Alternative. In Bünstorf J. u. Kroß E. (Hrsg.), Geographieunterricht in Theorie und Praxis. Gotha, 107 - 118

Geiger, M. (1990). Räumliche Bezugsebenen des Geographieunterrichts. Ein Plädoyer für den fortgesetzten Maßstabwechsel. Praxis Geogr.20 (4) 14-17

Hemmer, I. u. Hemmer, M. (1999). Schülerinteresse und Geographieunterricht. In Köck H. (Hrsg.), Geographieunterricht und Gesellschaft (Geographiedid. Forschungen Bd.32). Nürnberg, 50-60

Hettner, A. (1927). Die Geographie. Ihre Geschichte, ihr Wesen und ihre Methoden. Breslau 1927

Kaminske, V. (2000). Zur Komplexität geographischer Unterrichtsthemen. Beispiele und Analysekriterien. Gotha/Stuttgart

Kirchberg, G. (1998). Veränderte Kinder und Jugendliche - unveränderter Geographieunterricht? Aspekte eines in der Geographiedidaktik vernachlässigten Problems. Praxis Geogr. 28 (4), 24-29

Kirchberg, G. (2002). Weltorientierung durch Fachunterricht. Beispiel Geographie: Chancen und Probleme. Pädagogik 54 (4), 10-14

Kirchberg, G. (2005). Die Geographielehrpläne heute. Bestandsaufnahme und Ausblick. Geogr. u. Schule 27 (156), 2 -9

Kirchhoff, A. u. Günther S. (1906). Didaktik und Methodik des Geographie-Unterrichts. 2.Aufl. München 1906

Köck, H. (1980). Theorie des zielorientierten Geographieunterrichts. Köln

Köck, H. (1984). Konzepte zum Aufbau des erdräumlichen Kontinuums. Geogr. und Schule 6 (31), 24-39

Köck, H. (1997). Zum Bild des Geographieunterrichts in der Öffentlichkeit. Eine empirische Untersuchung in den alten Bundesländern. Gotha

Köck, H. (2002). Räumliche Prozesse - Prozesse im Raum. Fachliche und fachdidaktische Grundlagen. Geogr. und Schule 24 (140) 3-11

Köck, H. (2004). Ansprüche der Lerner - entwicklungsphysiologische und -psychologische Aspekte. In Schallhorn, E. (Hrsg.), Erdkunde-Didaktik. Praxishandbuch für die Sekundarstufe I. Berlin, 77-92

Kreuzer, G. (1980). Grundsätzliche Formen der Stoffanordnung - Lehrsequenzen. In ders., (Hrsg.), Didaktik des Geographieunterrichtes. Hannover u.a., 152-171

Kroß, E. (1993). Wieviel Nähe, wieviel Heimat braucht der Geographieunterricht? Geogr. heute 14 (116) 6-7

Mittelstädt, F.-G. (2000). Geographiedidaktik vor 100 Jahren und heute. Persistenz und Wandel in Legitimation und Curriculum. In Schallhorn, E. (Hrsg.), Didaktik und Schule. (Verband Deutscher Schulgeographen e.V., Schriften Nr.5), Bretten, 98 - 110

Newig, J. (1993). Die Bedeutung des Prinzips „Vom Nahen zum Fernen" zur Strukturierung des Erdkundeunterrichts. Zeitschr. für den Erdkundeunterricht 45 (1) 28-32 u. (2) 72-76

Obermaier, G.(1997). Strukturen und Entwicklung des geographischen Interesses von Gymnasialschülern in der Unterstufe - eine bayernweite Untersuchung. (Münchner Studien zur Didaktik der Geographie Bd.9) München

Rhode-Jüchtern, T. (1996). Den Raum lesen lernen. Perspektivenwechsel als geographisches Konzept. München

Schmidt-Wulffen, W. (1994). „Schlüsselprobleme" als Grundlage zukünftigen Geographieunterrichts. Praxis Geogr. 24 (3) 13-15

Schmidt-Wulffen, W.D. u. Schramke, W. (Hrsg. 1999). Zukunftsfähiger Erdkundeunterricht. Gotha/Stuttgart

Schultz, H.-D. (1995). Mit dem Rücken zur Wand in die Offensive? Trends und Perspektiven der Geographiedidaktik der 90er Jahre. Zeitschr. Für den Erdkundeunterricht 47 (4), 146-150

Schultze, A. (1970). Allgemeine Geographie statt Länderkunde! Zugleich eine Fort-setzung der Diskussion um den exemplarischen Erdkundeunterricht. Geogr. Rundschau 22 (1) 1-10

Schultze, A. (1989). Geographiedidaktik kontrovers. Konzepte und Fronten innerhalb des Faches. Praxis Geogr. 28 (4), 8-13

Schultze, A. (1996). Wege in die Geographiedidaktik. In: ders. (Hrsg.), 40 Texte zur Didaktik der Geographie. Gotha, 11-67.

Sperling, W. (1992). Nähe und Ferne - eine Frage des Maßstabs. Geogr. heute 13, (100) 63-69

Tröger, S. (1994). Überleben auf dem Krisenkontinent. Ein Thema für den Erdkunde-unterricht. Praxis Geogr. 24 (2) 4-9

Verband Deutscher Schulgeographen e.V. (Hrsg. 1999). Grundlehrplan Geographie. Bretten

Werlen, B. (2000). Verschwindet die Ferne? Zur Zukunft der räumlichen Bedingun-gen. Praxis Geogr. 30 (2), 15 -19

Wolf, G. u. B. Bosche (2001). Die Welt von Kindern und Jugendlichen. Geographie heute 22 (196), 2 -7

Räumliche Zusammenhänge durch konstruktivistischen Zugang entdecken – Dilemma oder förderungswürdig?

Erste Ergebnisse einer qualitativen empirischen Vorstudie.

Armin Rempfler

Erkenntnisleitende Ansätze versus konstruktivistischer Zugang

Die Bedeutung erkenntnisleitender Ansätze als Zugriff zu erdräumlicher Erkenntnis wurde von Köck hinreichend dargelegt (vgl. Kurzfassung in Köck 2004, umfassend in Köck & Rempfler 2004). Der Einsatz erkenntnisleitender Ansätze als Filter für die Planung bzw. Evaluierung geographischer Curricula, Lehr- und Lernmittel, Unterrichtsreihen und einzelner Geographielektionen erweist sich als wertvolles Instrument. Werden etwa bei einem Unterrichtsthema nur erdräumliche Strukturen beleuchtet, ohne Prozesse oder Wechselwirkungen herauszuarbeiten und daraus allgemeingültige Gesetzmäßigkeiten abzuleiten, sind die Schwerpunktsetzungen des gewählten Themas zu hinterfragen. So sehr die erkenntnisleitenden Ansätze in ihrer Funktion als Filter überzeugen, muss man sich ihrer Herkunft bzw. Orientierung im Klaren sein: Es handelt sich um Metatheorien, die *deduktiv* an den Unterricht herangetragen werden. Lerntheoretisch kann man auch von „objektivem Wissen" sprechen: Geographieunterricht zielt darauf ab, Lernenden dieses Wissen bzw. das Denken in diesen Theorien beizubringen. Dem gegenüber steht das lernende Individuum mit seinem „subjektiven Wissen". Lernarrangements nach konstruktivistischen Grundsätzen berücksichtigen diesen subjektiven Wissensstand (vgl. z.B. Landwehr 1997, Häussler et al. 1998). Dazu gehen Lernende von ihrem Wissen aus und erarbeiten auf *induktivem* Weg neues Wissen, anstatt es vorfabriziert und passiv zu übernehmen. So nähern sie sich auf unterschiedlichen Wegen einer Problemstellung.

Aus dieser Gegenüberstellung von erkenntnisleitenden Ansätzen einerseits und dem konstruktivistischen Zugang andererseits ergibt sich möglicherweise ein Dilemma: Wer gewährleistet, dass Lernende auf ihrem individuellen Erkenntnisweg nicht etwa bei erdräumlichen Strukturen stehen bleiben, sondern tatsächlich auch räumliche Prozesse und Systemzusammenhänge erkennen? Kommen Lernende von sich aus überhaupt auf die Idee, bei einem räumlichen Sachverhalt über die Strukturen hinaus prozessuale und systemische Aspekte sowie Gesetzmäßigkeiten zu betrachten oder gar Prognosen und Maßnahmen in Betracht zu ziehen? Gibt es diesbezüglich vielleicht Unterschiede in Abhängigkeit von Alter, Geschlecht, Schulniveau, Studienausrichtung etc.? Welche Voraussetzungen müssen Lehrende und Lernende mitbringen und wie sind Lehr-/Lernarrangements zu gestalten, dass sich die konstruktivistische und metatheoretische Sichtweise nicht gegenseitig ausschließen, sondern vielmehr stützen? Liegt nicht gerade in der Kombination der beiden Ansätze der Schlüssel zu einem qualitativ hoch stehenden Geographieunterricht? Die vorliegende Vorstudie versucht, sich diesem vermeintlichen oder tatsächlichen Dilemma in einem ersten Schritt zu nähern.

Fragestellung und Hypothesen

Ein konstruktivistisch ausgerichteter Unterricht gibt Lernenden immer wieder die Möglichkeit, ihr individuelles Vorverständnis zum Unterrichtsthema explizit einzubringen. Kognitionspsychologisch wird dies damit begründet, dass nach dem Abrufen des subjektiven Wissensstandes die Einordnung neu dazu kommender Erkenntnisse in die bereits bestehenden kognitiven Strukturen leichter fällt. Ein probates Mittel zur Integration dieses Vorverständnisses besteht in der Ermittlung subjektiv bedeutsamer Leitfragen: Ähnlich wie beim wissenschaftlichen Vorgehen bilden Fragen der Lernenden die Ausgangslage des weiteren Unterrichtsverlaufs.

Vor dem Hintergrund dieser Überlegungen steht deshalb für diese Studie die Frage im Zentrum, ob Lernende zu bestimmten erdräumlichen Sachverhalten Fragen stellen, die lediglich auf das Erkennen von Strukturen abzielen, oder ob allenfalls auch Fragen nach Prozessen, Systemzusammenhängen, Gesetzmässigkeiten, Prognosen und Massnahmen aufgeworfen werden. Die Grundlage bilden zwei Prämissen, die in diesem Rahmen nicht weiter hinterfragt werden:

- Unterrichtspraktischer Bezug: Ein Lehr-/Lernarrangement nach konstruktivistischen Grundsätzen ermöglicht ein tiefgründigeres und nachhaltigeres Verstehen als „konventionelle" Unterrichtsformen.
- Metatheoretischer Bezug: Die Berücksichtigung erkenntnisleitender Ansätze (Struktur-, Prozess-, System-, Modellansatz etc.) ist zum tieferen Verständnis erdräumlicher Zusammenhänge unabdingbar.

Die geplante Befragung geht von folgenden Hypothesen aus:

1) Ein hoher Prozentsatz der Fragen aller Probanden richtet sich auf die Erfassung struktureller Merkmale aus.
2) Der Anteil aller Fragen nach Prozessmerkmalen ist deutlich niedriger als derjenige nach strukturellen Merkmalen.
3) Der Anteil an Fragen nach Systemzusammenhängen fällt deutlich niedriger aus als derjenige nach Prozessen.
4) Die Zahl der Fragen nach allgemeingültigen Gesetzmässigkeiten oder gar nach Prognosen und Massnahmen ist sehr gering.
5) Die allgemeinen Aussagen in den Punkten 1 bis 4 sind zu differenzieren:
   a) Die Zahl der Fragen nach Strukturen ist insbesondere bei Schülerinnen und Schülern sehr hoch.
   b) Innerhalb der befragten Schüler/innen ist ein Trend zu mehr Fragen nach Prozessen und Systemzusammenhängen zu erwarten, je niveaustärker diese sind.
   c) Fragen nach Prozessen und Systemzusammenhängen kommen bei Geographie-Studierenden häufiger vor als bei Studierenden des Grundjahrs.
   d) Die Zahl der Probanden, die auch nach Prozessen und Systemzusammenhängen fragen, nimmt mit der Zahl der Studiensemester (in Geographie) zu. Dabei ist eine eindeutige Korrelation zwischen höherer Semesterzahl und Differenzierungsgrad zu erwarten.
   e) Der Differenzierungsgrad ist bei Studierenden (und insbesondere bei Geographie-Studierenden höherer Semester) ausgeprägter als bei Lehrpersonen der Sekundarstufe I mit langjähriger Berufserfahrung.
6) Zwischen weiblichen und männlichen Probanden ist kein signifikanter Unterschied bezüglich der Anzahl an Fragen nach Strukturen, Prozessen, Systemzusammenhängen etc. erkennbar.

Methodik

Angestrebt wird eine erste Orientierung zum Fragemuster Jugendlicher und Erwachsener im erdräumlichen Kontext. Ergebnisse aus ähnlichen Studien, die eine Anknüpfung ermöglichen würden, sind dem Verfasser nicht bekannt. Aus diesem Grund wird eine qualitative Befragung durchgeführt, deren Ergebnisse eventuell zur Vorbereitung standardisierter Interviews dienen können. Das *fokussierte Interview* als mögliche Technik der Einzelbefragung (vgl. Bortz & Döring 2003) stellt einen bestimmten Untersuchungsgegenstand in den Mittelpunkt – in diesem Fall handelt es sich um zwei Bilder –, um die Reaktionen der Interviewten auf das fokussierte Objekt zu ermitteln. Wichtig dabei ist, dass der Interviewer das Untersuchungsobjekt bereits vor der Befragung analysiert und zu Hypothesen über die Wirkung einzelner Aspekte des besagten Objektes gelangt.

Fragebogen

Zentrale Elemente der Befragung sind zwei Bilder (Bild 1 und 2), die jedem Fragebogen als Schwarz-/ Weiss-Ausdruck im A$_4$-Format beiliegen. In einem ersten Auftrag zählen die Probanden zwei bis drei Begriffe (Substantive, Adjektive, Verben) auf, die ihnen spontan zu den Bildern in den Sinn kommen. In einem zweiten Auftrag formulieren sie je Bild eine bis (maximal) drei Fragen, die ihnen beim Betrachten wichtig erscheinen und die sie gerne beantwortet hätten. Dabei sind ganze Sätze zu formulieren und die Frageform ist zu beachten.

Kriterien zur Auswahl der Bilder

Bild 1 zeigt einen Vorratsspeicher der Dogon (Mali), der vor allem zur Aufbewahrung von Hirse, aber auch von Gewürzen und Schmuck verwendet wird. Bei Bild 2 handelt es sich um ausgeprägte Wollsackformen im Vordergrund, um Kerbtäler im Hintergrund (Dades-Schlucht, Marokko). Es werden Bilder gewählt, die den Probanden mit hoher Wahrscheinlichkeit unbekannt sind. Auftrag 1 dient der Kontrolle, um diese Annahme zu bestätigen bzw. eine mögliche Bildkenntnis festzustellen. Ist letzteres der Fall, wird ein entsprechend höherer Differenzierungsgrad an Fragen erwartet.
Im Weiteren sollen es eher statische Bilder sein, deren Inhalte nicht per se auf ablaufende Prozesse deuten. Schliesslich wird darauf geachtet, dass die Bilder sowohl human- als auch physiogeographische Elemente enthalten. Absicht ist auch, dass in Bild 1 vor allem *ein* Element (Speicher) ins Auge sticht – allerdings kann man beim genaueren Hinsehen eine Person (unten links) und Höhlen (in der Felswand im Hintergrund) erkennen –, während Bild 2 von *zwei* Landschaftsformen dominiert wird, die sich kontrastieren. Das Auftreten dieser gegensätzlichen Formen führt vielleicht dazu, nach einem möglichen Zusammenhang zu fragen.

Bild 2. Wollsackformen und Kerbtäler in Marokko. (Aufnahme: A. Rempfler, Okt. 2002)

Bild 1. Vorratsspeicher der Dogon in Mali. (Aufnahme: A. Rempfler, Feb. 2001)

Befragung

Die Befragung findet jeweils in geschlossenen Gruppen (Schulklasse, Studienseminar, Weiterbildungsgruppe) statt. In den meisten Fällen werden die Gruppen vom Verfasser betreut, bei der Befragung von Schulklassen von der betreffenden Lehrperson. Die Fragebogen werden individuell ausgefüllt, wobei darauf geachtet wird, dass kein Austausch unter den Probanden stattfindet. Die Durchführung mit einer Probandengruppe dauert 10 bis 15 Minuten.

Im Zeitraum von Oktober 2005 bis Februar 2006 werden insgesamt 458 Personen befragt, 189 davon männlich, 269 weiblich (Tab. 1). Das Alter der untersuchten Personen reicht von 12 bis über 40 Jahre. Die Probandengruppen setzen sich wie folgt zusammen:

- Schülerinnen und Schüler der Sekundarstufe I werden auf Niveau A (gymnasiale Stufe) in einer ersten bis vierten Klasse befragt. Bei Niveau B (mittleres Niveau) handelt es sich um drei erste Klassen, bei Niveau C (tiefes Niveau) um je eine erste, zweite und dritte Klasse.
- Die Studierenden der Pädagogischen Hochschule Zentralschweiz (PHZ) Luzern absolvieren eine drei- bzw. vierjährige Ausbildung. Alle Anwärter der drei Stufen (Kindergarten/Unterstufe, Primarstufe, Sekundarstufe I) besuchen zunächst das stufenübergreifende Grundjahr. Von ihnen sind 173 Studierende in die Studie mit einbezogen. Angehende SI-Lehrpersonen belegen nach dem Grundjahr für das zweite bis vierte Studienjahr vier Fächer in freier Kombination. Innerhalb dieser Gruppe werden Studierende mit Fachbelegung Geographie aus dem 3. und 5. Semester befragt.
- Die getesteten Lehrpersonen unterrichten mehrheitlich seit über 10 Jahren auf unterschiedlichen Niveaus der Sekundarstufe I verschiedene Fächer, u.a. Geographie.

Probandengruppe	N	N männlich	N weiblich
Schüler/innen SI Niveau A	85	34	51
Schüler/innen SI Niveau B	64	36	28
Schüler/innen SI Niveau C	50	27	23
Studierende PHZ Luzern 1. Semester	173	49	124
Studierende PHZ Luzern 3. Semester	44	21	23
Studierende PHZ Luzern 5. Semester	23	10	13
Lehrpersonen SI	19	12	7
Probanden TOTAL	**458**	**189**	**269**

Tab. 1. Überblick über die befragten Probandengruppen.

Auswertung

Die qualitativ erhobenen Daten werden anschliessend einer quantitativen Inhaltsana-lyse unterzogen. Das dafür benötigte Kategoriensystem wird deduktiv – geleitet von der Theorie erkenntnisleitender Ansätze – an das Material herangetragen (Tab. 2). Allerdings bedarf das a priori aufgestellte Kategorienraster bei der Datensichtung einer Verfeinerung, indem die Kategorie „Strukturen" in weitere Unterkategorien un-terteilt wird. Sämtliche Fragebögen wertet der Verfasser selbst aus. Zur Kodierung wird eine ähnliche Matrix wie Tab. 2 verwendet, allerdings mit mehr konkreten Bei-spielen, die als Ankerbeispiele dienen. Mit diesem Hilfsmittel werden die insgesamt 2229 gestellten Fragen kategorisiert und nach ihrer Häufigkeit – bezogen auf sämtli-che Probanden bzw. auf Probandengruppen – analysiert.

Kategorien/Ansätze	Kürzel/Unterkategorien	Allgemeine Merkmale	Konkrete Beispiele
Strukturen	**S allgemein**	Räumliches Ordnungsprinzip/ Muster; Räumliches Zueinander der Elemente	- Welches Klima herrscht dort? - In welcher Umgebung ist das?
	Formale Betrachtung: **S formal**	Frage nach Form, Material, Alter eines Landschaftselementes/ Gebäudes	- Was ist das? - Wie alt ist es? - Was sind das für Dinge, die an der Seite des Hauses heraus-schauen?
	Funktionale Betrachtung: **S funktional**	Frage nach Funktion/Zweck des Landschaftselementes/Gebäudes	- Wozu dient es? - Wieso hat das Haus ein Strohdach? - Warum hat es weder Fenster noch Türen?
	Lage/Lagebeziehung: **S Lage**	Frage nach der geographischen Lage/Lagebeziehung	- Wo ist das? - Wie kommt man dahin?
	Hypothesen: **S Hypothesen**	Hypothesenformulierung	- Ist das ein Findling? - War dort früher einmal ein Gletscher?
Prozesse/ Funkti-onsabläufe	**P**	Serie von Ereignissen; Wandel/ Transformation/Entstehung von etwas Neuem; regelhafte Gerich-tetheit	- Wie entstand es? - Weshalb hat der Felsen so viele Kerben? - Was ist passiert?
Systeme/ Systemische Zu-sammenhänge, einseitige/ wech-selseitige Abhän-gigkeiten	**SYS**	Dimension der Beziehung/ Wechselbeziehung; Vernetzung von Elementen; Abhängigkeits-relationen	- Wieso steht das Ding an dieser Stelle? - Warum hat es hinten Wellen und ist es vorne aufgelockert? - Was macht diese Frau neben dem Turm?

Allgemeingültige Gesetzmäßigkeiten/Modellbildung	**G/M**	Allgemeingültiges einer räumlichen Singularität	- Könnte der Turm an einer anderen Stelle sein? - Ist es etwas Besonderes?
Prognosen	**Prog**	Aussage (gesetzesgestützter) Prognosen	- Wie wird dieser Prozess weitergehen? - Hält das Fundament?
Massnahmen	**Mas**	Ableitung adäquater „technologischer" Massnahmen	- Wie schützt man solche Landschaften?

Tab. 2. Kategoriensystem zur Klassifizierung der Fragen.
(Bei den konkreten Beispielen handelt es sich um Formulierungen der Testpersonen aus den Fragebögen.)

Ergebnisse

Die Auswertung der Resultate von Auftrag 1 belegt, dass die beiden vorgelegten Bilder sämtlichen Probanden unbekannt sind. Dies spricht dafür, dass alle getesteten Personen eine vergleichbare Ausgangslage haben und die Daten nicht durch Vorkenntnisse einzelner verfälscht werden.
Die Ergebnisdarstellung vollzieht sich in drei Schritten:
1. Häufigkeit des Auftretens sämtlicher Kategorien sowie der differenzierten Kategorie „Strukturen", bezogen auf *alle Probanden*.
2. Häufigkeit des Auftretens sämtlicher Kategorien sowie der differenzierten Kategorie „Strukturen", bezogen auf *Probandengruppen*.
3. *Genderfrage:* Unterschiede zwischen weiblichen und männlichen Probanden.

Überblick über alle Probanden

Die prozentuale Häufigkeit der verschiedenen Kategorien zeichnet ein eindeutiges Bild (Abb. 1): Drei Viertel der 2229 gestellten Fragen sind Fragen nach erdräumlichen Strukturen (S). Es folgen Fragen nach Prozessmerkmalen (P) mit gut 17 % und nach Systemzusammenhängen (SYS) mit fast 5 %. Die Häufigkeit von Fragen nach allgemeingültigen Gesetzmässigkeiten (G/M), nach Prognosen (Prog) und Massnahmen (Mas) fällt sehr gering aus. Die Ergebnisse bestätigen ziemlich genau die Hypothesen 1 bis 4, wenn auch das Gefälle zwischen Struktur- und Prozessfragen nicht in dieser Deutlichkeit erwartet wurde. Hypothese 4 ist insofern zu präzisieren, als den Probanden das Fragen nach Prognosen offenbar näher liegt als das Fragen nach Gesetzen.

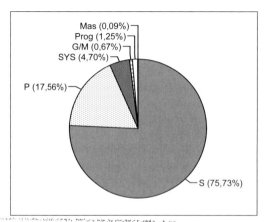

Abb. 1. Prozentuale Häufigkeit sämtlicher Kategorien, bezogen auf alle Probanden.

Eine Aufschlüsselung der Kategorie „Strukturen" – es handelt sich um fast 1700 aller gestellten Fragen – zeigt, dass Fragen nach der geographischen Lage mit 34 % überwiegen (Abb. 2), gefolgt von Fragen nach formalen (31,4 %) und funktionalen Merkmalen (22,6 %). Letzteres ist zu beachten, weil die funktionale Betrachtung eines erdräumlichen Sachverhalts bereits näher an prozessuale Merkmale heranrückt als die formale Betrachtung und damit als kognitiv anspruchsvoller zu bewerten ist. Fragen nach allgemeinen Strukturmerkmalen (5,4 %) und nach Strukturen in Form von Hypothesen (6,6 %) weisen geringe Anteile auf.

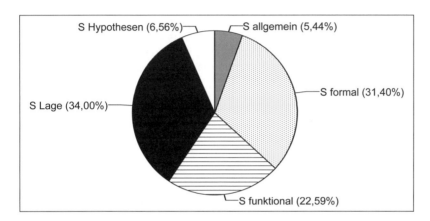

Abb. 2. Prozentuale Häufigkeit der Unterkategorien „Strukturen", bezogen auf alle Probanden.

Probandengruppen im Vergleich

Ein differenzierteres Bild entsteht, wenn die prozentuale Häufigkeit der verschiedenen Kategorien nach Probandengruppen unterschieden wird. Der Vergleich relativer Werte drängt sich auch hier auf, da die Zahl der Testpersonen zwischen den Probandengruppen zu stark divergiert (vgl. Tab. 1). Während sich Lehrpersonen und Studierende in Bezug auf die Zahl an Strukturfragen kaum unterscheiden, fallen die deutlich höheren Werte bei den Schülergruppen auf (Abb. 3). Die grundsätzliche Annahme, dass die Zahl der Fragen nach Strukturen insbesondere bei Schülerinnen und Schülern sehr hoch ist, bestätigt sich damit eindeutig (vgl. Hypothese 5a). Erstaunlich ist allerdings, wie deutlich sich ein Trend abzeichnet: Je niveauschwächer eine Schülergruppe offenbar ist, desto höher scheint die Zahl an Strukturfragen auszufallen (Niveau A: 80, 9 %, Niveau B: 85,5 %, Niveau C: 89,5 %).
Ein ähnliches Muster – in umgekehrter Reihenfolge – zeigt sich bei der Zahl der Fragen nach Prozessen: Mit 19 bzw. 22 % liegen die Lehrpersonen und Studierenden deutlich über den Schülergruppen, welche auf Niveau A und B mit 13 % doppelt so hohe Werte aufweisen wie auf Niveau C. Der markanteste Unterschied zwischen Lehrpersonen und Studierenden tritt im Bereich der Systemfragen zutage (10,7 % bzw. 5,5 %), während Studierende und Schüler/innen auf A-Niveau prozentual gleich viele Systemzusammenhänge erfragen. Bei den Schülergruppen auf B-Niveau liegt der Anteil dieser Fragen knapp unter 1 % und steigt dann auf C-Niveau überraschend auf 2,6 % an. Entsprechend kann auch der Hypothese 5b in groben Zügen zugestimmt werden: Bei den Schülerinnen und Schülern deutet sich ein vager Trend zu mehr Fragen nach Prozessen und Systemzusammenhängen an, je niveaustärker

diese sind. Allerdings bedarf diese These weiterer Untersuchungen, die breiter abgestützt sind. Hypothese 5e dagegen ist falsch oder gar umzukehren: Im Trend weisen Lehrpersonen der Sekundarstufe I mit langjähriger Berufserfahrung einen höheren Differenzierungsgrad an Fragen auf als Studierende (inkl. Geographie-Studierende höherer Semester). Dieses Muster bestätigt sich einigermassen, wenn man die Kategorien „Gesetzmässigkeiten", „Prognosen" und „Massnahmen" analysiert. Liegen die Lehrpersonen beim Erfragen von Gesetzen und Massnahmen über den Studierenden, ist die Situation beim Fragen nach Prognosen umgekehrt. Hingegen stellen die Schülergruppen aller drei Niveaus mehr Gesetzesfragen als die Studierenden, aber überhaupt keine Fragen nach Prognosen und nach Massnahmen.

Der Unterschied innerhalb homogener Probandengruppen – etwa der Vergleich zwischen den drei untersuchten Schulklassen des B-Niveaus – fällt im Allgemeinen zu gering aus, als dass sich eine detaillierte Darstellung hier aufdrängen würde. Ebenfalls nur ein diffuses Muster zeigt sich, wenn man die PHZ-Studierenden des ersten, dritten und fünften Semesters vergleicht: Die Vorstellung, dass Geographie-Studierende häufiger Fragen nach Prozessen und Systemzusammenhängen stellen als Studierende des Grundjahrs, ist sicher falsch, ebenso die Annahme, dass zwischen höherer Semesterzahl und Differenzierungsgrad eine eindeutige Korrelation besteht (vgl. Hypothesen 5c, d). Eine statistische Auswertung, die eine Präzisierung dieser Hypothesen erlaubt, steht allerdings noch aus.

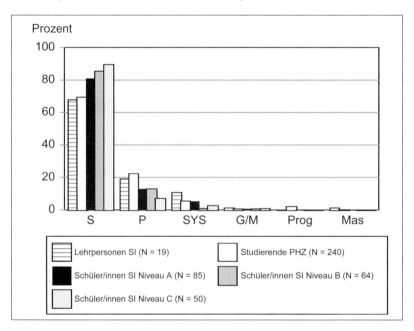

Abb. 3. Prozentuale Häufigkeit sämtlicher Kategorien, bezogen auf Probandengruppen.
(Die drei in Tab. 1 aufgeführten Studierendengruppen der PHZ sind zu einer Probandengruppe zusammengefasst.)

Eine genauere Betrachtung der Kategorie „Strukturen" bestätigt und präzisiert die oben genannten Trends, wenn man die Zahl der Fragen nach formalen und funktionalen Strukturen vergleicht (Abb. 4). Die mittleren und schwächeren Schülergruppen erfragen häufiger formale Sachverhalte, die stärkeren Schülergruppen wie auch Studierende und Lehrpersonen hingegen funktionale Sachverhalte. Die Ergebnisse der übrigen Unterkategorien zeigen ein recht diffuses Muster, das eher zufällig wirkt und weiterführender Erhebungen bedarf.

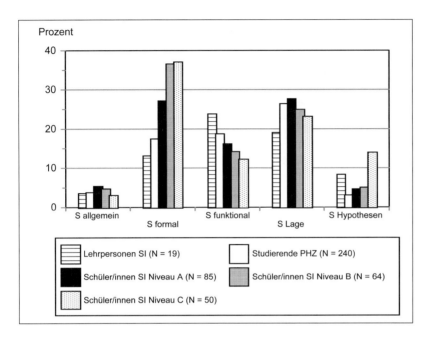

Abb. 4. Prozentuale Häufigkeit der Unterkategorien „Strukturen", bezogen auf Probandengruppen.

Genderfrage: Unterschiede zwischen weiblichen und männlichen Probanden

Um Unterschiede im Fragemuster weiblicher und männlicher Probanden herauszuarbeiten, wird die geschlechterspezifische Anzahl Fragen jeder Probandengruppe bestimmt und die Summe daraus proportional zur gesamten Individuenzahl gesetzt. Es resultiert eine durchschnittliche Zahl an Fragen, die ein (weiblicher bzw. männlicher) Proband stellt. Abb. 5 und 6 fassen die Ergebnisse zu den sechs Kategorien zusammen, wobei die Strukturfragen zur besseren Lesbarkeit separat dargestellt werden. Es zeigt sich, dass die weiblichen Probanden durchschnittlich weniger Strukturfragen stellen als die männlichen Probanden. Bei allen übrigen Kategorien ist die Situation umgekehrt: Weibliche Probanden stellen durchschnittlich etwas mehr Fragen nach Prozessen und deutlich mehr Fragen nach Systemzusammenhängen. Auch bei den Fragen nach Gesetzmäßigkeiten, Prognosen und Maßnahmen liegen die Durchschnittswerte der weiblichen Probanden leicht höher. Die Annahme, dass zwischen weiblichen und männlichen Probanden kein Unterschied im Differenzierungsgrad der Fragen besteht, ist vermutlich zu verwerfen (vgl. Hypothese 6).

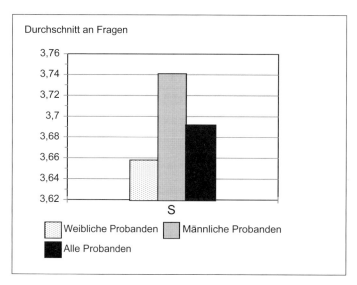

Abb. 5. Durchschnitt an Fragen nach Strukturen pro Proband.

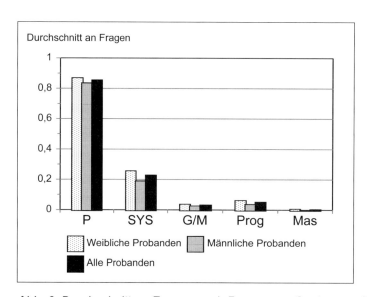

Abb. 6. Durchschnitt an Fragen nach Prozessen, Systemen, Gesetzen, Prognosen und Maßnahmen pro Proband.

Diskussion und Ausblick

Die vorliegenden Ergebnisse vermitteln einen ersten Eindruck vom Fragemuster Jugendlicher und Erwachsener, betrachtet aus der Perspektive von Metatheorien. Es überrascht, dass sich die Hypothesen im Trend weitgehend bestätigen und vor allem, dass sich einzelne Trends so deutlich abzeichnen. Fest steht, dass alle Probandengruppen, insbesondere Schülerinnen und Schüler, einen relativ geringen Differenzierungsgrad an Fragen aufweisen. Daraus könnte man nun schliessen, dass ein konstruktivistisch orientierter Unterricht zu oberflächlichen und einseitigen erdräumlichen Erkenntnissen führen muss. In der Tat besteht diese Gefahr. Allerdings gewährleisten auch konventionelle Unterrichtsformen nicht, dass die erkenntnisleitenden Ansätze in ihrer ganzen Vielfalt berücksichtigt werden.

Wesentliche Erkenntnisse, die sich vorläufig aus der Untersuchung ableiten lassen, lauten wie folgt:

1. Die Ergebnisse sprechen nicht gegen eine konstruktivistisch ausgerichtete Überzeugung von Unterricht. Sie deuten aber darauf hin, dass konstruktivistische Zugänge zu erdräumlichen Sachverhalten nicht zu offen gestaltet werden sollten. Bilden etwa Leitfragen der Lernenden die Ausgangslage für Unterricht, so kommen Lehrende um eine kritische Analyse dieser Fragen – mit dem Filter der erkenntnisleitenden Ansätze – nicht herum und müssen gezielt ergänzende Aspekte (etwa zur Berücksichtigung von Prozessen, Systemzusammenhängen etc.) einbringen. Je nach Schulstufe und -niveau dürfte es sinnvoll sein, den Lernenden diese Ergänzungen auf der Metaebene bewusst zu machen und zu begründen.

2. Das unter Pkt. 1 beschriebene Vorgehen, insbesondere das Einbringen ergänzender Aspekte durch die Lehrperson, hängt stark vom Schulniveau ab. Je niveauschwächer eine Klasse ist, desto häufiger und sorgfältiger dürfte die Notwendigkeit von Korrekturen bzw. Ergänzungen sein. Dabei macht es vermutlich auch Sinn, die Geschlechterverteilung einer Klasse zu berücksichtigen.

3. Der Schlüssel zur Durchdringung erdräumlicher Sachverhalte – gemäss den erkenntnisleitenden Ansätzen – dürfte bei den Lehrpersonen liegen. Erwerben diese die Kompetenz, räumliche Phänomene nicht nur auf Strukturen, sondern auch auf Prozesse, Systemzusammenhänge etc. zu hinterfragen, sind sie auch eher in der Lage, diese unterrichtswirksam umzusetzen. Dies kann durch konventionelle Unterrichtsformen oder durch konstruktivistisch ausgerichtete Lehr-/ Lernarrangements geschehen. Die Ergebnisse der Studierendengruppen legen nahe, dass hier Verbesserungen dringend nötig sind.

4. Pkt. 3 impliziert, dass das Fragemuster der getesteten Lehrpersonen bis zu einem gewissen Grad deren Geographieunterricht widerspiegelt, was nicht zwingend der Fall sein muss. Geht man dennoch davon aus, lässt sich daraus eine weitere Hypothese ableiten: Geographieunterricht auf der Sekundarstufe I richtet sich zu grossen Teilen auf die Analyse erdräumlicher Strukturen aus. Diese Vermutung wird empirisch zu belegen sein.

Literatur

Bortz, J. & N. Döring ([3]2003). Forschungsmethoden und Evaluation für Human- und Sozialwissenschaftler. Berlin, Heidelberg, New York, 1 – 812

Häussler, P., Bünder, W., Duit, R., Gräber, W., & Mayer, J. (1998). Naturwissenschaftsdidaktische Forschung – Perspektiven für die Unterrichtspraxis. Kiel, 1 – 256

Köck, H. (2004). Erkenntnisleitende Ansätze. In Praxis Geographie, 7/8 (34), 60 – 62

Köck, H. & A. Rempfler (2004). Erkenntnisleitende Ansätze – Schlüssel zur Profilierung des Geographieunterrichts. Köln, 1 – 212

Landwehr, N. ([3]1997). Neue Wege der Wissensvermittlung. Aarau, 1 – 248

Wie Kinder die Welt sehen – zur Entwicklung der Raumwahrnehmung und des Kartenverständnisses bei Grundschulkindern*

Alexander Siegmund   Susanne Huss, Natalie Serrer

1 Einleitung

Angesichts der Informationsflut über ferne Länder und Regionen in den Massenmedien, der zunehmenden Zahl erreichbarer Urlaubsziele und des wachsenden Reisebooms scheint die Vermittlung von räumlicher Vorstellungen in der Schule zunehmend überflüssig zu werden. Sollte nicht anzunehmen sein, dass der steigende Medienkonsum und die dadurch ständig wachsende Informationsvielfalt ebenso wie die nahezu unbegrenzten Reiseziele und Tourismusboom dazu beitragen, dass sich das Bewusstsein von Kindern für die Welt, in der sie leben automatisch schärft und erweitert?

In der Tat ist jedoch das Gegenteil der Fall: Durch das zunehmende „Verschmelzen" von Raum und im globalen Informations- und Medienzeitalter verlieren die räumlichen Dimensionen gerade in den Köpfen der Jugendlichen immer mehr an Bedeutung. Wie zahlreiche Studien belegen, ist zunehmend festzustellen, dass das räumliche Vorstellungsvermögen von Kindern trotz Massenmedien und verstärktem Reiseaufkommen schlechter entwickelt ist denn je. Provoziert vielleicht diese Form der „Globalisierung", bei die Welt zu einem „Dorf" wird, ein räumliches Desinteresse? Sind Kinder durch die beinahe unerschöpflichen Informationsquellen und die unzähligen Namen fremder Länder und Regionen, die ihnen Tag für Tag begegnen, überfordert?

Überall auf der Welt wird heute zunehmend in globalen Maßstäben gedacht und gehandelt. Kindern ist diese globalisierte Welt aufgrund ihrer eigenen Erfahrungen jedoch nicht unmittelbar sinnstiftend zugänglich. Aus diesem Grund müssen neben der Familie vor allem die Schulen Orte sein, an denen Kinder ihrem Entwicklungsstand angemessen, ihren räumlichen Horizont erweitern und zunehmend verfeinern können. Welche Stadien der Entwicklung des räumlichen Vorstellungsvermögens und des Kartenverständnisses die Kinder dabei durchlaufen und in welchem Maße die Schule diese Entwicklung unterstützen kann, ist Gegenstand der Untersuchung. Darüber hinaus wird analysiert, welche außerschulischen Faktoren Einfluss auf die kindliche Raumvorstellung haben. Hierzu werden Kinder, Eltern und Lehrer zu verschiedenen Aspekten des familiären und schulischen Umfelds befragt. Darüber hinaus wird das Kartenverständnis der Kinder durch verschiedene Aufgabenstellungen überprüft und die verschiedenen Entwicklungsstadien ihres räumlichen Vorstellungsvermögens durch selbst gezeichnete Mental Maps untersucht.

2 Theoretische Grundlagen

2.1 Der Raumbegriff im Untersuchungszusammenhang

In der vorliegenden Untersuchung soll der Raumbegriff im Bezug auf seine kindliche Entstehung vor allem unter dem geographischen Blickwinkel betrachtet werden. Allerdings findet sich das Phänomen „Raum" nicht nur in der Geographie, sondern auch in anderen Wissenschaften wie der Mathematik, der Geschichte, der Philosophie und der Physik. Hartmann unterscheidet den Raum allgemein in drei verschiedene Dimensionen: neben dem geometrischen Raum, der nicht der realen Welt angehört, den Realraum, der die realen Dinge und die real-physischen Geschehnisse umfasst und den Anschauungsraum, der die sinnliche Wahrnehmung, die Vorstellung, die empirische Erfahrung und das denkende Begreifen beinhaltet. Für die Geographie unterscheidet Couclelis zwischen einem mathematischen, einem physikalischen und einem sozioökonomischen Raum sowie zwischen Verhaltens- und Erfahrungsräumen.

Die Raumvorstellung ist auf der Grundlage der menschlichen Wahrnehmung und des Begriffs der Umweltwahrnehmung eine elementare Fähigkeit des Menschen zur gedanklichen Repräsentation von räumlichen Strukturen (Lexikon der Geowissenschaften 2001, S. 277). Die Raumvorstellung spielt aber nicht nur in der Geographie für georäumliche Erkenntnisprozesse eine Rolle, sondern auch in verschiedenen Bereichen der Psychologie, bei denen die Entwicklung der räumlichen Vorstellung als wichtiger Teil des kognitiven Lernens aufgefasst wird. Bei der Entwicklung der Raumvorstellung erreicht der Mensch verschiedene Ebenen (vgl. Abb. 1). Während er am Anfang der Entwicklung den Raum vor allem durch topologische Relationen gliedert, ermöglichen ihm projektive Relationen auf der nächst höheren Entwicklungsstufe die Vorstellung verschiedener Ansichten eines Raumes. Unter Einbeziehung euklidischer Relationen erfolgt auf der höchsten Stufe die genaueste Vorstellung des Raumes, der durch die nun verfügbaren verinnerlichten Maßsysteme gegliedert werden kann (Lexikon der Kartographie und Geomatik 2002, S. 270).

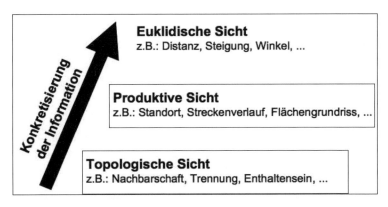

Abb. 1: Entwicklungsphasen der Raumvorstellung. (Quelle: Eigener Entwurf, verändert nach: Lexikon der Kartographie und Geomatik 2002, S. 278)

Während unter dem Begriff des Raumes im Allgemeinen der messbare mathematische Raum gemeint ist, existiert im menschlichen Bewusstsein noch zusätzlich der erlebte Raum, der sich aus wirklich erlebten praktischen Raumerfahrungen zusammensetzt. So unterscheidet man zwischen dem abstrakten Raum der Mathematiker und Physiker und dem konkret erlebten menschlichen Raum (Bollnow 1963, S. 16). Der mathematische Raum unterscheidet sich vom erlebten Raum durch seine Homogenität. Während der erlebte Raum dem Prinzip der Heterogenität unterliegt und von Mensch zu Mensch differiert, ist der mathematische Raum daran gebunden, dass alle Punkte und Richtungen im Raum gleichwertig und beliebig verschiebbar sind und er geometrisch jederzeit zu erfassen ist. Der erlebte Raum steht allerdings nicht in Verbindung mit dem subjektiven Empfinden eines Menschen gegenüber dem

Raum, vielmehr stellt der erlebte Raum ein „Medium des menschlichen Lebens" dar, das unabhängig von psychischen Einflüssen verstanden werden soll als „der wirkliche konkrete Raum, in dem sich unser Leben abspielt" (Bollnow, 1963, S. 19).

2.2 Weltkarte versus Weltbild

Eine Weltkarte soll konkrete Vorstellungsbilder der Realität vermitteln. Das Landschaftsbild der Welt wird dabei durch Zeichen, Linien, Zahlen und Farben in Form von Karten dargestellt. Darüber hinaus bieten sie eine Orientierungshilfe und sind dabei eine verkleinerte Darstellung der Wirklichkeit. Außer der Karte lassen sich noch weitere kartographische Ausdrucksformen unterscheiden, beispielsweise dreidimensionale Gebilde wie der Globus oder das Relief und ebene Darstellungen als Panorama, Blockbild oder Profil. Traditionell ist Karte das „verebnete, verkleinerte und erläuterte Grundrissbild der gesamten oder eines Teils der Erdoberfläche, wobei sie nach der ihr jeweils gestellten Aufgabe generalisiert und inhaltlich begrenzt ist" (Hüttermann, Schröder, Wilhelmy 2002, S. 16). Demnach ist die Karte ein inhaltlich begrenztes Modell räumlichen Wissens über die Erdoberfläche, das als „ein nützlicher Gebrauchsgegenstand, ein feststehendes, objektives Kulturgut" anzueignen ist (Engelhardt & Glöckel 1977, S. 12).

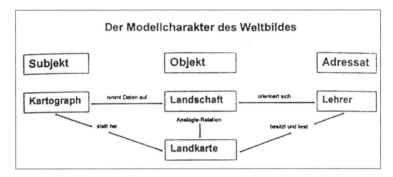

Abb. 2: Modellcharakter des Weltbildes. (Quelle: Schade & Hüttermann 1999, S. 194)

Weltbilder dagegen unterscheiden sich grundsätzlich von Mensch zu Mensch und somit auch von Kultur zu Kultur. Sie sind demnach Weltsichten und Weltanschauungen, die in verschiedenen Weisen und durch verschiedene Wissenschaften dargestellt werden können. In diesem Sinne stellen Weltbilder die Gesamtheit der subjektiven Erfahrungen, Kenntnisse und Auffassungen, die ein Mensch von mehr oder weniger großen Bereichen der Welt hat dar. Schade & Hüttermann (1999) fassen den Modellcharakter des Weltbildes schematisch zusammen und unterscheiden dabei Subjekt (Kartograph), Objekt (Landschaft bzw. Landkarte) und Adressat (Lehrer) (vgl. Abb. 2, vgl. auch Hüttermann & Schade 1998).
Zur Entstehung eines geographischen Weltbildes tragen im Wesentlichen vier Komponenten bei: die Raumorientierung, das Raumverständnis, das Raumverhältnis und das Raumverhalten. Für Kinder bedeutet dies, dass sie lernen müssen, einem geographischen Sachverhalt angemessen zu begegnen, um durch ihre aktive Auseinandersetzung mit ihm, ihre geographischen Denk- und Arbeitsweisen zu vertiefen und zu erweitern. So werden die Schülerinnen und Schüler schrittweise befähigt, die Welt zu beobachten, sie zu beschreiben, zu erklären und schließlich in ihr im Sinne der

Raumverhaltenskompetenz (vgl. Köck 1979, Köck 1980) auch angemessen zu agieren.

Diese vier eng miteinander verzahnten Komponenten bilden das Ziel eines jeden Geographieunterrichts. Dabei ist bei den Kindern die Entwicklung des geographischen Weltbildes zu fördern, stellt es doch einen essentiellen Bestandteil von Bildung dar. Die geographische Erziehung trägt damit durch ihre Weltsichten und Weltanschauungen auch einen Beitrag zur „Menschenbildung" bei (Haubrich 1996, S. 4). Dementsprechend gibt es unzählig viele verschiedene Formen von wahrnehmungsgeographischen Weltbildern.

3 Forschungsansätze zur Entwicklung des räumlichen Vorstellungsvermögens bei Kindern

Kinder haben noch keine geschlossene Raumvorstellung. Ihr geographisches Wissen wird zunächst punktuell in ihrem unmittelbaren Lebensumfeld erworben. Der Lebensraum eines Kindes ist daher individuell und vergrößert sich ständig. Dieser Prozess beginnt bereits mit der Geburt und führt allmählich zu einem komplexen Raumverständnis, das Entfernungen und Zusammenhänge auch von weit auseinander liegenden Punkten berücksichtigt. Die Hauptvoraussetzung zum Aneignen eines Verständnisses von Räumen ist die Mobilität. Kindern müssen deshalb von klein auf Lebensräume geschaffen werden, in denen sie sich auch ohne elterlichen Zwang frei bewegen können und so ihren eigenen individuellen Nahraum selbständig erkunden und erforschen dürfen. Der Prozess der Raumaneignung wird von den Kindern aktiv gestaltet, indem er von sinnlichen Erfahrungen begleitet wird. In jedem Lebensalter wird sich ein anderes Raumverhältnis einstellen, da das Kind von Jahr zu Jahr einen größeren Aktionsradius in seinem Umfeld erhält und so seinen Erlebnis- und Erfahrungsraum erweitert.

3.1 Das Drei-Stufen-Modell von Piaget & Inhelder (1948)

Über die genauen Prozesse und Entwicklungsstufen der Raumwahrnehmung von Kindern wurde unter verschiedenen Aspekten schon mehrfach geforscht. Eine der bedeutendsten Arbeiten über die Entwicklung des räumlichen Vorstellungsvermögens bei Kindern stammt von Piaget & Inhelder aus dem Jahr 1948. Auf der Grundlage ihrer zahlreicher Untersuchungen stellen sich drei Entwicklungsstufen heraus, die das Kind beim Erwerb seines räumlichen Vorstellungsvermögens durchläuft. Die erste Entwicklungsstufe ist der wahrgenommene und der sensomotorische Raum, in der zweiten Stufe entsteht der projektive Raum und als höchste Stufe der euklidische Raum.

Die erste Entwicklungsstufe erreicht ein Kind im Alter von vier bis fünf Jahren. Die Konstruktion des Raumes beginnt dabei auf der Ebene der Wahrnehmung und setzt sich auf der Ebene der Vorstellung fort. Während auf der Wahrnehmungsebene das Taktile im Vordergrund steht, liegt der Schwerpunkt auf der Vorstellungsebene im visuellen Bereich. Die Reihenfolge der Konstruktion des Raumes ist auf beiden Ebenen dieselbe, zuerst erfolgen die topologischen Relationen, ehe die euklidischen Formen erreicht werden. Es besteht jedoch ein Abstand von einigen Monaten oder Jahren zwischen der visuellen Wahrnehmung und der von der Stereognostik ausgelösten Vorstellung (Piaget 1999, S. 75). Die Phase des projektiven Raumes erreichen Kinder bis zum siebten bis achten Lebensjahr. Ausschlaggebend für diese Phase ist das Erkennen der Lage der Gegenstände und ihrer Konfigurationen zueinander (Piaget 1999, S. 70). Dies geschieht anhand von Gesamtsystemen, bei denen die Figuren nicht mehr isoliert als Einzelgebilde, sondern in unterschiedlichen Blickwinkeln betrachtet werden und die damit ein perspektivisches Sehen möglich ist.

Ab dem elften bis zwölften Lebensjahr erreicht das Kind die Stufe der Vollendung des räumlichen Vorstellungsvermögens, auf der konkrete Operationen vollzogen werden können. Dieser euklidische Raum hat seinen Ursprung, wie der projektive, in der topologischen Linie. Allerdings existieren auch zwischen dem projektiven und dem euklidischen Raum gewisse Zusammenhänge, sowohl auf dem Gebiet der Wahrnehmung, als auch in Bezug auf die Transformation von Gegenständen. Die Grundlage der euklidischen Phase bildet die Koordinierung zwischen Figuren als solchen, was durch die Konstruktion von Koordinatensystemen ermöglicht wird (Piaget 1999).

Piaget & Inhelder (1948) fügen ihren Untersuchungen noch eine Abhandlung des Zusammenhangs zwischen elementaren räumlichen Relationen und der Zeichnung hinzu. Sie benennen die Zeichnung als eine „gewisse Art der Raumvorstellung" (Piaget 1999, S. 79), bei der der graphische Raum eine Form des vorgestellten Raumes darstellt. Sie orientieren sich in ihrer Arbeit an den drei Stadien der Kinderzeichnung nach Luquet: „Unfähigkeit zur Synthese, intellektueller Realismus, visueller Realismus" (Piaget 1999, S. 73). In der Phase der Unfähigkeit zur Synthese befindet sich die Raumvorstellung in den Anfängen der Konstruktion der topologischen Relationen. Die grundlegende Relation ist das „Benachbartsein", das heißt, dass die zusammengehörigen Abschnitte einer Zeichnung sind nicht über das Blatt verstreut, sondern benachbart sind. Entsprechendes gilt für das „Getrenntsein". Die Relation der Reihenfolge ist noch kaum ausgeprägt, mehrere Elemente können noch nicht in die richtige Anordnung gebracht werden.

In der Phase des intellektuellen Realismus legt sich das Kind über längere Zeit auf einen ganz bestimmten Zeichnungstyp fest. Erstmals spielen die projektierten und euklidischen Relationen bei der Raumvorstellung eine Rolle, wenn auch nicht in zusammenhängender Form. Die in der vorausgegangenen Phase erstmals angewandten Relationen werden nun korrekt verwendet, jedoch ist der Vorstellungsraum in Bezug auf die Entfernung und Perspektive noch nicht strukturiert. Bei Zeichnungen kommt es zur einer „Mischung unvereinbarerer Blickwinkel" (Piaget 1999, S. 77). Im Stadium des visuellen Realismus werden in die Zeichnungen Perspektive, Proportion, Maß und Entfernung einbezogen. Diese Phase unterscheidet sich von den früheren dadurch, dass es sich bei den Zeichnungen nicht mehr um schrittweise Konstruktionen handelt, sondern um Gesamtsysteme, die die projektiven und euklidischen Relationen vollständig berücksichtigen.

3.2 Das Zwei-Stufen-Modell von Stückrath (1955)

Eine weitere Theorie zur Entwicklung des räumlichen Vorstellungsvermögens wurde von Stückrath im Jahre 1955 aufgestellt. Nach Stückrath ist der Raum „das tragende Fundament der Welterfahrung" (Stückrath 1955, S. 14), in dem sich das Leben eines Menschen von Geburt an abspielt. Er teilt das Raumerleben eines Kindes in zwei Phasen auf: von der Geburt bis zum sechsten Lebensjahr spricht er vom Raum in der frühen Kindheit, vom siebten bis zum 15. Lebensjahr vom Raum im Schulalter. Die Phase der Raumentwicklung in der frühen Kindheit ist wiederum aufgeteilt in die zeitlichen Abschnitte „Leibraum" und „Ichraum", während beim Raum im Schulalter der „Laufraum" vom „Handlungsraum" unterschieden wird. Beziehen sich die ersten kindlichen Raumerfahrungen in der Leibraumphase auf die Erkundung des eigenen Körpers, so dehnt das Kind seinen Raum später durch das Erlernen von greifen, sehen und laufen über den körperlichen Sektor hinweg aus. Auch im Ichraum spielt der eigene Körper eine große Rolle bei der Orientierung, da alle Dinge zum Leib hin geordnet werden (Stückrath 1955, S. 15).

Im Bereich des Laufraumes im Schulalter befindet sich das Kind ab dem siebten Lebensjahr auf der ersten Stufe des Raumerlebens, der Stufe der dynamischen Ordnung. Die Orientierung im Raum richtet sich nach individuellen markanten Eindrücken, der Raum ist in Anlehnung an subjektive Empfindungen angeordnet. In dieser Entwicklungsphase spielt die Bewegung des Kindes für die Entwicklung des Raumbewusstseins eine entscheidende Rolle (Stückrath 1955, S. 33). Als zweite Stufe folgt ab dem neunten Lebensjahr die gegenständliche Ordnung. Das Kind entwickelt nun eine neue Methode, mit der es sich im Raum zurechtfindet, indem es anfängt, sich neben dem Gesamteindruck bestimmte Gegenstände und markante Strukturen einzuprägen, die im Falle einer Unsicherheit bei der Zurechtfindung im Raum als Orientierung dienen können (Stückrath 1955, S. 37). Als dritte Stufe folgt zwischen dem zwölften und 15. Lebensjahr die figurale Ordnung. In dieser Phase wird dem Kind bewusst, dass die gespeicherten Gegenständlichkeiten als Orientierungsleistung nicht ausreichen, da sie keinen vollständigen Gesamteindruck des Raumes vermitteln können. Deshalb beginnt das Kind unter Einbeziehung der in Erinnerung behaltenen Einzelmerkmale, nicht sichtbare Teile eines Raumes in seiner Vorstellung zu ergänzen und gelangt so zu einer figuralen Ordnung. Ab diesem Entwicklungsstand darf im strengen Sinne von einem „Ortsbewusstsein" gesprochen werden (Stückrath 1955, S. 47).

Die Entwicklung des Handlungsraumes ist auf der ersten Stufe geprägt durch die die „Dingstruktur des Objekts" (Stückrath 1955), auf der sich das Kind zwischen dem sechsten und siebten Lebensjahr befindet. Dem Kind genügt in dieser Phase ein flächiges, bildhaftes Ganzes, das einen charakteristischen Umriss an sich hat und an dem die vertrauten und bedeutungsvollen dinghaften Teile in einer bekannten Ordnung hervortreten (Stückrath 1955, S. 51). Wie auch in der ersten Phase des Laufraumes konzentriert sich das Kind hier auf subjektive Eindrücke, die auch die Rangordnung der hergestellten Gegenstände bestimmen. Ab dem achten Lebensjahr erreicht das Kind die zweite Stufe des Handlungsraumes, die „Formstruktur des Objekts". Der entscheidende Schritt in der Entwicklung der Raumauffassung wird dabei in dem Übergang von der Orientierung an der Dingstruktur zur Orientierung an der Formstruktur vollzogen (Stückrath 1955, S. 54). Das Kind orientiert sich bei der Gliederung eines Gegenstandes nun an seiner Form und verknüpft einzelne Formteile zu einem vollständigen Gebilde, so wie das Kind in der zweiten Phase des Laufraumes sich durch Verknüpfung einzelner eingeprägter Orte, im Gesamtraum orientieren kann.

Die dritte Entwicklungsstufe innerhalb des Handlungsraumes, die sich mit der „geometrischen Struktur des Objekts" beschäftigt, erreicht das Kind zwischen dem elften und 14. Lebensjahr. In dieser Phase gelingt es dem Kind erstmals Figuren, Strecken und Punkte abgelöst vom Material zu denken und zu behandeln (Stückrath 1955, S. 69). Längen und Zahlen gehen nun in das Bewusstsein des Kindes über und erleichtern ihm somit die Konstruktion der Raumgebilde. Daran zeigt sich die fundamentale Rolle, die die Geometrie in der Raumerfassung spielt, da „Geometrie zur geistigen Herrschaft über den Raum fähig und sicher macht" (Stückrath 1955, S. 64).

3.3 Neuere Forschungsansätze und Zusammenschau

Nach Piaget & Inhelder (1948) stellt die Entwicklung des räumlichen Vorstellungsvermögens einen Reifeprozess dar, der entsprechend der geistigen Entwicklung des

Kindes drei Entwicklungsstufen durchläuft. Stückrath (1955) setzt zwar ebenfalls auf die reifungsabhängige Stufentheorie, jedoch teilt er die Entwicklung nur in zwei große Stufen ein (vgl. auch Stückrath 1958). Sowohl Piaget & Inhelder als auch Stückrath sind der Ansicht, dass das Kind erst im Alter von zwölf Jahren zu einer ausgewogenen Raumvorstellung fähig ist – der Zeitraum der Grundschule wäre damit praktisch gänzlich ausgeschlossen. Apfelstedt (1960) schließt sich auf der Grundlage seiner Untersuchungen über die außerschulisch erworbenen „erdkundlichen" Kenntnisse von Viert- und Fünftklässlern ebenfalls der Forderung an, den Erdkundeunterricht aufgrund mangelndem räumlichen Vorstellungsvermögen aus der Primarstufe auszuklammern, beziehungsweise sich mit der Beschäftigung mit dem Nahraum zu begnügen. Von ihm geht daher der die Geographiedidaktik lange prägende Grundsatz „vom Nahen zum Fernen" (Apfelstedt 1960, S. 131) aus.

Engelhardt & Glöckel (1977) hingegen fordern durchaus, die Arbeit mit kartographischen Medien bereits in der Grundschule einzuführen. Die Untersuchungen von Downs & Stea (1982) deuten ebenfalls bereits im Vorschulalter auf vorhandene Anlagen zur Interpretation von Karten und räumlichen Strukturen bei Kindern hin. Auch Engelhardt (1977) unterstützt die Kartenarbeit in der Grundschule und begründet dies durch seine Untersuchung, die zeigt, dass Kinder bereits über höhere Orientierungsstufen verfügen, die sie jedoch ohne Bedarf nicht nutzen. Engelhardt zeigt dadurch, dass sich die einzelnen Entwicklungsstufen des räumlichen Vorstellungsvermögens nicht ablösen, sondern durchaus auch überlagern, zusammenspielen und abwechseln können. Demzufolge distanzieren sich Engelhardt & Glöckel (1977) von Piaget & Inhelder (1948) und Stückrath (1955), da sie die Entwicklung des räumlichen Vorstellungsvermögens nicht als Reifeprozess sehen, der festen Alters- und Entwicklungsstufen folgt, sondern als Lernprozess, der durch äußere Faktoren beeinflusst und beschleunigt werden kann.

Auf diesen Einfluss weist auch Wagner (1979) hin und schließt sich der Auffassung an, geographische Inhalte unter Einbeziehung kartographischer Medien bereits in der Grundschule zu behandeln. Kosmella (1979) distanziert sich ebenfalls von der Stufentheorie des Reifungsprozesses und schließt sich der Theorie des Lernprozesses an, der nicht unerheblich durch außerschulische Faktoren beeinflusst wird. Auch Schäfer (1984) ist durch ihre Untersuchung der Ansicht, dass Kinder im Grundschulalter bereits zu einer räumlichen Vorstellung in der Lage und zu einer objektiven Sichtweise fähig sind. Schniotalle (2003) bestätigt durch ihre Untersuchung ebenfalls die These, dass bereits Grundschulkinder eine Vorstellung von der Welt haben. Sie belegt durch ihre Studien außerdem den starken Einfluss außerschulischer Faktoren und kritisiert das Prinzip von Apfelstedt (1960), im Unterricht vom Nah- zum Fernraum übergehen zu müssen. Vielmehr stellt sie die These auf, dass in der kindlichen Vorstellungswelt Nah- und Fernraum eng miteinander verflochten und deshalb nicht zu trennen sind. Aufgrund ihrer Untersuchungsergebnisse schließt sich Schniotalle (1960) ebenfalls der Theorie an, nach der die Entwicklung des räumlichen Vorstellungsvermögens als beeinflussbarer Lernprozess stattfindet.

Insgesamt zeigt sich damit in der Forschungsgeschichte über die Entwicklung des räumlichen Vorstellungsvermögens von Kindern ein Übergang von der Annahme eines eng mit der geistigen Entwicklung verbundenen stufenförmigen Reifungsprozesses hin zu einem Lernprozess, der durch äußere Faktoren beeinflussbar ist und sich nicht grundsätzlich an bestimmten Alters- und Entwicklungsstufen orientiert.

4 Methodik der Untersuchung

Im Rahmen der Studie wird die Raumvorstellungen von Schülern und Schülerinnen der vierten Klasse empirisch untersucht. Dabei geht es um die Vorstellungen, die die Kinder von dem geographischen Raum „Welt" haben. Die Welt teilt sich für das Kind dabei auf in einen Erfahrungsraum, in dem es lebt und in einen angrenzenden Fernraum, den es nur durch Reisen, Medien oder sonstige Quellen erfahren kann. Zu allem was außerhalb des eigenen Erfahrungsraumes liegt, muss sich das Kind in seiner Vorstellung eine Mental Map erstellen. Diese innere Vorstellung hat meist wenig mit dem realen geographischen Raum zu tun, vielmehr handelt es sich dabei um subjektive, individuell wahrgenommene An- und Einsichten.

In einer ungelenkten Zeichenphase soll daher neben den durch einen Fragebogen erfassten Kenntnisse und Fähigkeiten zum Karten- und Raumverständnis der Kinder untersucht werden, welches individuelle Bild die Schülerinnen und Schüler innerlich von der Welt(karte) entwickelt haben. Diese Mental Maps sollen Aufschluss darüber geben, inwiefern subjektive Empfindungen und Erfahrungen auf die räumliche Wahrnehmung Einfluss nehmen. Dabei steht die Analyse der Darstellungsweise der von den Kindern gezeichneten verschiedenen Teile der Welt im Mittelpunkt. Die zu Papier gebrachten Mental Maps spiegeln die innere Vorstellung des Kindes von der Welt wider und präsentieren damit dessen Entwicklungsgrad bezüglich der geographischen Raumvorstellung. Die Untersuchung dokumentiert dadurch den jeweiligen punktuellen Entwicklungsstand der Kinder zum Zeitpunkt der Befragung und soll Aufschluss darüber geben, inwiefern Schülerinnen und Schüler der vierten Klasse bereits in der Lage sind, sich in ihrer Vorstellung räumlich zu orientieren und sich ein inneres Bild von der Welt zu machen.

Die Erhebungsinstrumente setzen sich zusammen aus standardisierten Schüler-, Lehrer- und Elternfragebogen sowie einer ungelenkten Zeichenphase der Kinder. Der Schülerfragebogen besteht dabei aus zwanzig Aufgaben, die sich aus Fragen zur Person, zu den Erfahrungen in Bezug auf Fernräume, zum Unterricht, zu kartographischen Medien, zu Vorkenntnissen in Bezug auf Fernräume und zum Interesse gegenüber dem Lernfeld „Welt" zusammen setzen. Der Elternfragebogen umfasst neben personalen Angaben zehn Fragen, die sich mit den elterlichen Erfahrungen in Bezug auf Fernräume, der familiäre Vorbereitung von Urlaubsreisen, kartographischen Medien sowie dem Interesse und der Bewertung des Lernfelds „Welt" für sie selbst und ihre Kinder befassen. Der Fragebogen für die Lehrer setzt sich vor allem aus Fragen zum individuellen Leistungsniveau der einzelnen Schülerinnen und Schüler ihrer Klasse, der allgemeinen Schul- und Klassensituation sowie dem Umfang der der behandelten geographischen Aspekte im Unterricht zusammen.

5 Untersuchungsergebnisse

Die hier vorgestellten Voruntersuchungen wurden 2004 in vier vierten Klassen in Baden-Württemberg mit insgesamt 94 Schülern und Schülerinnen im Alter von neun bis zwölf Jahren durchgeführt. Die befragten Klassen setzen sich aus 37 Jungen und 57 Mädchen zusammen. An dieser Stelle kann nur auf einige Ergebnisse dieser Studie eingegangen werden, die nach Abschluss der Pretests inzwischen wesentlich umfangreicher durchgeführt und auf eine internationale Ebene ausgedehnt wurde.

Vergleicht man zunächst das Interesse von Kindern und ihren Eltern an fremden Ländern, so zeigt sich, dass beides stark miteinander korreliert – bei rund 70% der Kinder, die ein großes oder sehr großes Interesse an fremden Ländern bekunden, ist dies auch bei ihren Eltern der Fall. Nur bei wenigen der Befragten trifft ein großes Interesse der Eltern an fremden Ländern auf ein geringes bei den Kindern. Damit wird die große Bedeutung des familiären Umfelds für das Interesse der Kinder an fremden Ländern deutlich, das lernpsychologisch eine wichtige Voraussetzung für eine aktive und nachhaltige Auseinandersetzung mit raumrelevanten Fragen darstellt.

So beschäftigen sich 65% der Kinder, die ein sehr großes Interesse an fremden Ländern angeben zu Hause häufig mit Landkarten. Dies spiegelt sich auch in ihrem Kartenverständnis positiv wider (vgl. auch Sandrock & Dahm 1973). Hierzu mussten die Schülerinnen und Schüler verschiedene Fragen zu einer kartographischen Zeichnung (vgl. Abb. 3) beantworten, auf der symbolisch eine Insel mit sechs „Ländern" eingezeichnet war. Jeweils rund 92% der Kinder können das größte und das kleinste der dargestellten Länder bestimmen. Knapp 80% sind in der Lage, Land Nummer 3 als Binnenland ohne Anbindung zum Meer erkennen, rund 83% können jeweils die Nachbarländer zweier unterschiedlicher Länder richtig benennen. All dies lässt auf grundlegende Fähigkeiten zur Erkennung räumlicher Strukturen schließen, die eine wesentliche Grundlage für das Kartenverständnis und räumliches Vorstellungsvermögen darstellen.

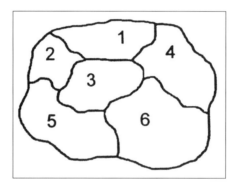

Abb. 3: Symbolische Inseldarstellung mit sechs verschiedenen Ländern zur Erfassung des Kartenverständnisses bei Kindern.

Inwieweit spiegelt sich das weit verbreitete Interesse der Schülerinnen und Schüler an fremden Ländern und die häufige Beschäftigung mit Karten aber in deren unmittelbaren, konkreten Kartenverständnis und Raumvorstellung wider? Um dieser Frage nachzugehen, sollten die Kinder Deutschland auf einer politischen Weltkarte erkennen und farbig markieren. Nur 36% der befragten Viertklässler sind in der Lage, ihr Heimatland auf der Weltkarte richtig zu verorten, die anderen 64% zeichnen dessen Lage falsch (36%) oder gar nicht (28%) ein. Ein wesentlich höherer Prozentsatz erkennt jedoch im Gegensatz dazu die Lage von Italien – wohl eine Folge der markanten „Stiefelform", die für die Kinder durch ihren bildhaften Charakter anschaulicher und damit besser reproduzierbar ist als etwa die Umrisse von Deutschland. Obwohl rund 65% der befragten Schülerinnen und Schüler der vierten Klasse bereits mindestens vier Mal Urlaub im Ausland gemacht haben und weitere 22% zwei bis drei Mal, scheint dies keinen allzu großen positiven Effekt auf die aktiven Raumvorstellungen der Kinder zu haben. Immerhin kann die Mehrzahl der Kinder jedoch ihre bisherigen Urlaubsländer nennen. Ähnliche Ergebnisse über den geringen Zusammenhang zwischen Reiseerfahrungen und landeskundlichem Verständnis von Kindern ergaben auch Studien von Achilles (1979), Kosmelle (1979) und Kullen (1984).

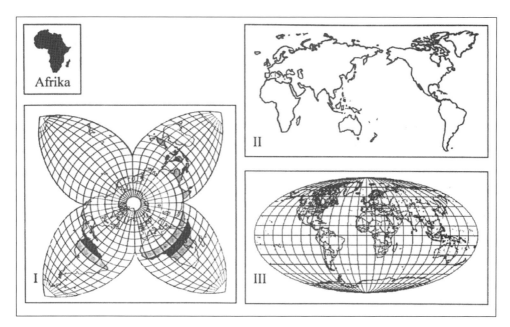

Abb. 4: Verschiedene Kartenentwürfe zur Identifikation von Afrika durch die befragten Kinder der vierten Klasse.

Die Fähigkeit der Kinder, Afrika als Ausdruck für ihr Kartenverständnis auf verschiedenen Kartendarstellungen (vgl. Abb. 4) wieder zu erkennen, ist sehr stark abhängig vom Projektionsentwurf. So können 72% der Kinder Afrika, dessen Umriss zur besseren Orientierung im Fragebogen zusätzlich gesondert dargestellt ist, auf dem Kartenentwurf II richtig identifizieren, der die Umrisse der neuen und alten Welt „vertauscht" darstellt. Auf den Kartenentwürfen I und III gelingt dies nur jeweils 59% der Kinder – wohl eine mögliche Folge des „ungewöhnlichen" Projektionsentwurfs (Entwurf I) bzw. der Informationsfülle in Form von Ländergrenzen und Gradnetz (Entwurf I und III), die Schülerinnen und Schüler in diesem Alter noch nicht verarbeiten können. Eine weitere Aufgabe zum Kartenverständnis, bei der die Kinder auf der Grundlage einer politischen Karte eine Reiseroute mit dem Auto planen sollten (Nennung der Länder, durch die man reist) und bei der man auf direktem Weg (Luftlinie) ein Meer durchqueren müsste, können über 77% der Kinder richtig lösen (Umfahrung des Meeres).

Im Rahmen einer freien Zeichenphase hatten die Schülerinnen und Schüler die Aufgabe, eine Landkarte von der Welt zu malen und darin alles hinein zu schreiben, was ihnen zur Welt(karte) einfällt. Die von den Kindern auf DIN A4-Papier gezeichneten Mental Maps (vgl. Abb. 5) wurden nach standardisierten Kriterien klassifiziert und bewertet. Zu den Einteilungsparametern zählen:

- Anzahl beschrifteter Länder und Kontinente
- Anzahl lagerichtig gezeichneter Länder und Kontinente
- Unterscheidung zwischen Ländern und Kontinenten
- Erkennbarkeit der Länder- und Kontinentform
- Art/Qualität der graphischen Darstellung
- Art der Kartendarstellung (Kugel- oder Kartendarstellung)

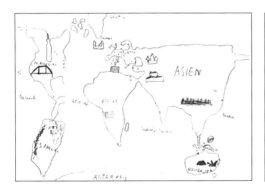

Abb. 5: Vergleich unterschiedlicher Mental Maps von Kindern der vierten Klasse zur Weltkarte (links: weitgehend lage- und formgetreue Weltkarte, rechts: nicht lage- und formgetreue Darstellung).

Mit 54% kann die Mehrzahl der Kinder mindestens sieben Länder und Kontinente richtig beschriften, 2% gelingt dies sogar bei mehr als 19 Beschriftungen. Die meisten Schülerinnen und Schüler erzielen vier bis zwölf richtige Länder-/Kontinentbezeichnungen. Allerdings sind auch auf 16% der Zeichnungen keinerlei Länder- oder Kontinentnamen eingetragen. Die Auswahl der benannten Länder scheint dabei neben den nachbarschaftlichen Beziehungen zu Deutschland, von Urlaubsreisen der Kinder sowie der zum Zeitpunkt der Befragung aktuellen politischen (z.B. Irak, Afghanistan) und sportlichen Ereignisse (z.B. Olympiade in Athen) bzw. der medialen Berichterstattung darüber beeinflusst zu sein. Auf 68% der Zeichnungen sind die beschrifteten Länder und Kontinente nicht lagerichtig gelegen, während 22% zumindest ein bis drei lagerichtig beschriftete Angaben enthalten. Nur in wenigen Fällen ist die Zahl höher. Über 94% der Kinder sind offensichtlich nicht in der Lage zwischen Ländern und Kontinenten zu unterscheiden und tragen diese „gleichberechtigt" in ihre Karten ein. In knapp 66% der Kinderzeichnungen sind keine Länder- und Kontinentformen erkennbar, die zumindest annäherungsweise den realen Gegebenheiten entsprechen. Bei den erkennbaren Formen der restlichen 28% der Mental Maps handelte es sich in den meisten Fällen um die einprägsame „Stiefel"-Form Italiens.
Bei 62% der Weltkarten stellte sich der überwiegende Teil der Zeichnungen als eine zusammenhängende, beliebige Anordnung von Kontinenten und Ländern dar. Bei weiteren 23% der Mental Maps handelte es sich um eine unzusammenhängende Verortung „verinselter" Länder und Kontinente. Dabei zeichnet ein Großteil der Kinder Deutschland in die Mitte der Karte und überproportional groß. Auch die Größe anderer Räume hängt in den Zeichnungen oft weniger von den tatsächlichen Größenverhältnissen ab, als von deren persönlichen „emotionalen Nähe" für die Schülerinnen und Schüler. Studien von Kullen (1986) und Hüttermann & Schade (1998) kommen zu ähnlichen Ergebnissen, die mit dem Erlebnis- und Erfahrungshorizont der Kinder zusammen hängen. Nur insgesamt 13% der Zeichnungen können auf der Grundlage der Verteilung von Ländern und Kontinenten als lagegerechte Darstellung der Welt oder zumindest einiger räumlicher Teilbereiche gewertet werden. Die Darstellungsart der Mental Maps der Kinder teilte sich dabei nahezu zur Hälfte in eine Darstellung als Kugel bzw. als Karte.
Bei den meisten Bewertungskriterien (Beschriftung der Länder/Kontinente, Lage- und Formkonformität der Länder-/Kontinentumrisse etc.) schlossen die Jungen besser ab als die Mädchen, wobei die Unterschiede in der Regel jedoch nicht sehr signifikant sind. Die Karten der Jungen sind dabei oft detaillierter und differenzierter als die

der Mädchen, deren Mental Maps mitunter reich „beschmückten" Phantasiebildern gleichen. Ähnliche genderspezifische Unterschiede im räumlichen Vorstellungsvermögen und bei topographischen Kenntnissen haben bereits Wagner (1974), Kosmella (1979) und Brucker (1980) beobachtet. Auch die allgemeinen kognitiven Fähigkeiten der Kinder, die sich u.a. aus der individuellen Einschätzung der Schülerinnen und Schüler durch den Lehrer sowie deren Noten in den Fächern Mathematik, Deutsch sowie Heimat- und Sachunterricht ableiten lassen, korrelieren positiv mit deren Karten- und Raumverständnis. Auf das Interesse an fremden Ländern haben die kognitiven Fähigkeiten jedoch keinen signifikanten Einfluss – ein möglicher Ansatzpunkt, der die Förderung des Karten- und Raumverständnisses bei Schülern und Schülerinnen erleichtern könnte.

Fasst man die Auswertung der einzelnen Kriterien der freien Kartenzeichnungen zusammen, so wird deutlich, dass nur sehr wenige Kinder in der Lage sind, die Welt oder zumindest räumliche Teilausschnitte davon kartographisch angemessen darzustellen. Die von den Kindern gezeichneten Länder und Kontinente sind in Form und Lage zueinander meist völlig beliebig dargestellt. Die Länderform Deutschlands wird nur in zwei Fällen annähernd getroffen, während die Form von Italien am häufigsten zu erkennen ist. Die Kinder unterscheiden dabei auch nur selten zwischen Kontinent und Ländern. Insgesamt sind fast alle untersuchten Kinder damit überfordert, eine Karte von der Welt zu zeichnen. Nur die Wenigsten sind fähig, alle Kontinente zu benennen und richtig anzuordnen. Weder innerhalb von Europa noch in anderen Erdteilen sind die Schülerinnen und Schüler in der Lage, die Länder ihren richtigen Nachbarn zuzuordnen. Zumeist findet nicht einmal eine Zuordnung der Länder zu den einzelnen Kontinenten statt. So werden etwa Länder, die auf der realen Karte durch Meere getrennt sind, zu Nachbarländern gemacht.

6 Schlussfolgerungen

Die Untersuchungen zum räumlichen Vorstellungsvermögen bei Kindern zeigen, dass diese in erster Linie durch außerschulische Faktoren beeinflusst werden. Dies bestätigt die Ergebnisse von Kosmella (1979) und Schniotalle (2003). Zu den Einfluss nehmenden Faktoren zählen weniger regelmäßige Urlaubsreisen, als vielmehr das Vorhandensein und der Umgang mit geographischen Medien wie Atlas oder Karte im häuslichen Umfeld. Die Auseinandersetzung mit solchen Medien ist wiederum stark abhängig vom Interesse der Kinder an fremden Ländern. Ein solches Interesse, das weitgehend unabhängig von dem vom Lehrer eingeschätzten kognitiven Leistungsvermögen der jeweiligen Schülerinnen und Schüler ist, lässt sich bei einem Großteil der Kinder beobachten. Besonders deutlich wird dabei der Zusammenhang wischen dem elterlichen und kindlichen Interesse an fremden Ländern. Dies verdeutlicht den nachhaltigen Einfluss, den Eltern als weiteren außerschulischen Faktor auch auf die Entwicklung des räumlichen Vorstellungsvermögens ihrer Kinder haben. Trotz des positiven Einflusses außerschulischer Faktoren und dem Interesse von Kindern an fremden Ländern auf das räumliche Vorstellungsvermögen, macht die Untersuchung deutlich, dass die räumliche Orientierung im Hinblick auf die Weltkarte bei Viertklässlern noch nicht sehr ausgeprägt zu sein scheint. Der überwiegende Teil der Kinder kann zwar den Kontinent nennen, auf dem sie leben, sind aber zum größten Teil nicht in der Lage, Deutschland auf einer Weltkarte ausfindig zu machen. Nur zwei der acht von den Schülern und Schülerinnen meistgenannten fremden Länder liegen außerhalb von Europa. Dies deutet auf einen noch sehr eingeschränkten räumlichen Erfassungshorizont der Kinder hin, der außerhalb Europas sehr schnell an seine Grenzen stößt.

Auch beim Kartenverständnis werden noch erhebliche Schwierigkeiten deutlich. Während die meisten Kinder zwar bei einer sehr vereinfachten Darstellung von Ländern in der Lage sind, deren Größe und Lage zu bestimmen, gelingt es nur sehr wenigen diese Fähigkeit auch an einer real existierenden Weltkarte zu zeigen. Dem überwiegenden Teil der Kinder ist es nur bei einer sehr einfachen Kartendarstellung möglich, die Form eines Kontinents wieder zu erkennen – sobald die Darstellung komplexer wird, scheitern sie zumeist.

Die Ergebnisse der Befragung entsprechen damit im Wesentlichen der Auswertung der von den Kindern gezeichneten Mental Maps der Weltkarte. Nur sehr wenige Kinder sind in der Lage, Länder lagerichtig darzustellen und zu beschriften. Eine Unterscheidung zwischen Ländern und Kontinenten kommt in den Zeichnungen nur selten und nur teilweise zum Ausdruck. Zwar tauchten in mehreren Zeichnungen erkennbare Länder- und Kontinentformen auf, jedoch beschränkte sich dies hauptsächlich auf die Darstellung des italienischen „Stiefels". Der größte Teil der Zeichnungen besteht aus einer beliebigen Anordnung von Ländern und Kontinenten.

Die Studie zeigt, dass das räumliche Vorstellungsvermögen bei Schülern und Schülerinnen der vierten Klasse insbesondere auf globaler Ebene noch sehr rudimentär ausgeprägt ist. Die Ergebnisse überraschen umso mehr, da der Bildungsplan für die Grundschulen in Baden-Württemberg von der ersten Klasse an Arbeitsbereiche beinhaltet, die auf eine Schulung des räumlichen Vorstellungsvermögens und der räumlichen Orientierung der Kinder abzielen und sich ab der dritten Klasse auch auf fremde Länder und auf die Arbeit mit Karten konzentrieren. Daher stellt sich die Frage, wo die Gründe für die mangelnden Kenntnisse der Kinder liegen – ein Großteil der Grundschulkinder scheint durch das auf der Grundlage des Bildungsplans erwarteten räumlichen Vorstellungsvermögens jedenfalls überfordert zu sein. Dabei scheinen die Voraussetzungen zur Förderung des Kartenverständnisses und des räumlichen Vorstellungsvermögens der Kinder durch ihr gezeigtes Interesse an fremden Ländern und Kontinenten gegeben zu sein.

Literatur

Achilles, F. (1979): Das Europabild unserer Schüler – topographisches Wissen heute und Methoden der Vermittlung. In: Geogr. im Unterr., 4. Jg., Köln, S. 289-306.

Achilles, F. (1983): Zeichnen und Zeichnungen im Geographie-Unterricht, Köln.

Apfelstedt, H. (1960): Erdkundliche Vorkenntnisse zehn- und elfjähriger Volksschüler. In: Pädagogische Welt. H. 1, S. 123-132.

Atteslander, P. (1995): Methoden der empirischen Sozialforschung, Berlin.

Bollnow, O. F. (1963): Mensch und Raum, Stuttgart.

Brockhaus (2001): Die Enzyklopädie, Bd. 18, Leipzig.

Brockhaus (1992): Die Enzyklopädie, Bd. 18, Mannheim.

Brucker, A. (1980): Topographiekenntnisse früher und heute. In: Praxis Geographie, H. 8, S. 329-332.

Engelhardt, W. (1977): Mental Maps – eine neue Perspektive. In: Engelhardt, W., Glöckel, H. (Hrsg.): Wege zur Karte, Bad Heilbrunn, S. 118-128.

Engelhardt, W., Glöckel, H. (1977): Einführung. In: Engelhardt, W., Glöckel, H. (Hrsg.): Wege zur Karte, Bad Heilbrunn, S. 9-21.

Haubrich, H. (1996): Weltbilder und Weltethos. In: Geographie heute, 17. Jg., H. 145, S. 16-17.

Haubrich, H. (1997): Didaktik der Geographie konkret, München.

Hüttermann, A., Schade, U. (1998): Untersuchungen beim Aufbau eines Weltbildes bei Schülern. In: Geographie und Schule, 20. Jg., H. 112, S. 22-33.

Hüttermann, A., Schröder, P., Wilhelmy, H. (2002): Kartographie in Stichworten, 7. Auflage, Stuttgart.

Köck, H. (1979): Die geographische Fragestellung im Zielorientierten Geographieunterricht. In: Geographie im Unterricht, S. 253-268.

Köck, H. (1980): Theorie des zielorientierten Geographieunterrichts, Köln.

Kosmella, C. (1979): Die Entwicklung des „Länderkundlichen Verständnisses", Schriften für die Schulpraxis, Bd. 87, München.

Kullen, S. (1986): Wie stellen sich Kinder Europa vor? Untersuchung kindlicher Europakarten. In: SMP, Nr. 4, S. 131-137.

Lexikon der Geowissenschaften (2001): Bd. 4, Heidelberg u.a.

Lexikon der Kartographie und Geomatik (2002): Bd. 2, Heidelberg u.a.

Miller, P. (1993): Piagets Theorie der kognitiven Stadien. In: Miller, P. (Hrsg.): Theorien der Entwicklungspsychologie, Heidelberg, Berlin.

Ministerium für Kultus und Sport Baden Württemberg (Hrsg.) (1994): Bildungsplan für die Grundschule, Stuttgart.

Oswald, H. (1997): Was heißt qualitativ forschen? In: Friebertshäuser, B., Prengel, A. (Hrsg.): Handbuch Qualitative Forschungsmethoden in der Erziehungswissenschaft, Weinheim u.a.

Piaget, J., Inhelder, B. (1999): Die Entwicklung des räumlichen Denkens beim Kinde, Stuttgart.

Richter, H.-G. (1987): Die Kinderzeichnung, Düsseldorf.

Rost, D. (1977): Raumvorstellung, Psychologie und pädagogische Aspekte, Weinheim, Basel.

Sandrock, A., Dahm, C. (1973): Grundschüler arbeiten mit dem Globus. In: Geographische Rundschau, H. 4, S. 152.

Schade, U., Hüttermann, A. (1999): Empirische Untersuchungen zur Entstehung eines geographischen Weltbildes bei Schülerinnen und Schülern. In: Köck, H. (Hrsg.) Geographiedidaktische Forschungen, Bd. 32, Nürnberg, S. 194-206.

Schäfer, G. (1984): Die Entwicklung des geographischen Raumverständnisses im Grundschulalter, Geographiedidaktische Forschungen, Bd. 9, Berlin.

Schniotalle, M. (2003): Räumliche Schülervorstellungen von Europa, ein Unterrichtsexperiment zur Bedeutung kartographischer Medien für den Aufbau räumlicher Orientierung im Sachunterricht der Grundschule, Berlin.

Schuster, M. (2001): Kinderzeichnungen, München.

Stückrath, F. (1955): Kind und Raum, München.

Stückrath, F. (1958): Das geographische Weltbild des Kindes, Westermanns Pädagogische Beiträge, Braunschweig.

Wagner, E. (1974): Umwelterfahrungen von Grundschülern. In: Beiträge der Geographie zum Sachunterricht in der Primarstufe, H. 1, S. 4-9.

* Die empirischen Untersuchungsergebnisse basieren auf mehreren Wissenschaftlichen Hausarbeiten, die der Autor zu dieser Thematik betreut hat. Der Autor dankt den entsprechenden Studierenden für die Bereitstellung der Datengrundlage.

Karten als „nicht-kontinuierliche Texte"

Armin Hüttermann

„Nicht kontinuierliche Texte"

Der Begriff „nicht-kontinuierlicher Text" stammt aus den PISA-Untersuchungen und wird im Bereich Lesekompetenz verwendet: „Neben fortlaufend geschriebenen Texten, Argumentationen oder Kommentaren, werden dabei auch bildhafte Darstellungen wie Diagramme, Bilder, Karten, Tabellen oder Graphiken einbezogen (nicht-kontinuierliche Texte)" (Baumert 2001, S. 80) Die nicht-kontinuierlichen Texte machen insgesamt 38 % der Aufgaben aus, Karten kommen auf 3 % der Aufgaben (Baumert 2001, S. 81). Hier wird deutlich, dass sich die PISA-Studie nicht besonders mit dieser Art von „Texten" auseinandersetzen konnte.

Die Gleichsetzung von kontinuierlichen Texten mit nicht-kontinuierlichen und weiterhin die fehlende Differenzierung zwischen Tabellen, Diagrammen und Karten erscheinen insofern problematisch, als sie grundlegende Unterschiede verdecken. Die Stärke der PISA-Studie liegt eher in der Definition von Lesekompetenz, also im konstruktivistischen Ansatz der Auswertung der Materialien, weniger in der Analyse und Differenzierung der Materialien selbst.

Die Diskussion um den Charakter von Karten wurde im Zusammenhang informationstheoretischer Untersuchungen des Kommunikationsprozesses mit Karten in den 1970er Jahren (Board 1967, Hake 1970, Ogrissek 1970, Robinson/Petchenik 1976, Petchenik 1977, Ratajski 1978) stärker berücksichtigt als in heutigen Diskussionen, ohne dass damals dabei die Prozesse der Erkenntnisgewinnung in den Hintergrund traten. Auf diese Anregungen soll hier zurück verwiesen werden, um sie anschließend für neuere Erkenntnisse zu nutzen.

Chorographie versus Chronologie

In zahlreichen Untersuchungen zu informationstheoretischen Grundlagen des Kommunikationsprozesses der Kartennutzung wurde zunächst darauf hingewiesen, dass die Informationsmenge von Karten der von Texten überlegen ist. „V.I. Suchov hat ermittelt, dass eine Karte rund zwanzigmal soviel Information bieten kann, wie eine die gleiche Fläche einnehmende Textausführung" (Ogrissek 1970, S. 71) Ogrissek weist gleichzeitig aber darauf hin, dass die unterschiedlichen Fähigkeiten der Informationsnutzer im Kartenlesen nicht außer acht gelassen werden dürfen. Möglich wird diese größere Informationsmenge durch den chorographischen Charakter von Karten.

Aufgrund der Anordnung von räumlichen Informationen in räumlicher Form können Karten als eigenständige Repräsentationsformen angesehen werden (Hüttermann 1998). Hier wird in der Kartographie (und in der Geographie) von chorographischen Eigenschaften (im Gegensatz zu chronologischen bzw. sequenziellen Arrangements wie Texten; vgl. Hüttermann/Schröder 2002) gesprochen. „The meaning of maps is consequential spatial arrangement; it is the fact that objects isolated in real perceptual experience are put into relation with one another on the surface of the map." (Petchenik 1977, S. 121)

"M. v. Ardenne forderte bereits im Jahre 1965 nachdrücklich „die Schaffung eines neuen Typs von Wissensspeichern, bei denen die Informationen mit logischer Verknüpfung" dargestellt sind. Dabei hatte er vor allem die Form übersichtlicher Tabellen im Auge. Die Begründung für diese Forderung ist einleuchtend eindeutig: „Durch solche Speicher mit streng systematischer und geometrischer Ordnung des Lernstoffes wird zugleich das visuelle Erinnerungsvermögen und die Kombinationsgabe des menschlichen Gehirns angesprochen, so dass sehr viel schneller, müheloser und wirksamer als allein beim Studium von Buch- oder Zeitschriftentexten die Informationen im Gedächtnis haften bleiben."" (Ogrissek 1970, S. 70)

Wenn dies bereits für tabellarische Darstellungsformen gelten soll, muss an dieser Stelle noch auf den Unterschied solcher Formen zu kartographischen Repräsentationen hingewiesen werden, die bei PISA ja alle unter „nicht-kontinuierliche Texte" fallen. Ogrissek weist an einem Beispiel diese Unterschiede auf:

Kalisalze	Karnallit	Sylvinit	Kieserit	Leuzit
Lagerstätten	Staßfurt	Südharz, Neumexiko	Provinz Hannover; usw.	Italien

Tabelle 1: Wo befinden sich Lagerstätten der verschiedenen Kalisalze?

„Gerade an diesem Beispiel lässt sich die durch den Einsatz des Wissensspeichers thematische Karte leicht erzielbare Informationsverdichtung und die dadurch bewirkte merkliche Erhöhung des Gebrauchtwertes im Sinne einer Präzisierung der Aussage, hier durch exakte Lokalisierung, überzeugend demonstrieren. Denn im vorgenannten Beispiel erscheinen als Lageangaben Siedlung, Landschaft, Verwaltungseinheit (die zudem seit 1946 gar nicht mehr existiert) und Staat in buntem Wechsel. …

Außerdem wird an dem Beispiel … auch deutlich, dass die für einen graphischen Wissensspeicher in tabellarischer Form offenbar ausreichenden Angaben kartographischen Anforderungen nicht genügen, da sie für eine Lokalisierung in der Karte nicht ausreichen, selbst unter der Annahme sehr kleiner Maßstäbe" (Ogrissek 1970, S. 71)

Karten kommen hier schon eher Bildern gleich. „Der Vorteil der bildmäßigen Darstellung gegenüber anderen Kommunikationsformen … liegt in der relativ leichten und schnellen Aufnahme der Bildinformationen. Da der menschliche Intellekt eine viel größere Anzahl von optischen Zeichen speichert als die verschiedenen Buchstaben, gehen Erkennungsvorgänge auch bei komplizierten Strukturen oft sehr schnell vor sich" (Röhlers, zitiert bei Ogrissek 1970, S. 71) Gegenüber Bildern haben Karten den weiteren Vorteil, dass sie von Kartographen gestaltet werden, die den Faktor Redundanz gezielt einsetzen, also dort, wo er den Kommunikationsprozess fördert (und nicht willkürlich wie in Bildern, bei denen Redundanz ohne Zielsetzung enthalten ist).

Es geht also in der Karte um Zeichen und deren Anordnung im Rahmen einer Abbildfunktion, in der die Anordnung aus der Realität abgeleitet ist. So wurde schon früh der Modellcharakter von Karten betont (Board 1967), „in relation to the present reality the map is a space-resembling model" (Ratajski 1978, S. 23).

Aus diesem Grund kann eine Definition von Karteninterpretation auch lauten: *Unter Karteninterpretation wird die Interpretation von Inhaltselementen der Karte und ihrer Beziehungen untereinander, darüber hinaus vor allem ihr Zusammenwirken in räumlichen Einheiten (Formengesellschaften, Landschaften, Regionen etc.) verstanden* (vgl. Hüttermann 1975, 2001)[1]. Karten erlauben nicht nur die Orientierung (Lagebestimmung verschiedener Objekte), sondern auch die Zusammenschau von natur- und sozialräumlichen Struktur- und Prozessmustern eines Ausschnittes der Erdoberfläche (vgl. Dürr 1973). „Die Interpretation wird mit Hilfe von formalen Kennwerten wie Deckungsgrad, Frequenz, Flächengrößenordnungen der Raumeinheit durchgeführt, zum anderen erlauben Flächengröße, Flächenform und die Lage der Einheiten zueinander die Aussagen bestimmter Gesetzmäßigkeiten." (Werner 1973, S. 93). Dieses Beispiel zeigt exemplarisch die vielfältigen Möglichkeiten, die Karten erlauben, und die an anderen „Texten" bei vergleichbarem Aufwand nicht möglich sind.

Allerdings muss in diese Zusammenhang auch darauf verwiesen werden, dass die kartographische Darstellung ihre Grenzen hat, wenn es um die Darstellung ursächlicher Zusammenhänge geht (Bogomolov 1955, S. 59). Das Koinzidenzprinzip, das bei der Kartenanalyse angewandt wird, hat seine Grenzen, hier eignen sich Texte besser.

Neben dem chorographischen Arrangement der Zeichen weist Petchenik auf einen weiteren Unterschied hin: „Yet there is an interesting and important contrast with texts with maps. While sounds and images of normal language are of no consequence in themselves and do not usually affect the meaning, this is not the case with mapping. The marks that make up the map have character and implicit meaning of their own." (Petchenik 1977, S. 120)

Der Informationswert von chorographischen Karten ist daher anders einzuschätzen als der von sequenziellen, chorologischen Arrangements wie Texten, und auch gegenüber anderen nicht-kontinuierlichen Texten wie Diagrammen oder Bildern bestehen erhebliche Unterschiede. Sowohl die Zeichen als auch ihre Auswahl und Anordnung sind Informations-bedeutsam.

Direkte und indirekte, primäre und sekundäre Informationen

In der Analyse des Kommunikationsprozesses mit Karten wurde schon früh darauf hingewiesen, dass nicht nur der chorographische Charakter von Karten zu beachten ist. Töpfer wies in seinem Artikel „Zur Bedeutung der Karte als Informationsspeicher" (1970) darauf hin, dass zwischen direkten und indirekten Informationen zu unterscheiden ist.

---

[1] Dahinter steht ein Raumverständnis, wie es Helmuth Köck jüngst formulierte: „Nur der Raum als System von Lagebeziehungen materieller Objekte der Erdoberfläche bzw. Geosphäre, mithin nur der chorologische Raum kann die epistemologische Mitte der Geographie sein". (Köck 2006, S. 53)

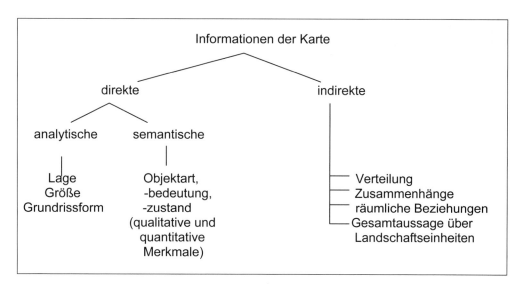

Abb.1: *Informationen der Karte, nach Töpfer 1970, S. 157*

„Die Karte liefert ein visuelles Bild des Gebietes und der Form, Größe und gegenseitigen Lage der dargestellten Objekte. Koordinaten, Längen, Höhen, Flächen, allgemeine Ausmaße usw. sind direkt entnehmbar, d.h. messbar. Für diesen Bedeu-
tungsaspekt sind … die analytischen Informationen maßgebend. Sie machen die
Karte zum unentbehrlichen Arbeitsmittel bei der Orientierung und bei Studien des
Gebietes, bei der Planung, Projektierung und allen anderen Aufgaben mit territoria-
lem Bezug. … Die semantischen Informationen der Karte ergeben sich aus der Bedeutung und Definition der Kartenzeichen. Zu ihrer Erfassung müssen die Signatu-
ren, Symbole und Charakteristiken interpretiert werden, was durch Vergleich mit der
Legende oder anderen Zeichenmustern erfolgt. … Die semantischen Informationen
können jedoch durchaus auch in Tabellen oder anderen Formen sinnvoll gespeichert
werden. Die semantischen Informationen können daher nicht für den Wert der Karte
als Informationsspeicher ausschlaggebend sein. Erst die Gesamtheit der analytischen, semantischen und indirekten Informationen macht die Karte zu einem eigenständigen Informationsspeicher.
Der Informationsspeicher Karte erhält besondere Bedeutung durch die indirekten
Informationen und die damit gegebenen Möglichkeiten der Gewinnung neuer Erkenntnisse bzw. Informationen. … Die Karte lässt die Grenzen der Verteilung, örtliche
und regionale Besonderheiten, die Struktur und damit die Gesetzmäßigkeiten der
Verteilung erkennen. Sie zeigt die Zusammensetzung der Landschaftselemente. …
Die indirekten Informationen resultieren aus der Eigenschaft der Karte, eine räumliche Übersicht zu geben. Sie ermöglicht dem Menschen das Erkennen der Wechselbeziehungen."
Diesen Gedanken verfolgte Hake weiter, als er zwischen primären und sekundären
Informationen unterschied (Hake 1970). Primäre Informationen sind demnach die
Angaben der inneren Objektmerkmale durch quantitative und qualitative Daten sowie die Angaben der äußeren räumlichen Bezogenheit zu anderen Objekten durch
geometrische Merkmale (sie entsprechen damit den direkten und zum Teil den indirekten Informationen nach Töpfer). Neue Informationen entstehen erst durch die
Auswertung dieser Daten. „Dazu gehört z.B. das Erkennen und Deuten von Siedlungsstrukturen ebenso wie das Auszählen von Objekten und das Ermitteln von Ent-

fernungen, Höhen, Flächen, Profilen usw." (Hake 1970, S. 121) Dabei kommt es auf den Kartennutzer und seine Vorkenntnisse an: „the reader must reconstruct these relations in his mind for he map to have meaning." (Petchenik 1977, S. 121) Im Rahmen solcher informationstheoretischer Ansätze mussten somit Kartenhersteller und Kartennutzer neben der Karte als wichtige Faktoren auftauchen, die ihre jeweils eigenen „mental maps" mitbrachten und in diesen Kommunikationsprozess einbrachten.

Neuere Ansätze

Unter neueren Forschungsperspektiven, die an solche Gedanken anknüpfen, wird weniger der Karte als Informationsträger selbst Aufmerksamkeit gegeben, sondern mehr dem Prozess der Erkenntnisgewinnung aus Karten. Doch auch hier wird auf grundsätzliche Unterschiede zwischen „kontinuierlichen" und „nicht-kontinuierlichen" Texten hingewiesen.

Textliche Darstellungen von Sachverhalten können danach (mit Schnotz 2001) als deskriptionale symbolische Repräsentationen verstanden werden, bei denen bestimmte Komponenten des Sachverhalts durch explizite Zeichen für Relationen (z.B. Adjektive, Verben, Präpositionen) explizit eingebaute Strukturinformationen enthalten (z.B. „A liegt nordöstlich von B"). Demgegenüber enthalten depiktionale ikonische Repräsentationen wie realistische Bilder, Diagramme und vor allem eben auch Karten keine solchen expliziten Relationszeichen, sondern besitzen inhärente Struktureigenschaften, die mit bestimmten Struktureigenschaften des darzustellenden Sachverhalts übereinstimmen. Diese inhärenten Struktureigenschaften entsprechen den indirekten oder besser noch den sekundären Informationen nach Töpfer bzw. Hake. Chorographische depiktionale Repräsentationsformen haben auch nach den Vorstellungen dieser Ansätze den Vorteil,

- dass bestimmte Informationen an der Repräsentation direkt abgelesen werden können (Lagebeziehungen),
- dass sie vollständig sind (sie bilden ganze Raumeinheiten ab)
- und dass sie als Repräsentationsformen robuster sind als deskriptionale Formen wie Texte (meist reichen auch Teile von Karten aus, was bei Texten zu Informationsverlusten führt; nach Schnotz 2001).

In Bezug auf die mentale Informationsspeicherung ergeben sich ebenfalls Unterschiede zwischen Texten und Karten. Im Gegensatz zum Verstehen von Texten, wo jeweils erst eine Umkodierung von einer deskriptionalen in eine depiktionale mentale Repräsentation erforderlich ist, können Karten direkt als mentales Modell gespeichert werden. Es ist davon auszugehen, dass Karten andere mentale Speicherprozesse auslösen als Texte (nach Schnotz 2001 mentale Modelle versus propositionale Repräsentationen). Die kognitive Verarbeitung einer Karte basiert auf Prozessen analoger Strukturabbildung, während die kognitive Verarbeitung eines geschriebenen Textes auf der Analyse von Symbolstrukturen basiert. Beide Formen der konzeptuellen mentalen Organisation ergänzen sich und stehen in ständiger Interaktion. Als Besonderheit der depiktionalen Repräsentation wird angesehen, dass im Übergang vom Wahrnehmen zum Verstehen eine konzeptgeleitete Analyse stattfindet. Dadurch werden Karten um so besser verstanden, je besser der Lernende in der Lage ist, die Analogie zwischen Sachverhalten und Repräsentationen durch Aktivierung geeigneter kognitiver Schemata zu erkennen. Downs und Stea hatten bereits 1982 auf die Bedeutung der mental maps, der „Karten in den Köpfen", hingewiesen.

Literatur

Baumert, J. u. a. (Hrsg. 2001): PISA 200. Basiskompetenzen von Schülerinnen und Schülern im internationalen Vergleich. Opladen

Board, C (1967): Maps as Models. In: Chorley and Haggett P. (eds.): Models in Geography. London: Methuen, S. 671-725

Bogomolov, L. A. (1955): Das Verhältnis von Karte und Text in der geographischen Charakteristik eines Gebietes. In: Probleme der Kartographie, Aufsätze aus der sowjetischen Literatur. Gotha, S. 57-72

Boardmann, D. (1983): Graphicacy and Geography Teaching. London

Downs, R. M. / Stea, D. (1982): Die Welt in unseren Köpfen. New York

Dürr, H. (1973): Die kartographische Synopsis als Instrument der natur- und sozialgeographischen Theoriebildung. In: Erdkunde 27, S. 81-92

Hake. G. (1970): Der Informationsgehalt der Karte. Merkmale und Maße. In: Grundsatzfragen der Kartographie. Wien, S. 119-131 (Wiederabdruck in Hüttermann, A (Hrsg.): Probleme der geographischen Kartenauswertung. Darmstadt 1980, S. 39-57)

Hüttermann, A. (1981): Einleitung. In: A. Hüttermann (Hrsg.): Probleme der geographischen Kartenauswertung. Wege der Forschung, Band CDIV. Darmstadt, S. 1 – 19

Hüttermann, A. (1998): Kartenlesen – (k)eine Kunst. Einführung in die Didaktik der Schulkartographie. München

Hüttermann, A. (2001): Karteninterpretation in Stichworten. 4. Auflage. Berlin, Stuttgart

Hüttermann, A. (2004): Kartographische Kompetenzen im Geographieunterricht allgemein bildender Schulen. Vortrag vor dem Kartographentag Stuttgart, 15.10.2004 (als pdf unter: www.intergeo2004.de/rubrik/download/Huettermann

Hüttermann, A. (2005): Kartenkompetenz: Was sollen Schüler können? In: Praxis Geographie 35. Heft 11, S. 4-8

Hüttermann, A. / Schröder, P. (2002): Kartographie in Stichworten. 7. Auflage. Berlin, Stuttgart

Köck, H. (2006): Der chorologische Raum – Die Mitte der Geographie. In: Horst, U. / Kanwischer, D. / Stratenwerth, D. (Hrsg.): Die Kunst sich einzumischen. Vom vielfältigen und kreativen Wirken des Geographen Tilman Rhode-Jüchtern. Berlin, S. 45-56

Ogrissek, R. (1970): Kartengestaltung, Wissensspeicherung und Redundanz. Untersuchungen über aktuelle Probleme im Konvergenzbereich von Kartenwissenschaft und Informatik. In: Petermanns Geographische Mitteilungen 114, S. 70-74

Palmer, S.E. (1978): Fundamental aspects of cognitive representation. In: E. Rosch & B.B. Lloyd: Cognition and categorisation. Hillsdale, S. 259-303

Petchenik, B. B. (1977): Cognition in cartography. In: Guelke, L. (Hrsg.): The nature of cartographic communication. Toronto, S. 117-128

Ratajski, L. (1978): The main characteristics of cartographic communication as a part of theoretical cartography. In: Internationales Jahrbuch für Kartographie 18, S. 21-32

Robinson, A. H. / Petechenik, B. B. (1976): The nature of maps. Essays toward understanding maps and mapping. Chicago, London

Schnotz, W. (2001): Wissenserwerb mit Multimedia. In: Unterrichtswissenschaft 29, S. 292-318

Töpfer, F. (1970): Zur Bedeutung der Karte als Informationsspeicher. In: Wiisenschaftliche Zeitschrift der Technischen Universität Dresden, 19, S. 157-159

Werner, D. J. (1973): Interpretation von ökologischen Karten am Beispiel des Ätna. In: Erdkunde 27, S. 93-105

Geographische Sichtweisen bei der Interpretation von Bildern

Michael Geiger

„Die Anschauung ist das absolute Fundament aller Erkenntnis; jede Erkenntnis muss von der Anschauung ausgehen und auf sie zurückgeführt werden können" Pestalozzi (1781).

Diesem Grundsatz zufolge ist das Bild für den geographischen Erkenntnisprozess d a s Anschauungsmedium schlechthin. In der schulischen und in der universitären Lehre hat es, da originale Begegnung dort schon aus organisatorischen Gründen meisteins nicht möglich ist, von allen Medien die höchste Bedeutung. Bilder repräsentieren Räume zwar nur ersatzweise, machen diese aber der Anschauung zugänglich. Sie versetzen den Betrachter in verschiedenste und beliebig ferne Räume. Von Bildern leitet man induktiv sowohl Grundbegriffe der Allgemeinen Geographie ab wie sie auch Ansichten der Regionalen Geographie vermitteln. Bilder prägen sich in das Gedächtnis ein. So erzeugt der geographisch Denkende zu verbalen Begriffen, wie zum Beispiel ‚Tropischer Regenwald', auch eine bildliche Assoziation.

Wegen ihrer größeren Anschaulichkeit und Konkretheit werden die ikonischen Medien (Bilder, Filme) für die Gewinnung und Bewahrung von Erkenntnissen vor den symbolischen Medien (Texte, Karte, Diagramme, u.ä.) eingestuft (vgl. z.B. Rinschede, 2003, S.288f und Stonjek, in Köck / Stonjek, 2005 S.83f). Innerhalb der Gruppe der ikonischen Medien kommt dem ‚Stehbild' (Dia, Folie, Foto, Buchbild, Wandbild), dann eine höhere Bedeutung gegenüber dem ‚Laufbild' (Film, Video) zu, wenn für seine Interpretation ausreichend Zeit gegeben wird, damit der Bildbeobachter bei der schrittweisen Erarbeitung des Bildinhaltes auch selbsttätig wird. In diesem Fall ist dem Stehbild sogar ein höherer Wert für die Erkenntnisgewinnung zuzuerkennen als den Medien der direkten Erfahrung (Objekte, konkrete Modelle, Medien mit spielerischen oder demonstrierenden Aktivitäten).

Die Methodik der geographischen Bildinterpretation - bisher

Der hohen Bedeutung bei der Gewinnung geographischer Erkenntnisse wegen, findet das Bild in allen fachdidaktischen Handbüchern eine gebührende Darstellung. Reflektiert werden dort (z.B. bei Rinschede, 2003 S. 304-313 oder Brucker, 2006, S.176f):
-   Arten und Darbietungsformen von Bildern
-   Ziele und Funktionen von Bildern
-   Kriterien der Bildauswahl
-   Arbeitsschritte der Bildinterpretation
-   Einsatzort von Bildern im Unterricht
-   Medienträger von Bildern
-

In diesem Zusammenhang interessieren vor allem die Aussagen zur Bildinterpretation. „Zuerst spricht das Bild, dann der Schüler, zuletzt der Lehrer" – dieser Grundsatz von Adelmann (1962, S.108) gibt schon die wesentlichen Arbeitschritte der Interpretation von Bildern vor. Haubrich (1995, S. 50/51) untergliedert weiterhin und zählt zehn *Operationen der Bildinterpretation* auf:

1. Beobachten – 2. Benennen – 3. Aufzählen – 4. Beschreiben – 5. Vergleichen – 6. Verorten – 7. Erklären – 8. Ergänzen – 9. Bewerten – 10. Prüfen.
Diese Operationen sieht er „für die Bildinterpretation konstitutiv, ihre Abfolge aber sollte um der Kreativität willen variabel bleiben". Die zitierten Grundsätze spiegeln den Stand der fachdidaktischen Lehre wieder. Sie sind in reduzierter Form auch Stand der Vermittlung von Methodenkompetenz im Schulbuch. So zum Beispiel in Bezug zur Interpretation von Luftbildern (Geiger, 2004, S.50 / 51):
1. Schritt: Bild verorten
2. Schritt: Bild beschreiben
3. Schritt: Strukturskizze erstellen
4. Schritt: Bildinhalt deuten
5. Schritt: Ergebnisse darstellen

Die geographiedidaktische Literatur begnügt sich bisher auf die Darstellung der *Abfolge* von Arbeitschritten bei der Bildinterpretation. Damit ist das *'tuende Wie'* des Interpretierens ausreichend geklärt. Soll man sich aber mit dieser organisatorischen Betrachtung des Interpretierens bereits zufrieden geben? Ist die Frage nach dem *Inhalt* des Interpretierens, die Frage des Ziels, also die Frage nach dem *'zu erkennenden Was'* der Interpretation nicht auch zu stellen? Ist dies nicht sogar die wesentlichere Frage der Bildinterpretation?
Wie einleitend betont, stellt das Bild als Präsentation des Raumes zwar nicht die einzige Informationsquelle dar, ist aber doch d i e Anschauungsbasis für geographische Erkenntnisprozesse. Die Frage einer inhaltlichen Bildanalyse muss sich an den Ergebnissen der Erkenntnistheorie orientieren. Dabei kann man sich an den 'erkenntnisleitenden Ansätzen' von Köck (2004) und von den 'räumlichen Grundkategorien beschreibender Geographie' von Dürr (2002) leiten lassen. Und genau dies ist das Ziel dieses Beitrages, deren *theoretische Überlegungen* auf die *praktische Anwendung* einer inhaltlichen Bildinterpretation anzuwenden.

Die Methodik der Bildinterpretation – erkenntnistheoretisch neu durchdacht

Sich auf Vollmer (1998), Röd (1989), Lenk (2001), Roth (2003) und Popper (1949, 1973) berufend, führt Köck aus (Köck, 1983, Köck / Rempfler, 2004, Köck, 2004):
Im Unterschied zum *Kennen* bzw. zur *Kenntnis*, die beide lediglich zweistellige Relationen bilden (Subjekt S kennt Objekt O), stellt das *Erkennen* bzw. die *Erkenntnis* eine dreistellige Beziehung dar: Zu Subjekt und Objekt tritt als drittes Glied der Inhalt der Erkenntnis, das Etwas E, als welches das Subjekt das Objekt erkennt. Erkenntnis hat demnach die Form 'S erkennt O *als* E'. Das Objekt 'Oberrheinisches Tiefland' erkennt das Subjekt *als* Etwas wie zum Beispiel 'Grabenbruch', oder 'klimatisches Gunstgebiet'.
Das E wird beim Erkennen durch konstruktive bzw. schematisierend-interpretatorische Aktivitäten des Gehirns gewonnen. Erkenntnisse sind demnach Ergebnisse von Prozessen, sind 'Konstrukte', sind selektiv wahrgenommene Repräsentationen der Welt im Gehirn. Weil beim Erkennen die Wahrnehmung, Beobachtung und Kognition selektiv verlaufen, sind die Erkenntnisprozesse gerichtet, erwartungsgeleitet und – im Sinne von Poppers 'Scheinwerfertheorie' – theorie- und hypothesengeleitet.
Für geographische Erkenntnisprozesse leitet Köck insgesamt 12 'erkenntnisleitende Ansätze' ab (Köck, 2004, S.61). Von diesen eignet sich für die direkte Bildbeobachtung vor allem die erste Gruppe der erkenntnisleitenden Ansätze, des Erkennens von

- Lagemerkmalen und Lagebeziehungen (chorischer Ansatz)
- räumlicher Verteilung, Muster oder Strukturen (chorologischer Ansatz)
- räumlich-zeitlich aufeinanderfolgender Ereignisse (Prozessansatz)
- Wirkungsbeziehungen (Systemansatz)

Die weiteren erkenntnisleitenden Ansätze höherer Ordnung sind weniger offenkundig an konkreten erdräumlichen Sachverhalten anzuwenden (Köck / Rempfler, 2004 S. 48ff).

Folgt man weiterhin der Darstellung der ‚räumlichen Grundkategorien beschreiben-der Geographie' von Dürr (2002, S. 116f), dann können diese Ansätze ergänzt und variiert werden.

Geographische Sichtweisen der Bildinterpretation - Überblick

So wird hier vorgeschlagen, die inhaltliche Bildinterpretation nach folgenden *geographischen Sichtweisen* durchzuführen. Dabei geht es um das Erkennen von:
1. Lagemerkmalen (positionelle Sichtweise)
2. räumlicher Verbreitungsmuster (strukturelle Sichtweise)
3. raumwirksamer Kräfte (dynamische Sichtweise)
4. raum-zeitlicher Ereignisse (prozessuale Sichtweise)
5. einfacher räumlicher Wirkungsbeziehungen (funktionale Sichtweise)
6. komplexer räumlicher Wirkungsgefüge (systemische Sichtweise).

Diese verschiedenen Sichtweisen hat der Geograph bereits so verinnerlicht, dass er schon beim Fotografieren seine Kamera – sozusagen seinen ‚Popper'schen Schein-werfer' – auf bestimmte Motive richtet.

Geographische Sichtweisen in Interpretationsbeispielen

Die Interpretation eines Bildes erfogt, abhängig vom jeweiligen Erkenntnisziel, unter einer Sichtweise oder unter mehreren Sichtweisen. Dabei kommt die oben genannte Schrittfolge der Bildinterpretation zur Anwendung. Der von Schritt zu Schritt zuneh-mende Deutungs- und Erklärungsbedarf des Bildes machen es erforderlich, bei der Bildinterpretation weitere Informationsquellen und Medien zu nutzen. Dieses Vorge-hen soll nun in den folgenden sechs Beispielen aufgezeigt werden.

Bei dieser Sichtweise kommt es darauf an, Lagemerkmale und Lagebeziehungen zu erkennen. Bezüglich der ‚Lage' ist einerseits zu unterscheiden zwischen der geogra-phischen und der topographischen Lage und andererseits zwischen der absoluten und der relativen Lage. Die Beschreibung der Lagebeziehungen erfolgt in horizonta-ler und in vertikaler Ausdehnung. Für die Perspektive des Erkennens all dieser La-geeigenschaften wird hier die Bezeichnung *‚positionelle Sichtweise'* verwendet. Die Bezeichnung ‚positionell' hierfür leitet sich von der seit dem 16.Jh. in der Alltagspra-che üblich gewordenen Bezeichnung ‚Position' (aus lateinisch; positio' = Stellung, Lage) ab. In diesem Zusammenhang verwendet Köck (2004 S.61) für diesen er-kenntnisleitenden Ansatz die Bezeichnung:‚chorisch'. Aber weder die allgemeine Verständlichkeit noch die fachlich eindeutige Verwendung sprechen dafür, diese Be-zeichnung beizubehalten.

Beispiel 1: die positionelle Sichtweise: Ausblick auf die Dolomiten

Bild 1: Dolomitenblick vom Sella-Joch auf die Marmolada (Foto: Michael Geiger, 2004)

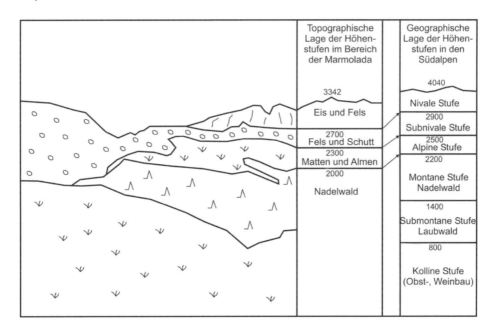

Abb.1: Skizze der Höhenstufen und Vergleich von topographischer zu geographischer Lage

Beschreibung des Bildes:
Das Foto zeigt den Ausblick vom Sella-Joch (2187 m) oberhalb von Wolkenstein mit Blickrichtung nach Osten auf den höchsten Dolomitengipfel, die Marmolada (3342 m), links ragt die Sella-Gruppe (3152 m) ins Bild. Das Foto kann in mehrfacher Hinsicht betrachtet und beschrieben werden: z.B. landschaftsästhetisch, geologisch, morphologisch u.a. In diesem Kontext wird es aber lediglich unter der positionellen Sichtweise erläutert. So dient es also dem Ziel, die Abfolge von Höhenstufen im Hochgebirge zu erkennen. Den Blick lenkt man deshalb auf die rechte Bildseite vom bewaldeten Taleinschnitt des Torrente Avisio hinauf zur vergletscherten Marmolada. Die Höhenstufen des Nadelwaldes, der Almen und Matten, der Fels- und Eisregion, sowie die Waldgrenze, Baumgrenze, Schneegrenze lassen sich beobachten.

Weitere Arbeitschritte der Interpretation:
Die Abbildung 1 stellt die relative Lage dieser Bildelemente dar und wurde direkt vom Foto abgeleitet. Zur Feststellung der absoluten Lage nutzt man ergänzend die topographische Karte. Aus dieser lassen sich die Höhengrenzen ableiten. Die Existenz und die Ausprägung von Höhenstufen erklärt man klimatisch. Zum allgemeinen Modell der Höhenstufen in den Alpen gelangt man durch Ergänzung der unteren Höhenstufen, der Laubwald- und Talstufe. Nun kann man der Frage nachgehen, ob die aus dem Bild abgeleitete topographische Lage der Höhengrenzen mit der allgemeinen geographischen Lage von Höhengrenzen in den Alpen übereinstimmt. Das räumlich konkrete Erscheinungsbild wird mit dem allgemeingültigen Phänomen der Höhenstufen verglichen. Das Abweichen von Höhenangaben ist dann zu erklären.

Beispiel 2: die strukturelle Sichtweise: Altdorf in der Pfälzischen Rheinebene

Struktur meint den inneren Aufbau, die Anordnung, das Gefüge von Teilen eines Ganzen. Das Ziel der *strukturellen Sichtweise* ist es dann, „das räumliche Zueinander der Elemente geosphärischer Ganzheiten sowie das jenem innewohnende räumliche Ordnungsprinzip aufzudecken, zu erklären und ggf. einer Bewertung sowie evtl. auf Verbesserung abzielenden Beeinflussung zu unterziehen" (Köck in: Köck / Rempfler, 2004, S. 19).

Beschreibung des Bildes:
Das Foto zeigt das Dorf Altdorf in der Pfälzischen Rheinebene im Abschnitt zwischen Neustadt / Weinstraße und Landau. Altdorf hat eine klar gegliederte Siedlungsstruktur: auf der linken Seite das traditionelle Straßendorf und rechts anschließend das Neubaugebiet aus der zweiten Hälfte des 20.Jahrhunderts. Das Straßendorf zeigt sich an der Aneinanderreihung von Häusern, deren Giebel zur Straße stehen und die durch Tormauern alle miteinander verbunden sind. Als typisches Element des Straßendorfes erkennt man als weitere Siedlungsstruktur das ‚Fränkische Gehöft'. In der Regel ist dieses als L-förmiger Hakenhof ausgebildet, bei dem Wohnhaus und Stallgebäude längs und die Scheune quer um den Hof gruppiert sind. Hinter der Scheune erstreckt sich als schmale Parzelle der Bauerngarten zur offenen Gewannflur hin. Die Hauptstraße teilt den langgestreckten, dicht bebauten Ort schluchtartig. Im Gegensatz dazu steht das Neubaugebiet, dessen Gestaltung der Idee der ‚Gartenstadt' folgt. An mehreren Parallelstraßen reihen sich als Siedlungselement die Gartenwohnhäuser auf.

Weitere Arbeitschritte der Interpretation:
Durch Anfertigen einer Skizze lassen sich die Siedlungsstrukturen und die Grundbegriffe

Bild 2: Altdorf in der Pfälzischen Rheinebene (Foto: Michael Geiger, 1989)

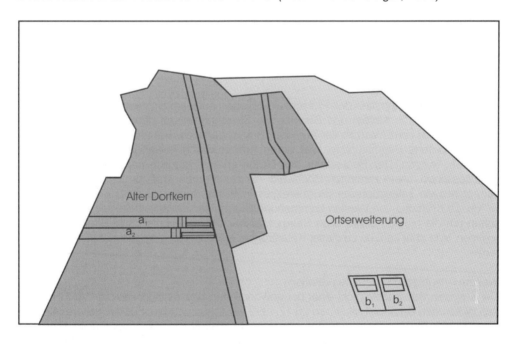

Abb.2: Strukturskizze von Altdorf: Der traditionelle Dorfkern ist ein Straßendorf mit fränkischen Gehöften (a$_1$, a$_2$). Die Ortserweiterung nach 1950 folgt der Gartenstadt-Idee und umfasst Gartenwohnhäuser (b$_1$, b$_2$)

ableiten: einerseits ‚Straßendorf‘ und als aufbauendes Element dazu ‚Fränkisches Gehöft‘ und andererseits ‚Gartenstadtsiedlung‘ und als aufbauendes Element dazu ‚Gartenwohn-haus‘. Weiterhin lässt sich die Siedlungsentwicklung beobachten. Altdorf entstand im Zuge der fränkischen Landnahme und erweiterte sich im Laufe der Jahrhunderte entlang seiner Hauptstraße. Bis in die Mitte des 20.Jahrhunderts blieb diese traditionelle Siedlungsstruktur im Wesentlichen erhalten. Beim Vergleich der topographischen Karten (Blatt 6715 Zeiskam, Ausgabe 1953 und Ausgabe 2000) ergibt sich durch das Planimetrieren des Ortsgrundris-ses von Altdorf, dass sich die bebaute Siedlungsfläche in den letzten 50 Jahren verdoppelt hat. Nun vergleicht man diese Ausweitung der Siedlungsfläche mit der Bevölkerungsent-wicklung in Altdorf: 1815: 599 Ew. – 1871: 585 Ew. – 1950: 576 Ew. – 2005: 759 Ew. Während die Bevölkerung in den letzten Jahrzehnten nur um rund 30% zunahm, hat sich die Siedlungsfläche um rund 100 % erweitert. Für die Dörfer der Pfälzischen Rheinebene ist das Beispiel von Altdorf typisch (Geiger, 1989/1990). Die Siedlungserweiterung des Ortes durch die Neubautätigkeit erklärt sich auf Grund des sozioökonomischen Wandels, dem seit dem ‚Wirtschaftswunder‘ wachsenden Wohlstand und den damit gestiegenen höheren Raumansprüchen der Bevölkerung.

Beispiel 3: die dynamische Sichtweise: Windbruchschäden im Pfälzerwald

Die *dynamische Sichtweise* richtet den Blick auf die den Natur- wie Kulturraum bildenden oder gestaltenden Kräfte. Diese können vehement und plötzlich auftreten oder wenig auffäl-lig und stetig wirken. Sie sind in allen Dimensionen zu beobachten: so ist zum Beispiel die Naturkraft Wind sowohl als willkommener Flurwind in lokalem, wie als gefürchteter tropi-scher Wirbelsturm in kontinentalem Maßstab zu beobachten. Viele Kräfte lassen sich ge-setzmäßig berechnen, andere wiederum nur phänomenologisch beschreiben. Der Film ist das ‚klassische‘ Medium zur Darstellung eines dynamischen Geschehens. Aber auch Steh-bilder können zur Veranschaulichung von Kräften beitragen. Besonders geeignet sind dafür Bilder, die die Folgen von Natur-Ereignissen, zum Beispiel von Naturkatastrophen zeigen.

Beschreibung des Bildes:
Auf dem Berghang inmitten des Pfälzerwaldes liegen auf einer Schneise von etwa 150 Me-ter Breite sämtliche Kiefern und Buchen wie Streichhölzer auf dem Boden. Die meisten Bäume wurden samt Wurzelteller aus dem Boden gerissen. Bei anderen Bäumen stehen noch zersplitterte Baumstümpfe, weil deren Kronen durch gewaltige Kräfte vom Stamm abgedreht wurden. Der Beobachter des Bildes erkennt nördlich der Waldbruchschneise geschlossenen, kaum zerstörten Hochwald. Als zerstörende Kraft für dieses Schadensbild kommt nur ein katastrophales Sturmereignis in Frage. Innerhalb einer Geländeschneise wurde die Kraft des von Westen kommenden Sturms so verstärkt, dass sogar Bäume, die schon um die hundert Jahre allen Stürmen bisher trotzen konnten, wie Streichhölzer ab-knickten. Wie aber kam es zu dieser Katastrophe ? Wie ist die wirkende Naturkraft zu erklä-ren?

Weitere Arbeitsschritte der Interpretation:
Die Schäden verursachte nicht einer der gewöhnlichen Stürme, sondern der Wald ist durch das Wüten des Orkans ‚Lothar‘ am 26.12.1999 vernichtet worden. Für die weitere Interpre-tation ist eine Recherche im Internet sehr hilfreich: Wetterkarte und Satellitenbild, Karte der Zugbahn des Orkantiefs, Informationen zu Auswirkungen und angerichtete Schäden sind dort leicht zu finden. In diesem Kontext soll aber nur das dynamische Geschehen gekenn-zeichnet werden (Deutscher Wetterdienst):
Am zweiten Weihnachtsfeiertag 1999 entwickelte sich unter einer sehr starken Frontalzone ein Orkantief südlich von Irland. Dieses verstärkte sich rasch, zog über Nordfrankreich

Bild 3: Windbruch im Pfälzerwald durch Orkan Lothar (Foto: Michael Geiger, 2000)

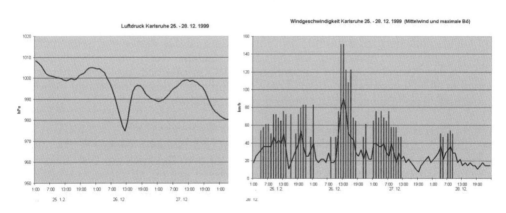

Abb.3 a: Verlauf des Luftdrucks vom 25.12. bis 28.12.1999 an der Station Karlsruhe beim Durchzug des Orkans Lothar

Abb. 3b: Windgeschwindigkeit (10-Minuten-Mittelwinde und maximale Windspitzen über 45 km/h zur vollen Stunde) an der Station Karlsruhe

Quelle 3a +b: Deutscher Wetterdienst, www.dwd.de/de/Fund E/Klima/KLIS/ prod/spezial/ sturm/orkan_lothar.pdf

hinweg und erreichte über Trier kommend den Pfälzerwald. Besonders groß waren die Schäden im Schwarzwald An der Station Karlsruhe kam es innerhalb weniger Stunden zu einem Abfall des Luftdruckes von 30 hPa. Diesem folgte ein noch schnellerer Luftdruckanstieg von 22 hPa (siehe Abb. 3a). So schnelle und starke Luftdruckschwankungen sind über Mitteleuropa davor noch nie beobachtet worden. Diese haben die hohen Windgeschwindigkeiten mit verursacht. An der Station Karlsruhe wurden sowohl die 10-Minuten Mittelwinde als auch die maximalen Windspitzen zu jeder vollen Stunde, wenn sie über 45 km/h übertrafen, registriert (siehe Abb. 3b). Die maximalen Winde traten gegen 13°° mit mittleren Werten von 90 km/h und Spitzenwerten von 151 km/h auf. Der bisherige Rekord vom 24.11.1984 lag bei 115 km/h. Im Bergland waren die Windgeschwindigkeiten noch höher und erreichten auch dort Rekordwerte: auf dem Weinbiet im Pfälzerwald 184 km/h und auf dem Feldberg im Schwarzwald sogar 212 km/h! In der erweiterten 17-gradigen Beaufortskala entsprechen diese Windstärken den höchsten Graden von 16 und 17. Die im Bild zu sehenden Schäden sind also Orkanen zum Opfer gefallen, deren Stärke mit tropischen Hurrikans zu vergleichen ist.

Beispiel 4: die prozessuale Sichtweise: Ausblick auf den Aletsch-Gletscher

Bei der *prozessualen Sichtweise* geht es hauptsächlich darum, eine Serie räumlich-zeitlich aufeinanderfolgender Ereignisse oder Zustände zu erkennen. Als solche sind zum Beispiel Verlagerungs-, Wanderungs- oder Wachstumsprozesse zu sehen.

Beschreibung des Bildes:
Das Foto zeigt den Ausblick vom Bergrücken Hohfluh (2227 m) oberhalb der Riederalp auf den unteren Abschnitt des Aletschgletschers. Im Bildhintergrund sind die Gipfel von Gross Wannenhorn (3905 m) und Fiescher Gabelhorn (3875 m) mit ihren fünf Hängegletschern zu erkennen. Im Vordergrund ist der Wall einer Seitenmoräne mit einzelstehenden Arven und Lärchen auszumachen. Nach links abwärts führen Wege in den Aletschwald. Am Gegenhang ist 150 m oberhalb des Gletschers eine markante Hell-Dunkelgrenze zu erkennen, die durch den unterschiedlichen Verwitterungszustand und Bewuchs des Untergrundes zu erklären ist.

Weitere Arbeitsschritte der Interpretation
Der Ausblick auf den mit 23 km Länge größten und längsten Gletscher der Alpen weckt Fragen nach seiner Entstehung und – unter dem Eindruck der Diskussion um Auswirkungen des Klimawandels – um den Prozess seines Abschmelzens. Der Aletschgletscher nimmt seinen Anfang links außerhalb des Bildes in der Gipfelregion um Aletschhorn (4195 m), Jungfrau (4185 m) und Mönch (4099 m). Aus drei großen Nährgebieten kommende Gletscherarme vereinen sich am Konkordiaplatz zum Großen Aletschgletscher, der dort eine Eismächtigkeit von 900 m hat und sich von dort um 190 m jährlich talab bewegt. Die aus den drei verschiedenen Nährgebieten stammenden Eismassen bleiben auch im unteren Teil des Gletschers durch die beiden Mittelmoränen getrennt. Als dunkle Bänder zeichnen sie elegant den Talverlauf nach. Im Bereich der Gletscherzunge unterhalb des Aletschwaldes beträgt die Mächtigkeit des Gletschers immer noch 100 – 150 m und seine Fließgeschwindigkeit rund 80 m pro Jahr.
In diesem Kontext steht der Schrumpfungsprozess des Gletschers im Mittelpunkt. Zur weiteren Interpretation des Bildes nutzt man die Landeskarte der Schweiz, Blatt 264 Jungfrau, Maßstab 1: 50 000 und das Informationsblatt von Holzhauser (o.J.).

Bild 4: Blick auf den Aletschgletscher (Foto: Michael Geiger, 2004)

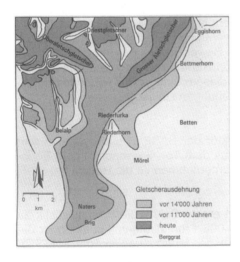

Abb.: 4 a: Ausdehnung und Schrumpfung des Aletschgletschers (Quelle: H. Holzhauser, o.J.)

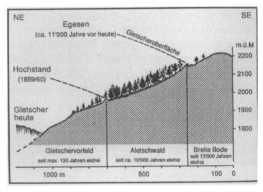

Abb.: 4 b: Absinken der Oberfläche des Aletschgletschers im Bereich der Gletscherzunge (Quelle: H. Holzhauser, o.J.)

Zum Höchststand der letzten Eiszeit reichte der Aletschgletscher in das heutige Rhonetal und vereinigte sich mit dem Rhonegletscher. Am Ende des Spätglazials vor 11 000 Jahren reichte die Gletscherzunge noch bis Brig im Rhonetal. Aus diesem als Egesenstadium bezeichneten Gletscherstand stammt die im Bild erkennbare Seitenmoräne, die etwa 300 m über dem heutigen Gletscher liegt (siehe Abb. 4 a + b). In den folgenden Jahrtausenden kam es immer wieder zum Anwachsen und Schrumpfen des Aletschgletschers. Dies belegen fossile Böden und Funde von 2500 Jahre alten Bäumen, die im Gletschervorfeld gefunden wurden. Der jüngste Abschmelzungsvorgang findet seit 1856 statt. Der damalige Hochstand ist im Bild an der Hell-Dunkel-Grenze am Gegenhang auszumachen. In den letzten 150 Jahren schrumpfte der Gletscher um 150 Höhenmeter. Die Gletscherzunge unterhalb des Aletschwaldes verliert gegenwärtig jährlich 20-30 m an Länge. So stellt sich dem Betrachter die bange Frage nach der weiteren Zukunft des Aletschgletschers und der anderen Gletscher in den Alpen.

Beispiel 5: die funktionale Sichtweise: Schichtwechsel in der BASF Ludwigshafen

In der Geographie hat ‚Funktion' eine doppelte Bedeutung: Als Abhängigkeitsbeziehung gesehen, entspricht der Begriff dem mathematischen Funktionsbegriff und lässt sich in quantitativ messbaren Beziehungsgrößen ausdrücken. Als Aufgabe betrachtet geht es um qualitative Mensch-Raum-Beziehungen, die Partzsch (1964) in Anlehnung an Bobek (1948) als die sieben kategorialen Grunddaseinsfunktionen bezeichnet (zitiert aus Ruppert / Schaffer, 1969, S. 208f). In diesem Sinn hat ‚Funktion' hauptsächlich eine Bedeutung für die Anthropo- oder Kultur- oder Sozialgeographie. Die *funktionale Sichtweise* lässt sich nach Köck als „Ausrichtung des geographischen Denkens, bei der die raumbezogenen Tätigkeiten, Nutzungen und die zwischen diesen jeweils bestehenden Abhängigkeiten, Beziehungen, Verflechtungen im Mittelpunkt stehen" beschreiben. Dabei spielen auch Bewertungen und Beurteilungen wie etwa Eignung, Schädlichkeit oder Effektivität von Raumnutzungen eine bedeutende Rolle (Köck in: Köck / Stonjek, 2005 S.103f). In diesem Sinn ist das folgende Bildbeispiel unter dem Aspekt von Mensch-Raum-Beziehungen zu interpretieren.

Beschreibung des Bildes:
Das Bild stellt eine Alltagsszene vor dem Werktor der BASF in Ludwigshafen dar: Nach Schichtwechsel strömen die Mitarbeiter aus dem Tor. Sie machen dem Beobachter bewusst, welche Bedeutung das Chemieunternehmen für die Region hat.

Weitere Arbeitsschritte der Interpretation:
Um diese Bedeutung zu erfassen, ist in einem ersten Schritt die Werksstatistik zu befragen: „Mit rund 34 150 Mitarbeitern und 5 000 Fremdfirmenmitarbeitern ist die BASF Aktiengesellschaft der größte Arbeitgeber der Metropolregion Rhein-Neckar. Darüber hinaus trägt der Standort direkt oder indirekt zur Sicherung von 71 000 Arbeitsplätzen in Deutschland bei" (siehe: www.standort-ludwigshafen.basf.de). Schon zur Zeit der Gründung der BASF im Jahre 1865 zog sie zahlreiche Menschen aus der Umgebung als Arbeitskräfte an. Diese kamen nur zu einem Teil aus der aufstrebenden jungen Industriestadt, der größere Teil pendelte aus der badisch-pfälzischen Region in die Fabrik. Daran hat sich bis heute nichts geändert. Mit der Bahn oder mit dem PKW pendeln täglich Zehntausende zum Werksstandort am Rhein. Die Karte des Einzugsgebietes stellt die Raumwirksamkeit des Unternehmens in quantitativer

Bild 5: Arbeitspendler beim Schichtwechsel der BASF in Ludwigshafen (Foto: Michael Geiger, 1991)

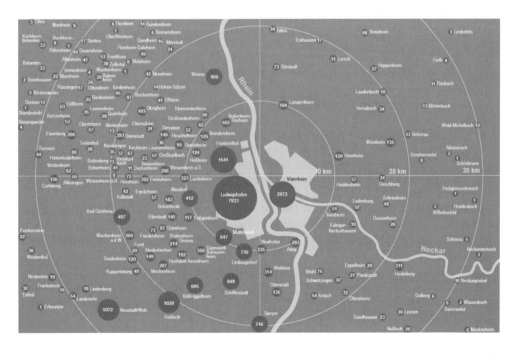

Abb.5: Karte der Wohnorte der BASF-Mitarbeiter (Stand März 2006) (Quelle: BASF AG; Ludwigshafen)

Hinsicht dar. Weitere Auswirkungen auf das Verkehrsnetz und auf die Veränderungen der Siedlungsstrukturen im Umland erkennt man mit Hilfe von Karten in qualitativer Hinsicht. Daraus wird zum Beispiel der hohe Suburbanisierungsgrad, der sich auch in den hohen Bevölkerungszahlen ausdrückt, deutlich: Hassloch (20 700 Ew.), Böhl-Iggelheim (10 700 Ew.), Schifferstadt (19 000 Ew.) und Limburgerhof (10 700 Ew.). Die ehemaligen Straßendörfer, die sich an der Bahnstrecke Kaiserslautern – Neustadt – Ludwigshafen, der 1843 eröffneten ‚Ludwigsbahn', aufreihen, wandelten sich von Bauerndörfern zu Arbeiterwohndörfern. Schifferstadt wurde 1950 sogar zur Stadt erhoben.

Beispiel 6: die systemische Sichtweise: der Rheingrabenrand in der Pfalz

Ein System ist eine modellhafte Darstellung von Zusammenhängen zwischen Elementen eines Ganzen. Grundsätzlich ist zwischen Systemen der natürlichen, der physisch-materiellen Welt und der gesellschaftlichen, sozial-kulturellen Wel zu unterscheiden. In der Landschaftsökologie zum Beispiel ist das Ökosystem die Funktionseinheit aus verschiedenen Faktoren, die miteinander in Wechselbeziehungen stehen und ein Wirkungsgefüge darstellen. Systemdenken erfolgt „auf drei aufeinander aufbauenden Erkenntnisebenen: auf der system*analytischen* Ebene, auf der es um Element-Element-Beziehungen geht; auf der system*theoretischen* Ebene, bei der es um die synthetische Erfassung von Wechselwirkungsgesamtheiten geht; auf der *allgemein*-systemtheoretischen Ebene, auf der es um allgemeine Strukturen und Prozesse unterschiedlichster Systeme geht (Köck, 1985, zitiert in Köck / Stonjek, 2005, S.240). Als Beispiel für diese *systemische Sichtweise* wird in diesem Kontext das natürliche Wechselwirkungssystem am pfälzischen Rheingrabenrand erläutert (siehe Geiger in:Geiger / Hasenfratz, 2002, S.15-17).

Beschreibung des Bildes:
Der im Bild dargestellte Raum wird mit Blick auf die einzelnen Sphären des Naturhaushaltes zunächst direkt beobachtet:
1. Atmosphäre: Über dem Gebirgsrand sind Cumuluswolken zu erkennen, über der Weinstraße besteht auf Grund föhniger Aufhellung eine Wolkenlücke.
2. Morphosphäre: Der Gebirgsrand des Pfälzerwaldes wird hier vom Rothenberg (478 m) gebildet, der sich über das Dorf Eschbach (231 m) an der Weinstraße erhebt. Im Vordergrund bildet das Kaiserbachtal die Erosionsbasis mit Höhen von 190 m nach rechts auf 180 m abfallend.
3. Biosphäre: Das Randgebirge ist bewaldet, in der unteren Stufe dominieren Edelkastanien, in der oberen Nadelbäume (3a). Gehölzstreifen (3c) markieren den Bachlauf. Ansonsten herrschen landwirtschaftliche Kulturen, vor allem der Weinbau vor (3b).

Bild 6: Blick auf den Pfälzischen Rheingrabenrand bei Eschbach (Foto: Michael Geiger, 2002)

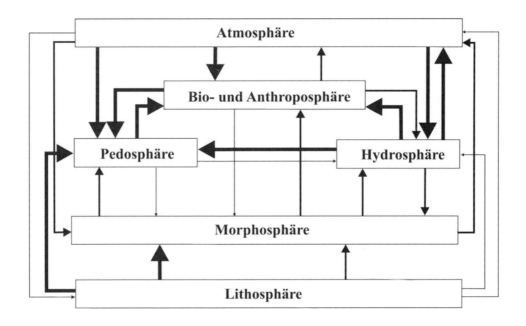

Abb.6: Schema der Vernetzung physiogener Prozesse die zwischen den Sphären des Naturhaushaltes am Rheingrabenrand bestehen. Die Wechselwirkungen sind schematisch in drei Stärkestufen dargestellt. (Quelle: M. Geiger, 2002, S. 15)

Weitere Arbeitsschritte der Interpretation

Um Erkenntnisse über diesen Raum zu diesen drei Sphären zu vertiefen und zu den anderen Sphären zu gewinnen, bedarf es der Auswertung weiterer Informationsquellen. Auf diese Weise wird der Raum indirekt beobachtet. Im Bild sind die hier aufgezählten Beobachtungspunkte markiert:

1. Atmosphäre:
zum Makroklima: Luvklima (1a), Leeklima (1b)
zum Mesoklima: Warme Hangzone (1c), Kaltluftstrom (1d), Kaltluftsee (1e), Wärmeinsel (1f)
zum Mikroklima: Waldklima (1g), Wiesenklima (1h), Agrarklima (1i)
2. Morphosphäre:
zu Vorzeitformen: tertiäre Rumpffläche im Gipfelniveau (2a), pliozänes Pediment am Gebirgsfuß (2b), periglaziale Hangschuttdecke (2c), kaltzeitliche Talterrassen (2d) und Löß (2e)
zu den Jetztzeitformen: denudative Hangabspülung (2f), fluviale Talformung (2g), Felsbildung (2h)
3. Biosphäre:
Sukzessionsfläche (3d), Waldsaumvegetation (3e), Feuchtbiotop (3f), Dorfvegetation (3g)
4. Hydrosphäre:
Oberflächenabfluß Bach (4a), Grundwasser-Vernässung (4b), Gesteinsbleichung durch hydrothermales Kluftwasser (4c)
5. Pedosphäre:
Böden auf Buntsandstein: Braunerde (5a), Ranker (5b)
Böden auf Grabensedimenten und Löß: Kultisol auf Parabraunerde (5c)
Böden auf Auesedimenten: Gleyboden (5d)
6. Lithosphäre:
Grabenbildung: Hebung der Grabenschulter (6a), Senkung der Grabenschollen (6b)
Gesteinsbildung: Grund- und Deckgebirge (6c), Grabensedimente (6d).

Zwischen diesen genannten Phänomenen oder Landschaftselementen bestehen vielfache wechselseitige Beziehungen. In allgemeiner Form werden sie als Beziehungsgeflecht zwischen den Sphären durch die Abbildung 6 veranschaulicht. Da die jeweilige Einwirkung unterschiedlich stark ausgeprägt ist, sind die Beziehungspfeile nach Einschätzung in drei unterschiedlichen Stärken gezeichnet. In dieser Komplexheit lässt sich das System der am Rheingrabenrand wirksamen Geofaktoren schematisch darstellen. Im Einzelnen müssten die gegenseitigen Beeinflussungen im Detail erläutert werden, was hier aus Platzgründen nicht möglich ist.

Vom Bild zum Medienverbund in Schul- und Lehrbüchern

Von der positionellen zur systemischen Sichtweise hin erfolgt die Bildinterpretation in immer anspruchsvollerer Form. Dabei treten zum Bild ergänzende weitere Medien und Informationsquellen, die die Interpretation stützen, weiterführen und vertiefen. So kommt es zu einem Medienverbund in dem das Bild d e n Ausgangspunkt zur Gewinnung geographischer Erkenntnisse darstellt. Die gegenwärtig im Geographie-Unterricht gebräuchlichen Schulbücher belegen durch Anreicherung mit Bildern, welche Bedeutung der Bildinterpretation dort zukommt. Wünschenswert wäre es, wenn auch in den Lehrbüchern für den Hochschulbereich Bilder in größerer Zahl präsent wären. Denn auch dort gilt: „die Anschauung ist das Fundament der Erkenntnis".

Literatur

Adelmann, J. (1962): Methodik des Erdkundeunterrichts. München

Brucker, A. (2006): Bilder. In: Haubrich, H. (Hrsg.): Geographie unterrichten lernen – die neue Didaktik der Geographie konkret. S. 176-177, München, Düsseldorf, Stuttgart

Deutscher Wetterdienst (DWD): Bewertung der Orkanwetterlage am 26.12.1999 aus klimatologischer Sicht. www.dwd.de

Dürr, H. (2002) Raumwissenschaft. In: Brunotte, E. u.a. (Hrsg.): Lexikon der Geographie Bd.3 S.115-119, Heidelberg, Berlin

Geiger, M. (1986): Luftbild und Luftbildfilm. In: Brucker, A. (Hrsg): Medien im Geographieunterricht, S.46 – 61, Düsseldorf

Geiger, M. (1989/90): Die Ausweitung der bebauten Flächen von 1864 bis 1987. In: Alter, W. (Hrsg.): Pfalzatlas. Karte 144 und Textband IV, H.51 S. 1907-1915

Geiger, M. / Hasenfratz, E. (2002): Physiogene Prozesse im Raum. In: Geographie und Schule Jg. 24, H.140, S.12-19, Köln

Geiger, M. (2004): Ein Luftbild auswerten: Landvergabe in den USA. In: Geiger, M / Paul H. (Hrsg.): TERRA EWG 3 Erdkunde Wirtschaftskunde Gemeinschaftskunde, Realschule Baden-Württemberg, Gotha und Stuttgart, S.50-51

Haubrich, H. (1995): Bilder interpretieren. In: geographie heute Jg.16, Heft 127, S. 50-51

Holzhauser, H. (o. J.): Aletsch entdecken – Gletschergeschichte. Herausgeber: Arbeitsgruppe „Kulturama Riederalp" des Vereins 1606 – Alpmuseum Riederalp

Köck, H. (2004): Erkenntnisleitende Ansätze. In: Praxis Geographie Jg. 34, H.7-8, S. 60-62

Köck, H. / Rempfler, A. (2004): Erkenntnisleitende Ansätze – Schlüssel zur Profilierung des Geographieunterrichts. Köln

Köck, H. / Stonjek, D. (2005): ABC Der Geographiedidaktik. Köln 2005

Rinschede, G. (2003): Geographiedidaktik. Paderborn

Ruppert, K. / Schaffer, F. (1969): Zur Konzeption der Sozialgeographie. In: Geographische Rundschau Jg. 21, H.6, S.205 - 214

Medial vermittelter geographischer Raum

Diether Stonjek

Mit Auge und Ohr aber auch mit Nase, Zunge, Händen nehmen wir unsere reale Welt wahr. Sehen, hören, riechen, schmecken, tasten sind die entsprechenden Verben. Wenn diese Welt nicht direkt zugänglich ist, wenn in Deutschland Schüler räumliche Realitäten Chinas kennenlernen sollen, dann ist der Auftritt von Medien gekommen, Medien, welche in immer stärkerem Maße täglich unser Leben beeinflussen: Die Zeitung zum Frühstück, das Werbeplakat auf dem Weg zur Arbeit, die Nachrichten aus dem Radio im Auto, die Fernsehsendung am Abend, das Buch am Wochenende, … Auch aus dem Schulunterricht mit seinen medienintensiven wie medienextensiven Fächern sind Medien nicht mehr wegzudenken. Als eines der medienintensivsten Schulfächer gilt im Allgemeinen das Fach Erdkunde. Brucker (1986, S. 208) begründet dies wie folgt: „Die originale Begegnung mit dem Lerngegenstand ist im Geographieunterricht nur selten möglich. Daher sind die Medien als pädagogische Hilfsmittel notwendig, die als Träger von Informationen zwischen der Wirklichkeit und dem Empfänger vermitteln." Dabei bliebe noch zu diskutieren, was unter „originale Begegnung mit dem Lerngegenstand" zu verstehen ist. Hier und im Folgenden sei als Lerngegenstand im Geographieunterricht der dreidimensionale Erdraum in all seinen Facetten und unter den verschiedensten Betrachtungswinkeln unterlegt.

1. Medial vermittelt, was gesehen werden könnte

Ein erster Ansatz zum Ersatz der originalen Begegnung könnte etwa wie folgt skizziert werden: Wenn im Erdkundeunterricht z.B. China als das alte und neue große Reich der Mitte thematisiert werden soll, bedarf es der Medien als Mittler zwischen der realen Welt in China und dem Nachfrager in Deutschland. Deutsche Schüler haben in der Regel nicht die Möglichkeit, Informationen über räumliche Gegebenheiten Chinas vor Ort zu erlangen. Bilder, Texte, Karten, Diagramme und andere Medien als Träger von Informationen sollen den Zugang zur räumlichen Realität vermitteln.

Beispiel 1: Die chinesische Mauer

Abb. 1: Die chinesische Große Mauer nördlich von Peking (Foto: D. Stonjek, 2001)

Die große chinesische Mauer ist ein Monument, auf das die Chinesen stolz sind und das Tag für Tag ein beliebtes Fotoobjekt für große Scharen von Touristen ist. Ein Bild vermag die originale Begegnung „selbst die Große Mauer vor Ort sehen" ersetzen. Nicht ersetzen kann das Bild, dass bei einer originalen Begegnung die Mauer angefasst, dass sie bestiegen und dass auf ihr eine Strecke gegangen werden könnte. Gleichwohl ermöglicht dieses Bild, *räumliche Distanz* zu überbrücken. Es erlaubt Schülern, sich mit seiner Hilfe eine Vorstellung dieses historischen Bauwerkes zu bilden.

Bilder – aufgenommen vor Tagen, Wochen, Monaten oder gar Jahren - überbrücken auch zeitliche Distanz. Bei dem Bild der chinesischen Mauer, die gestern, heute und morgen gleich aussieht, kommt es nur auf die Überbrückung räumlicher Distanz an.

Beispiel 2: Auf einem Bauernmarkt in China

Abb. 2: Auf einem Bauernmarkt in einem Ort östlich der chinesischen Stadt Zhengzhou in der Großen Ebene: Weintrauben in einer Plastiktüte werden abgewogen. (Foto: D. Stonjek, 2001)

Auch das Bild von dem Bauernmarkt überbrückt *räumliche Distanz*. Allerdings wäre bei einem heutigen Besuch auf diesem Bauernmarkt nicht zwingend die dargestellte Verkäuferin zu entdecken. Und wenn sie doch anwesend wäre, müsste sie nicht die gleiche Kleidung tragen und die gleichen Gesten machen. Vielmehr soll gezeigt werden, in welcher Weise auf diesem Bauernmarkt Ware abgewogen wird. Ein entsprechender Vorgang ist auf jeden Fall hier noch heute zu beobachten – selbst wenn in den letzten Jahren ein schneller Wandel in den Lebensumständen der Chinesen - jedoch vornehmlich in den Städten – stattfindet. Zu erwarten ist allerdings, dass dieses Bild in nicht ferner Zukunft ein historisches Dokument sein wird, um dann vorrangig zeitliche Distanz überbrücken.

Beispiel 3: Alt und Neu in Shanghai

Abb. 3: Altstadthäuser in Shanghai weichen neuen Hochhäusern (Foto: D. Stonjek, 2001)

Ein Bild aus Shanghai schließlich zeigt zwei bis dreigeschossige dunkle Häuser vor hellen, in den Himmel strebenden Hochhäusern, die noch nicht alle fertig gestellt sind. Auch dieses Foto überbrückt räumliche Distanz. Doch wenn Schüler eine Klassenreise nach Shanghai durchführen würden, könnten sie diese Szenerie nicht mehr sehen. Die Bauarbeiten an dem in der Mitte des Bildes deutlich unfertigen Hochhaus sind inzwischen abgeschlossen, die davor stehenden niedrigen Häuser des alten Shanghai sind abgerissen und vermutlich stehen auf ihrem Platz inzwischen neue Hochhäuser. Damit überbrückt diese Aufnahme als historisches Dokument vor allem die *zeitliche Distanz* – auch wenn sie erst vor wenigen Jahren entstanden ist – und gleichzeitig stellt sie einen Beleg für diese zweite Funktion von Medien im Geographieunterricht dar. Ein in jüngster Zeit aufgenommenes Bilddokument wäre hilfreich, um im Vergleich den Wandel des Aufrisses dieser Stadt zu erkennen. Es gilt gleichzeitig festzuhalten, dass genau genommen alle Bilder Sachverhalte vermitteln, die vor mehr oder weniger langer Zeit bei einem Aufenthalt vor Ort gesehen werden konnten. Ausschließlich *räumliche Distanz* überbrücken jedoch heute zum Beispiel Webkameras, die im Internet Bilder von Urlaubsorten zur Verfügung stellen und so zeigen, was gerade in dem jeweiligen Augenblick vor Ort zu sehen ist. Auch bietet das Fernsehen die Möglichkeit ‚live' bei Ereignissen (z.B. einem Vulkanausbruch auf Java) dabei zu sein. Gerade das Fernsehen erzeugt leicht die Vorstellung des unmittelbaren ‚Dabeiseins', selbst wenn live und gespeicherte Aufnahmen miteinander verbunden gezeigt werden (Hickethier 2005).

Alle drei Bild-Beispiele thematisieren als Lerngegenstand sichtbare Erscheinungen im geographischen Raum. Damit wird der geographische Raum über eben solche sichtbaren Erscheinungen definiert. Denn nur diese sind mit dem Medium Bild vermittelbar. So können z.B. Bilder von Shanghai oder Peking oder anderen chinesischen Städten belebte Straßen mit vielen Fußgängern oder/und mit vielen Autos oder/und mit vielen hohen Häusern oder/und mit vielen Geschäften usw. zeigen, Bilder können zeigen, dass ausgedehnte Areale bebaut sind – aber können sie auch das Phänomen der Verstädterung zeigen? Allenfalls provozieren diese Medien über die Darstellung des Sichtbaren hinaus Fragen danach, warum dieses oder jenes dort so und damit anders als in der den Schülern vertrauten Umwelt ist. Informationen dazu müssen andere Medien liefern.

2. Medial vermittelt, was nicht gesehen werden kann

Für den dreidimensionalen Erdraum, der als Lerngegenstand im Geographieunterricht unterlegt ist, wurden Beispiele für sichtbare räumlichen Erscheinungen vorgestellt. Jetzt stellt sich die Frage, welches sind konstitutive Elemente des geographischen Raumes, die in ihrer Gänze nicht direkt sichtbar sind. Das Bild von Beispiel 3 bietet einen Übergang von den Elementen, die gesehen, zu denen, die nicht gesehen werden können. Es zeigt Fußgänger, Fahrradfahrer, einen Motorradfahrer und Autos. Sie alle stehen für das Phänomen Verkehr, den wir zwar sehen und vor Ort ggf. auch hören können, dessen Dimension und zeitliche Schwankungen aber nur Diagramme auf der Grundlage von Zählungen uns zugänglich machen können.

Beispiel 4: Verkehrsaufkommen

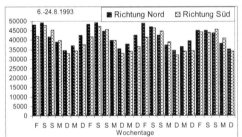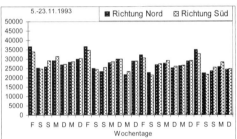

Abb. 4: Verkehrsfluss auf der Autobahn bei Ingolstadt 1993

Die Diagramme zeigen den Verkehrsfluss auf einer Autobahn über einen Zeitraum von jeweils fast drei Wochen im August und im November. Nur umfangreiche Zählungen und die graphische Darstellung ermöglichen die Erfassung dieses räumlichen Phänomens. Somit sind diese Diagramme ein Beispiel dafür, dass Medien nicht nur Distanzen überbrücken können, sondern dass sie auch helfen, räumliche Phänomene zu erfassen. Nur mit Hilfe entsprechender Medien ist es möglich, nicht direkt sichtbare zugängliche räumliche Realität zu erfahren und zu erfassen.

Beispiel 5: Bevölkerungsdichte

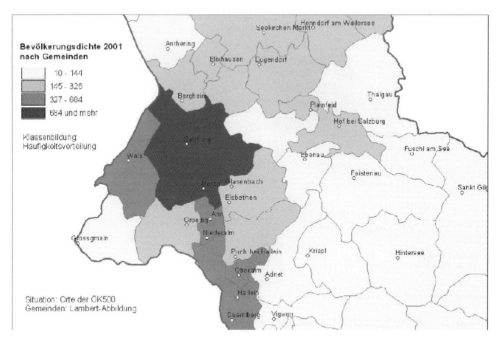

Abb. 5: Bevölkerungsdichte im Salzburger Land 2001 auf der Bezugseinheit von Gemeinden (aus: Kaminger / Wonka, 2004)

Schulatlanten enthalten eine Vielzahl von Karten zur Bevölkerungsdichte. Zwar lässt sich durch reale Anschauung in einem Raum eine gewisse Vorstellung gewinnen, ob es sich um einen dicht bevölkerten oder einen weniger dicht bevölkerten Raum handelt. Genauere Informationen lassen sich nur über Zählungen und deren mediale Aufbereitung vermitteln. Diese mediale Aufbereitung erfolgt in der Regel mit Hilfe von Karten, in denen die Bevölkerungsdichte auf der Basis administrativer Gebietseinheiten ausgewiesen wird. Das Beispiel für das Salzburger Land zeigt eine solche Bevölkerungsdichtekarte, der die Einwohner pro Flächeneinheit pro Gemeinde zu Grunde gelegt ist.

3. Medial vermittelt, was vermittelt werden soll

Die Beispiele der Bevölkerungsdichtekarten leiten zu einem dritten Aspekt der medialen Raumvermittlung über. Während die erste Karte (Abb. 5) in üblicher Weise administrative Einheiten zu Grunde legt, zeigt Abbildung 6, dass die Bevölkerungsdichte auch auf einer anderen Raumgliederung dargestellt werden kann. Die zweite Darstellung (Abb. 6) basiert auf der Grundlage von Planquadraten (mit einer Seitenlänge von 500 m), so dass ein ganz anderes Bild der Bevölkerungsverteilung entsteht. Eine weitere interessante Variation bietet der Tirolatlas, bei der nicht mehr die kommunalen Gebietseinheiten sondern in diesen nur das Dauersiedelland als Flächengrundlage gewählt wurde. Dabei soll an dieser Stelle nicht diskutiert werden,

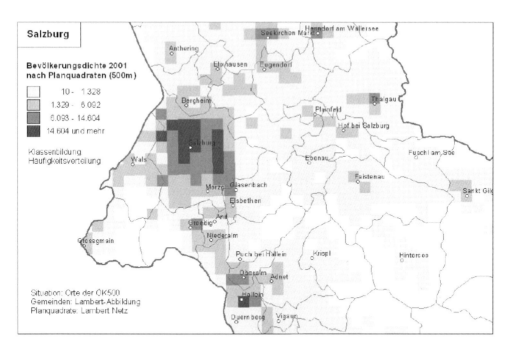

Abb. 6: Bevölkerungsdichte im Salzburger Land 2001 auf der Bezugseinheit von Planquadraten (aus: Kaminger / Wonka, 2004)

welche Bedeutung die jeweils anders gewählten Klassengrenzen haben, noch welche Darstellung sinnvoller ist. Vielmehr sollen diese Beispiele verdeutlichen, dass je nach der gewählten Art der Veranschaulichung (in diesem Fall der Bevölkerungsdichte) ein jeweils anderes Bild eines geographischen Raumes vermittelt wird.

Nach Nuhr (2002, S. 24) produzieren Karten „Orientierungsanleitungen und individuelle Raumbilder". Wie am Salzburg-Beispiel oben gezeigt, bieten sich für Kartenproduzenten selbst bei der Nutzung gleicher Datengrundlagen eine Reihe von „Stellschrauben" (z.B. Art der Raumgliederung, Größe der zugrund gelegten Raumeinheiten, Wahl der Schwellenwerte), um sehr unterschiedliche Raumbilder zu erzeugen.

Das oben vorgestellte „Salzburg"-Beispiel macht deutlich, dass so objektiv erscheinende Karten immer eine subjektiv gefilterte Information vermitteln. Auch mit Fotos, selbst wenn sie originale, unbearbeitete Aufnahmen sind, wird vorrangig nur das vermittelt, was die fotografierende Person als interessant empfand und was dann mit einer entsprechenden Intention ausgewählt und gezeigt wird.

Bei einer medialen Vermittlung geographischer Räume muss klar sein, dass diese kein objektives Bild des geographischen Raumes erzeugen kann. Zu unterscheiden ist nach Nuhr (2002, S. 207) zwischen dem real existierenden Raum, dem abgebildeten Raum und dem angeeigneten, subjektorientierten rationalen Raum. Zur Transformation des real existierenden Raumes in einen abgebildeten Raum bedarf es der Medien, die uns eine nicht direkt zugängliche Realität vermitteln können. In den Blick zu rücken vermögen Medien aber nur einen Ausschnitt dieser Realität. Für die Auswahl des jeweiligen Ausschnitts gibt es keine objektiven Kriterien. Diese Subjektivität gilt in gleicher Weise für alle Medien. Sie ist Wesensbestandteil von Medien. Jedes Medium transportiert die subjektive Realitätswahrnehmung der Person, die dieses Medium gefertigt hat. In einem weiteren Schritt führt die Wahrnehmung des abgebildeten Raumes zu einem angeeigneten Raum. Auch dieser Schritt bedeutet eine subjektive Auswahl, so dass die mediale Vermittlung eines geographischen Raumes einer doppelten Subjektivität unterliegt.

Diesen obigen Ausführungen ist als Lerngegenstand im Geographieunterricht der dreidimensionale Erdraum unterlegt. Für die mediale Vermittlung geographischer Räume bleibt die Frage offen, welches Konzept eines geographischer Raum ggf. vermittelt werden soll. Folgt man Wardenga (2002), so stehen für die Erschließung des Lerngegenstandes vier unterschiedliche Raumkonzepte zur Verfügung. Doch die Entscheidung, ob nun z.B. das Konzept des Containerraums oder das Konzept des Raumes der Raumstrukturforschung vermittelt werden soll, hat Auswirkungen auf die Auswahl dessen, was hinsichtlich des geographischen Raumes in das Blickfeld der Adressaten gerückt werden soll. So führt auch diese Entscheidung zu einer subjektiv bestimmten, ausgewählten Vermittlung eines real existenten geographischen Raumes.

Gleichwohl: Auch wenn die objektive mediale Vermittlung geographischer Räume nicht möglich ist, so gibt es auch nicht die objektive Wahrnehmung eben dieser Räume.

Literatur

Brucker, Ambros (Hg., 1986): Handbuch Medien im Geographie-Unterricht. Düsseldorf

Hickethier, Knut (2005):Nach Einstein. Die Veränderung von Zeit und Raum durch die Medien. Vortrag an der Universität Hamburg. www.sign-lang.uni-hamburg.de/fb07/LitS/Lehrende/Knut_Hickethier_Vortrag.pdf (13. Juli 2006)

Kaminger, Ingrid / Wonka, Erich (2004): Von einer Österreichgliederung nach Gemeinden zu Planquadraten: Statistik Austria erweitert sein regionalstatistisches Angebot, corp.mmp.kosnet.com/CORP_CD_2004/archiv/papers/CORP2004_KAMINGER_WONKA.PDF

Nohr, Rolf F. (2002): Karten im Fernsehen. Die Produktion von Positionierung. Publizistik Bd. 10. Münster

Stonjek, Diether (1997): Aufgabe von Medien. – In: Birkenhauer, Josef (Hg.): Medien. Systematik und Praxis. München, S. 9 – 22

Tirol-Atlas. http://tirolatlas.uibk.ac.at/maps/thematic/index.html?menu=77&lang=de

Wardenga, Ute (2002): Alte und neue Raumkonzepte für den Geographieunterricht. – In: geographie heute, H. 200, S. 8 - 11

Raum als kartographische Repräsentation von Politik. Verirrungen der (Schul-)Geographie vor 1945 am Beispiel Deutschlands

Hans-Dietrich Schultz[*]

Karten können nicht alles zeigen, sie müssen auswählen; das macht sie lesbar. Im Auswählen liegt aber auch eine Gefahr; denn was auf einer Karte zu sehen ist, hat allein schon durch das Medium selbst den Anschein der Wahrheit für sich. Das wussten diejenigen, die suggestive Karten zur *Politisierung* der breiten Masse forderten, sehr genau. Die Karte sei „kein Ding an sich, das um seiner selbst willen gemacht" werde, sie sei „auch kein Spiegel, sondern eine Waffe", aber eine Waffe, die nach hinten losgehen könne „und deshalb nur dem Geübten, dem Welterfahrenen (...) überlassen" (von Schuhmacher 1934: 652) werden dürfe. Nicht zuletzt galt und gilt „das Wissen um die Linienführung der Staatsgrenze" als „Teil staatsbürgerlicher Erziehung", wie Emil Meynen 1935 konstatierte. Reiße „fremder Machtwille die Liniengestalt durch Diktat oder Krieg" ein, so besitze „das alte Linienbild (...) symbolische Kraft des Protestes". Grenzen, die nur teilweise den Einwohnern eines Staates „hör- oder sichtbare Kenntnis" seien, würden „mittels der sinnfälligen Flächengestalt einer Karte bewußtes Erlebnis". Ein noch tieferes Grenzerlebnis aber biete die „Karte eines Volkslandes" (108).

Im Folgenden wird es um Karten gehen, die in der Geographie und im Geographieunterricht nach dem Ersten Weltkrieg eingesetzt wurden, um Deutschlands staatliche Entwicklung *geographisch* zu verstehen und die Schüler für eine Revision des Versailler Friedensvertrages oder gar darüber hinaus zu erziehen. Dabei kann es sich schon aus Platzgründen nur um einen winzigen Ausschnitt dieses Problemkreises handeln. Mehr (aber noch keineswegs erschöpfend) findet man dazu bei Guntram Herb (1997). Zunächst jedoch muss der paradigmatische Kern der klassischen Geographie und die Stellung Deutschlands im Rahmen dieses Denkens erläutert werden, um die Funktion der vorgestellten Karten im damaligen Geographieunterricht besser verstehen zu können.

Länder und Staaten: der Sonderfall Deutschland

Die klassische Geographie, die um 1790 aufkam und mit den 1960er Jahren auslief, hatte es mit Ländern zu tun, wie sie die *physische* Karte darbot. Während heute wohl den meisten Geographen klar ist, „dass es Räume als solche nicht gibt, sondern nur materiale Erdsachverhalte, deren Lageeigenschaften interesse-/ theoriegeleitet gedanklich zu Räumen verknüpft und untersucht werden" (Köck 2004: 17), gab es diese Länder in der Vorstellung des 'gemeinen' Länderkundlers wirklich. Er musste die Länder nicht 'erfinden', sondern auf der Erdoberfläche nur suchen und *finden*. Schon auf der Karte offenbarten sie sich dem kundigen Auge durch Lage und Relief. Es waren Räume, die durch ihre gesamten Naturverhältnisse eine geographische Einheit, ein Ganzes bildeten und dabei wenigstens teilweise durch Marken der Natur, wie Wasserscheiden und Küstenlinien, begrenzt waren. Oft aber, das betonte der Länderkundler schon sehr früh, gingen die geographischen Verhältnisse fließend inein-

---

[*] Alle Hervorhebungen innerhalb von Zitaten sind Hervorhebungen im Original.

ander über; nicht Linien, sondern Säume trennten die Länder (und Landschaften als ihre Untergliederungen) voneinander.

Neben den Ländern, dem eigentlichen Objekt der klassischen Geographie, hatte diese auch mit Staaten zu tun, die entweder auf den physischen Karten durch ihre Grenzen zu erkennen waren oder auf eigenen politischen Karten in Flächenfarben dargeboten wurden. Staaten waren, länderkundlich betrachtet, *keine* Länder, konnten und *sollten* aber zu solchen werden. Dafür sorgte der Gang der Geschichte, der in der älteren Geographie, die sich auf Carl Ritter berief, einem Plan Gottes folgte, während in der Geographie des ausgehenden 19. Jh.s die „natürliche Auslese" Darwins am Werk war, die nach allgemeiner Überzeugung zumindest in Europa „ziemlich natürliche Staatsgebiete" (Hettner 1907: 66) hervorgebracht hatte. Obwohl ihre territoriale Entwicklung auf Eroberungen, Erbteilungen oder Erbgänge zurückgehe, seien die Staaten dennoch „mehr oder weniger in die durch die wagrechte und senkrechte Gliederung gegebene Naturgebiete hineingewachsen", wobei „deren natürliche Eigenart die Eigenart des Staates" bestimme oder doch „wenigstens sehr" (66f.) beeinflusse.

Nur Deutschland galt als Sonderfall (vgl. Schultz [3]1993). Das Land besaß nach gängiger geographischer Überzeugung einzig im Norden und Süden mit dem Meer und den Alpen gute natürliche Grenzen. Im Westen sorgten eine Reihe von Pforten für Durchlässigkeit, doch gab es hier immerhin den Schweizer Jura und die Vogesen, während die Argonnen die Maas ablenkten, die die Ardennen durchbrach und in den Rhein floss, was sie aus geographischer Sicht zu einem deutschen Fluss machte. Schließlich wirkte das Hügelland von Artois als Wasserscheide zwischen Schelde und Seine und trennte das Land Frankreich von Deutschland. Für die natürliche Westgrenze prägte sich der auf Wütschke (1919:86) zurückgehende Begriff des „arelatisch-lotharingischen Grenzsaumes" ein. Für den Osten setzte sich dagegen die Ansicht durch, dass hier erst jenseits des Bug mit den Pripjet- oder Rokitno-Sümpfen eine natürliche Barriere existierte, die von Penck im Ersten Weltkrieg zum „warägischen Grenzsaum" ausgeweitet wurde, der vom Weißen Meer über den Onegasee bis zum Schwarzen Meer zog. Die schwache Wasserscheide zwischen Oder und Weichsel, die vorübergehend angenommen wurde, ließ man wieder fallen.

Dieser weite Raum wäre nach der Logik der Länderkunde eigentlich das natürliche Gefäß für das politische Deutschland gewesen. Die Geschichte verlief anders. Im Westen fielen Randlandschaften ab und wurden politisch selbständig, während die natürliche Ostgrenze zu weit weg war, um ernsthaft als nationalpolitisches Ziel in Erwägung gezogen zu werden. Hier musste die historisch erreichte Grenze als kulturelle Grenze die fehlende Naturschranke gegenüber dem politischen Nachbarn ersetzen. Der auf Kirchhoff zurückgehende Ansatz, die mehrstaatliche Entwicklung des Gesamtraumes auf naturgegebene Sondermotive zurückzuführen, so dass auch das Deutsche Reich von 1871 als geographisch begründet erscheinen konnte, fand jedoch keine allgemeine Zustimmung. Nach wie vor blieb die Vorstellung virulent, dass das politische Deutschland seine geographische Gestalt, von Kirchhoff als „Mitteleuropa" bezeichnet, noch nicht voll ausgefüllt habe. Damit war den Kriegszielphantasien im Ersten Weltkrieg eine geographische Legitimationsbasis gegeben, die radikale Expansionisten davon träumen ließ, auch jenseits der Reichsgrenzen liegende Territorien zu „deutschem Volksboden" zu machen, weil diese Gebiete geographisch „dem eigenen Lande" (Hänsch 1917: 6f.) zugehörten. Die Niederlage der Mittelmächte beendete abrupt solche Träume; jetzt stand gar umgekehrt zu befürchten, dass die abgetretenen Gebiete zu fremdem „Volksboden" gemacht würden.

Pencks „deutscher Volks- und Kulturboden" und sein „Deutschland als geographische Gestalt"

Selbstverständlich wurden die Regelungen des Friedensvertrages von Versailles von den Geographen einhellig verworfen und als *ungeographisch* und *naturwidrig* bewertet. So standen Geographie und Geographieunterricht in der Nachkriegszeit ganz im Zeichen des *Revisionismus*, der sich auch der kartographischen Repräsentation bediente. Eine besondere Rolle spielte dabei Pencks Doppelbegriff des „Volks- und Kulturbodens" und die dazugehörige Karte (Abb. 1, hier in Schulversion), die 1925 erschien und der sich Michael Fahlbusch einen Tag vor Eröffnung des Hamburger Geographentages im Oktober 1999 in der „Frankfurter Rundschau" bediente, um seinen Vorwurf an die Geographie und ihre Geschichtsschreibung zu untermauern, die „Verstrickungen" der Volkstumsgeographie mit dem NS-Regime terminologisch zu beschönigen, kurz das „Böse" zu banalisieren (vgl. die Replik von Wardenga/ Böhm 1999).

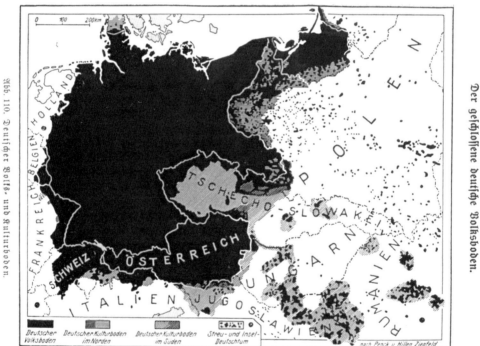

Abb. 1: Fischer-Geistbeck [3]*1935: S. 118*

Unter dem „deutschen Volks- und Kulturboden" verstand Penck jenen Boden, der von Deutschen besiedelt wurde, egal wo dies auf der Erde geschah, also auch an der Wolga, in Südafrika oder in Chile (1925: 62). Darüber hinaus gab es für ihn einen deutschen Kulturboden *ohne* deutsches Volk, d.h. einen Boden, der von anderen Völkern bewohnt, aber nicht nach eigener, sondern *deutscher Art* bebaut wurde. Das waren vor allem die in Nachbarschaft oder in Durchdringung mit dem deutschen Volk lebenden slawischen Völker. „Zwischen Donau und Ostsee", erläuterte Penck, liege ein „Gürtel deutschen Kulturbodens auf altgermanischem Stammland", der nur im

Nordosten darüber hinweggehe, während er im Weichselgebiet dahinter zurückblei-
be. Als die Germanen das Land „geräumt" hätten, hätten sie den nachrückenden
Slawen einen „germanischen Kulturboden" hinterlassen. Die Slawen seien jedoch
unfähig gewesen, ihn voll auszuwerten, das sei erst mit der Rückkehr der deutschen
Siedler geschehen, von denen die slawischen Völker Entsprechendes gelernt hätten.
So besäßen z.B. die Tschechen keine eigene Kulturlandschaft; lediglich ein geringerer Grad an Sauberkeit unterscheide die ihre von der deutschen. Bei den Polen und
ihnen verwandten Völkern habe „die Einbeziehung des altgermanischen Kulturbodens in den deutschen" jedoch nicht geklappt, so dass sich hier „eine Kulturgrenze
von einschneidender Schärfe" herausgebildet habe, „wie sie in Mitteleuropa sonst
nirgends" (69) wiederkehre. Nachdrücklich verwies Penck darauf, dass die deutsche
Kulturlandschaft „nicht [aus] dem Zusammenwirken verschiedener natürlicher Ursachen" hervorgegangen sei, sondern allein „das Werk bestimmt veranlagter Menschen" sei, „die die Natur nach ihrem Willen" (70) veränderten.
Neben dieser *ethnopolitischen* Argumentation, die unverkennbar Züge kultureller Ar-
roganz trug, hielt Penck aber weiterhin an der Existenz naturgegebener Land-
Einheiten fest. In einem fast zeitgleich zu seinem Volks- und Kulturboden-Aufsatz
publizierten Vortrag über „Deutschland als geographische Gestalt" bestätigte er die in
der Länderkunde geläufige Annahme, dass Europa aus „einzelnen Ländergestalten"
bestehe, sei es infolge ihrer Umgrenzung oder „nach ihrem Inhalte" (1926: 80). Zwar
wollte er sie nicht als Individuen im Sinne eines Organismus ansprechen, da sie
durchaus teilbar seien, doch waren sie für ihn (wie andere Geographen) aufgrund
ihrer „Gesamtwirkung" durchaus „harmonische" (Penck 1926: 80) Naturgebiete, wozu
auch Deutschland gehöre. Deutschland sei weder mit dem Deutschen Reich gleich-
zusetzen noch mit dem Land, „in dem nur deutsch gesprochen" werde, sondern „ein
bestimmter Teil der Erdoberfläche mit charakteristischen Eigenheiten, von eigener
Gestalt" (72f.), nur seien seine Grenzen „wenig deutlich" (79) ausgeprägt. Westlichs-
ter Punkt war für Penck Calais. Ardennen und Vogesen wurden von ihm als „feste
Grenzpfeiler" bezeichnet, während „nach Osten (...) die Höhen einzelner Kar-
pathenstücke zwischen Donau und Oder eine gute Grenze gegen das pannonische
Becken" (79) böten. Jenseits vom böhmischen Becken und den Sudeten setze dagegen „eine neue Gliederung" (77) ein. Penck verblieb damit ganz in der länderkundlichen Tradition des 19. Jahrhunderts.
Auch das Verhältnis der Ländergestalten Europas zu den Völkern und Staaten bestimmte er im Sinne des länderkundlichen Paradigmas. Größtenteils, konstatierte er,
würden sie sich mit diesen decken, „nirgends allerdings genau", wobei das Deutsche
Reich seine Gestalt „am wenigsten" (Penck 1926: 80) erfülle. Das gehe jedoch nicht
darauf zurück, dass die Völker „in den Ländergestalten bestimmte Räume gefunden
hätten, die sie ausfüllen mußten"; vielmehr hätten „die Staaten bildenden Kräfte die
natürlichen Gegebenheiten" ausgenützt und „eine Einheitlichkeit der Bevölkerung
vielfach nicht ohne Gewalt dort hergestellt, wo eine natürliche Harmonie herrscht"
(80). Im Zusammenfallen von geographischen Gestalten mit Volks- und Staatenräu-
men sah Penck keine „natürliche Zweckbestimmung der Länder" (81), für ihn lag hier
lediglich der Fall vor, dass die Menschen die geographischen Gegebenheiten, die
eine Staatenbildung begünstigten, auch tatsächlich dazu genutzt hatten. Das hinder-
te ihn jedoch nicht, den „harmonischen Landschaften" eine „stille Beeinflussung" der
auf ihr lebenden Bevölkerung zu unterstellen, so dass diese „das Gefühl von Zu-
sammengehörigkeit und den Wunsch des Zusammenschlusses" (81) verspüre. Es ist
daher falsch akzentuiert, wenn Herb meint, mit dem Volks- und Kulturboden-Konzept
hätten die in der Geographie „zuvor betonten Wechselbeziehungen zwischen
Mensch und Natur weitgehend an Bedeutung verloren" (2004: 188), nur noch der

Wille des Menschen habe gezählt. Eher könnte man aus Pencks Deutschland-Text das Gegenteil herauslesen, denn er beendete ihn mit der Gewissheit: „Auf die Dauer ist die Natur stärker als der Mensch" (81).

Das hat auch Folgen für die „expansionistischen Intentionen", die Penck von Herb nachgesagt werden. Zwischen den von ihm „postulierten Gebieten deutscher Kultureinflusses" und „den Lebensraumvorstellungen der Nationalsozialisten im Zweiten Weltkrieg" bestehe eine nicht zu übersehene Übereinstimmung (2004: 190). Tatsächlich bezeichnete Penck Polen ausdrücklich als ein Gebiet, das *nicht* mehr den deutschen „Dreiklang" zeige. Dazu fehlten ihm im Süden ein „zusammenhängendes Hochgebirge" und ein anschließender „Mittelgebirgsgürtel mit Beckenlandschaften, wie er Deutschland" durchziehe und sich „in Frankreich breit" (77) mache: „Der Dreiklang Alpen, Mittelgebirge, Flachland wird nur auf deutschem Boden gehört" (77). Polen war für ihn somit *kein* Teil des geographischen Deutschlands; seine Landschaften „assoziierten" sich zu einer neuen „Ländergestalt", deren Grenzen Penck jedoch unbestimmt ließ. Anders das böhmische Becken, das er „in eine Linie mit dem (...) südwestdeutschen Becken" (78) rückte, wie dies schon Geographen des 19. Jahrhunderts taten. Damals, bis 1866, gehörten beide Gebiete zum Deutschen Bund und waren somit auch politisch ein Teil Deutschlands gewesen. Weil Penck keinen radikalen *Ethnovoluntarismus* vertrat, sondern den geographischen Verhältnissen, wie er sie sah, eine legitimierende Funktion beließ, war seine Karte des deutschen Volks- und Kulturbodens keine verkappte Aufforderung, die deutsche Herrschaft bis zum Warägischen Grenzgürtel voranzutragen. Dass sie so gelesen werden konnte und auch wohl wurde, ist eine andere Sache.

Grenzsäume, Sprachräume und der „Volks- und Kulturboden" im Schulbuch

Beide Grenzsäume, der arelatisch-lotharingische (Abb. 2) und der warägische (Abb. 3), gingen in die Lehrbücher der Schulgeographie ein und wurden hier auch kartographisch repräsentiert. Schon auf der Innenseite des Pappumschlags findet man sie unter ihrem Namen im achten Heft der „E. von Seydlitzschen Geographie für höhere Lehranstalten" (1927) abgebildet, das für die Oberprima gedacht war und von der „Kulturgeographie Deutschlands" handelt. Der Saum im Westen wird durch unregelmäßige graue Flächen markiert, die die gebirgigen und hügeligen Abdachungen von den Westalpen bis zum Hügelland von Artois darstellen, während beim flachen warägischen Grenzsaum die „Ostgrenze der deutschen Handelssprache" dem Auge einen Anhaltspunkt bietet. Der Grenzsaum selbst bleibt als solcher unmarkiert und wird nur im Text präzisiert; sein Westrand ziehe von der Memel- zur Donaumündung, sein Ostrand vom Finnischen Meerbusen zum Asowschen Meer. Dieses weite Gebiet stellt den deutschen Kolonisationsraum dar, der bis zur Wolga reicht, die in ganzer Länge eingetragen ist.

Zu der im Buch nicht angegebenen Herkunft der Karte zum „warägischen Grenzsaum" ist noch zu sagen, dass sie auf die von Hillen Ziegfeld bearbeitete „Karte der deutschen Städtegründungen in Ost- und Südosteuropa" aus dem Band „Volk unter Völkern" (von Loesch 1925; Beilage) zurückgeht, wovon sie eine stark vergröberte Version darstellt. Aus dem „geschlossenen deutschen Sprachgebiet" und dem „gemischtsprachigen Gebiet" wurde „Deutsches Sprachgebiet", die anderssprachige Bevölkerung ging damit kartographisch unter, das „Verbreitungsgebiet der deutschen Bauernsiedlungen, vornehmlich des 17.–19. Jahrh." wurde zur „Verbreitung des deutschen Bauerntums" umformuliert und die fünf Städtekategorien des Originals

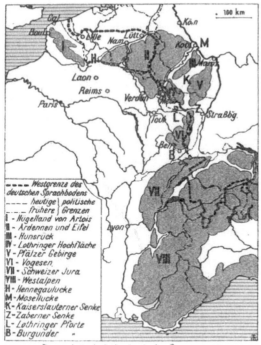

Der arelatisch-lotharingische Grenzsaum

Abb. 2: E. von Seydlitzsche Geographie 1927/ ²1929: Deckel innen

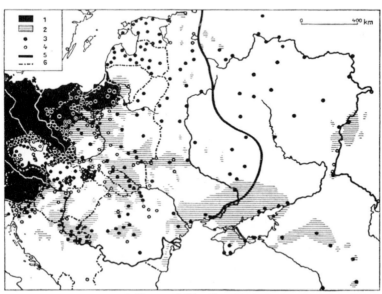

2. Der warägische Grenzsaum.

1 Deutsches Sprachgebiet, 2 Verbreitung des deutschen Bauerntums, 3 Städte mit rein oder überwiegend deutscher Bevölkerung oder mit deutscher Kolonie, 4 Städte mit ehemaliger, jetzt erloschener deutscher Kolonie, 5 Ostgrenze der deutschen Handelssprache, 6 Staatsgrenzen.

Abb. 3: E. von Seydlitzsche Geographie 1927/² 1929: Deckel innen (²1929 auch S. 4)

schrumpften auf zwei Kategorien zusammen. Eine Reihe weiterer Informationen, darunter die durch Pfeile angedeutete Bewegung der „deutschen Ostsiedlung" inklusive der „Wanderwege deutscher Siedler", wurden weggelassen.

Im Text wird besonders auf den *Unterschied* zwischen West- und Ostgrenze Wert gelegt. Im Westen fehle „im großen und ganzen (...) die Auflockerung des deutschen Lebensraumes in der Form von abgesplitterten Sprachinseln", daher sei die Westgrenze „*ausgereift*" (4). „Ganz anders" die Ostgrenze: Hier, im Osten, hätten die Deutschen „die deutsche Kulturgrenze bis nahe an den natürlichen östlichen Grenzsaum herangeschoben", „zahlreiche deutsche Sprachinseln" lägen „weit nach O[sten] verstreut". So stelle sich der Raum „zwischen der politischen und natürlichen Grenze" (die es andererseits im Osten für Deutschland gar nicht gab) als ein Gebiet dar, in dem sich „natürliche, völkische, kulturelle und wirtschaftliche Elemente" mischten. Entsprechend schlussfolgerten die Autoren: „Die *Ostgrenze* ist daher in ihrem ganzen Verlauf *unreif*" (4). Leider, so der sich anschließende und zugleich implizit als Appell zu verstehende Vorwurf, habe „der Deutsche immer wieder eine viel zu große Gleichgültigkeit gegen die Grenzführung und die jenseits der Grenzen wohnenden Stammesgenossen gezeigt" (4).

Im Kapitel „Staat und Volk" wird zunächst die historischen Entwicklung „vom geographischen Standpunkt" aus erläutert. Der Dualismus zwischen Preußen und Österreich erscheint als Folge entgegengesetzter „*naturbedingter Wachstumsrichtungen*": einmal „auf dem einheitlichen Boden des Tieflandes" in das Reich hinein, zum anderen über die Donau aus ihm heraus. Als „größter Nachteil" in der staatlichen Entwicklung Deutschlands wird die „räumliche Überspannung" im Mittelalter herausgestellt; Deutschland sei nicht, wie England, Frankreich oder Russland, „stetig von einer Keimzelle aus" weitergewachsen, vielmehr sei seine heutige staatliche Gestalt „das Ergebnis einer Rückentwicklung aus der Raumweite des mittelalterlichen Deutschland". Die „Unruhe der Entwicklung" zeige sich auch „an der wiederholten Verlagerung des politischen Mittelpunktes" (70). Als Quintessenz gilt: „*Bei der fehlenden Einheitlichkeit seines Lebensraumes und der Unstetigkeit seiner Entwicklung ist das Deutsche Reich 'als Machtgebiet am spätesten und als Völkergebiet überhaupt nicht fertig geworden' (Ratzel)*" (71). Zwei Kärtchen (Abb. 4), die den „Staat der Deutschen im Wandel der Zeit" zwischen 888 und 1921 zeigen, sollen dies illustrieren.

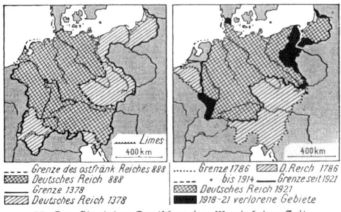

Abb. 4: E. von Seydlitzsche Geographie 1927: S. 71

Das anschließende Kapitel zu den „ethnographischen und politischen Verhältnissen Mitteleuropas" präsentiert eine Karte (Abb. 5) unter dem Titel „Der deutsche Volks- und Kulturboden" (72) und gibt als Quelle „Volk unter Völkern" an.

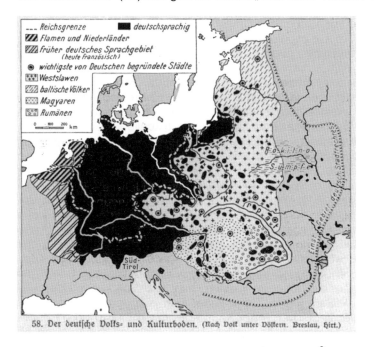

58. Der deutsche Volks= und Kulturboden. (Nach Volk unter Völkern. Breslau, Hirt.)

Abb. 5: E. von Seydlitzsche Geographie 1927: S. 72, [2]1929: S. 5

Mit der dort unter dem gleichen Titel abgedruckten, von Penck entworfenen und Hillen Ziegfeld ausgeführten Karte hat die Schulbuchkarte (anders die fast 1:1 Abbildung in Fischer-Geistbeck [3]1935: 118) jedoch nichts gemein; denn der deutsche „Volks- und Kulturboden" wird gar nicht dargestellt, sondern schwerpunktmäßig das Verbreitungsgebiet der deutschen Sprache und das Siedlungsgebiet anderer Völker. Schon bei der Beschreibung und Bewertung der Ost- und Westgrenze im Eingangskapitel des Buches wird auf diese Karte verwiesen. Die Entwicklung der deutschen Sprachgrenze im Westen wird durch das Kartenbild (vom Text bestätigt) als abgeschlossen ausgewiesen. Ihr vorgelagert sind die Gebiete der Flamen und Niederländer und das frühere, jetzt französische deutsche Sprachgebiet. Geschlossenheit und Ausgereiftheit bestätigt der Text auch dem *„tschechischen Keil"*, während die Südgrenze „schon unruhiger" sei. „Am unreifsten aber" verlaufe die politische und die Sprachgrenze im Osten von Schlesien bis zur Ostsee. Hier greife „das Deutschtum der Deutschen und Slawen in *wirrer* Auflösung ineinander. Größere Siedlungsgebiete, Splitter und Inseln des deutschen Sprachgebietes sind der politischen Grenze vorgelagert." Eingetragen sind in der Karte als aufdringlich schwarze Flecken die deutschen Sprachinseln inmitten der Siedlungsgebiete anderer Völker, die „wichtigsten" deutschen Stadtgründungen und die Ostgrenze des „einst. Gebiet[es] deutsch. Stadtrechtes", die auf der Karte der deutschen Städtegründungen in „Volk unter Völkern" (s.o.) als „Ostgrenze des mittelalterlichen Gebrauchs des deutschen Rechtes" zu sehen ist. So vermittelt die Karte den Eindruck, als habe das deutsche Volk einem riesigen Gebiet im „Osten" seinen körperlichen und mehr noch geistigen Stempel aufgedrückt, ohne dies machtpolitisch für sich auszuwerten, was es besser hätte tun sollen. Für den Text bietet sie den anschaulichen Beleg, dass der Versailler Friedensvertrag nicht die Selbstbestimmung der Völker in Mitteleuropa, sondern die „Balkanisierung" (72) dieses Raumes gebracht habe, dessen Kulturbedeutung auf der „völkischen Grundlage" des Deutschtums beruhe. Das „beherrschende" deutsche Volk bilde „auf dem mitteleuropäischen Siedlungsraum (...) das Großvolk der Weißen Rasse", doch „leider" sei „kein europäisches Volk in seiner staatlichen Organisation so verstümmelt wie das deutsche", nirgends sonst in Europa gingen die staatlichen und die sprachlichen Grenzen „so sehr auseinander wie in Mitteleuropa" (71).

Die 2. Auflage von 1929 zeigt interessante Veränderungen. So beginnt das Eingangskapitel über die „natürlichen Grundlagen der Kulturentwicklung" mit einer neu hinzugefügten Karte zum „westdeutschen Volksboden" (3), welche auf der Basis einer Höhenschichtenkarte die heutige Sprachgrenze, die aktuellen politischen Grenzen, verlorene frühere germanische Sprachgebiete und Ortsnamen germanischen Ursprungs enthält: Mömpelgard statt Monbéliard, Kambrich statt Cambrai, Namen statt Namur, Kales statt Calais, Virten neben Verdun in Klammern (zum Problem der geogr. Namengebung vgl. auch Sperling in diesem Band). Die Aussage über die Ausgereiftheit der Sprachgrenze im Westen fehlt, aber auch der Hinweis auf die Unreife der Ostgrenze. Stattdessen wird darauf Wert gelegt, dass sich das deutsche Volk sowohl im Westen wie im Osten in einer „Abwehrstellung" befinde. Die Karte zum warägischen Grenzsaum ist in dieser Auflage nicht nur auf der Innenseite des Umschlagdeckels abgedruckt, sondern noch einmal im anschließenden ersten Kapitel (4). Ihr unmittelbar gegenüber (und damit wirkungsvoller) befindet sich jetzt die Volks- und Kulturbodenkarte, die früher im Kapitel „Staat und Volk" abgebildet war. Die beiden historischen Kärtchen fehlen. Dafür findet man jetzt dort geopolitisch interpretierte Abbildungen der deutschen (Abb. 6) und der russischen (Abb. 7) „Flußwelt" (nach Erich Obst), die unterstreichen sollen: „Die natürlichen geographischen Verhältnisse drängen das deutsche Volk nicht zur staatlichen Einheit" (95). Im Falle Russlands (der Text erwähnt außerdem Frankreich) sieht man ein „radial ausstrahlendes Flußnetz", im Falle Deutschlands dagegen eine „Parallelschaltung der norddeutschen Flüsse und Abkehr der Donau vom Ozean" (95f.). Weichsel und Njemen (Memel) sind ebenfalls als „norddeutsche Flüsse" mit Richtungspfeilen versehen.

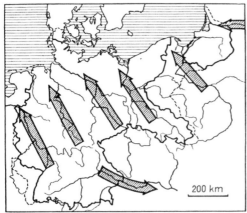

84 a. Parallelschaltung der norddeutschen Flüsse und Abkehr der Donau vom Ozean als Hemmnis für die staatliche Einheit Deutschlands. (Nach Erich Obst.)

Abb. 6: E. von Seydlitzsche Geographie [2]1929: S. 95

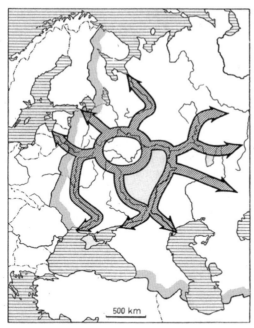

84 b. Naturbegünstigung der russischen Staatseinheit durch das von der Mitte (Moskau) radial ausstrahlende Flußnetz. (Nach E. Obst.)

Abb. 7: E. von Seydlitzsche Geographie ^{2}1929: S. 96

Krieg und Eroberung als Kartenerlebnis im Geographieunterricht

Diese Flusskarten gehören bereits zu den dynamischen Karten der *Geopolitik*, die in der zweiten Hälfte der 1920er Jahre in Mode kamen und in zahlreichen Publikationen direkt für den Schulgebrauch konzipiert wurden. Den Kartenmachern ging es darum, Gesetzmäßigkeiten aufzudecken, die einen eindeutig geodeterministischen Zug besaßen. So war es z.B. das Ziel des „Geopolitischen Typen-Atlasses" (Schmidt/ Haack 1929), ‚geomorphologische Raumtypen'" zu präsentieren, die belegen sollten, „dass ein bestimmter Raum seine Bewohner" unterschiedslos „in die gleiche geschichtliche Entwicklung" hineindränge und „eine scharf umrissene geographische Individualität, die sich in ihrer Eigenart auch an sonstigen Stellen der Erdoberfläche" finde, „ähnliche politischgeographische Gestaltungsformen" (III) schaffe. Im gleichen Sinne wollten Linhardt/ Vogenauer mit ihren Strukturskizzen „die innere Struktur" der Räume, ihren „Bauplan" sichtbar machen, der „für den Menschen etwas Konstantes, a priori Gegebenes" (31) sei. „Strukturlinien (Leitlinien)" entlang geographischer Merkmale mit „Strukturknoten" und „Strukturwinkel" durchdringen bei ihnen „analytisch" und „synthetisch" das „geographische Individuum" und gliedern es „organisch" (26ff.). So würden, hofften die Autoren, die Skizzen „zwangsläufig zum Spiegelbild des Raumes" und erzeugten „im Lernenden (...) für bestimmte Räume ein bestimmtes *Raumbewußtsein*" (30).

Aber auch die „normalen" amtlichen Karten und Schulkarten wurden im Geographieunterricht in den Dienst der politischen Erziehung gestellt. Wie schon im Ersten, wurde der Karte auch im Zweiten Weltkrieg erneut von Schulgeographen eine bedeutende Rolle zuerkannt. Von ihr versprach sich Puls 1942 „die *Hinführung des Volkes zu einer richtigen und größeren Raumauffassung* im Sinne Ratzels" (227). Immer wieder müsse „das Bild der Landschaft (...), wie es uns in der Karte" entgegentrete, „mit bekannten Verhältnissen verglichen werden, weil wir nur auf diese Weise auch geistig in den neuen Raum hineinwachsen können" (227). So sollte im Geographieunterricht auf den Karten der Weltkrieg miterlebt werden können:

> „Im Geiste marschieren wir mit den feldgrauen Kameraden die weiten, staubigen Wege Rußlands, fliegen mit ihnen Stunden um Stunden über Süditalien, das Meer und die Libysche Wüste, fahren mit den Urlaubern nach Narvik und begleiten einen Transport der Organisation Todt an die Atlantikküste. So bekommen wir allmählich den Sinn für die Weite und die besonderen Bedingungen des Raumes, für den der Führer und mit ihm das deutsche Volk die Verantwortung trägt" (227).

Es gelte jedoch die Lernenden immer wieder daran zu erinnern, dass der Raum, den die Karte wiedergebe, „von Völkern bewohnt" sei, und „zu dem Raum auch die Leistung des Volkes" gehöre, „das ihn besiedelt" habe oder beherrsche. „Erst aus der Kenntnis der Größe des Raums und seiner natürlichen Bedingungen *und* der Kenntnis von der Leistung der Völker, besonders unseres deutschen", erwachse „politische Haltung und völkische Kraft" (227). Konkret sah dies so aus, dass z.B. Hans Klenk mit Karten aus dem Krebsschen „Atlas des deutschen Lebensraumes", die an die Wandtafel gehängt werden sollten, die Frage beantworten lassen wollte: *„'Welches Volk hat überhaupt das höhere Recht auf den Boden?'"*

> „Gibt der lange Besitz schon ein Dauerrecht? – Ist der früheste Siedler am meisten bevorrechtigt? – Soll die Gewalt der Faust das entscheidende Wort sprechen? – Könnte ein Schiedsspruch diese Frage lösen? – Den Ausschlag können, wenn Raumnot herrscht, allein die *Leistungen* der Menschen geben, die in diesem Raum lebten oder noch leben. Jenes Volk, das imstande ist, einem Raum den besten Ertrag nicht nur für sich selbst, sondern für die Völkerfamilie des größeren Raumes abzuringen, hat das Vorrecht vor dem Volk mit der geringeren Leistung. Wenden wir diesen Gedanken auf den Fall des deutschen Ostens an! – Prüfen wir die uns erreichbaren Tatsachen und versuchen wir ein Urteil zu bilden!
> Welche Tatsachen müssen wir ins Auge fassen? Wenn über Leistungen der Menschen am Boden geurteilt werden soll, so müssen offenbar I. die *Natur des Raumes* und II. die *Arbeit (damit die Art) der Menschen* geprüft werden" (694).

Im ersten Teil des Unterrichts ergibt sich, dass die natürlichen Verhältnisse des „deutschen Ostens" inklusive der dem Reich „angegliederten" Gebiete des „alten Polen" im Großen und Ganzen denen Norddeutschlands glichen, im zweiten Teil, dass trotz ähnlicher Naturbedingungen auf den einst von Polen bewirtschafteten Gebieten geringere landwirtschaftliche Erträge erzielt worden seien (695): „Dies also ist das Ergebnis der Auseinandersetzung dieser Menschen mit ihrem Boden! Sie können sich nicht auf Ungunst der Natur hinausreden" (696). So bekam im Ergebnis der Kartenarbeit das deutsche Volk von Klenk *„nicht nur ein Recht an diesem Raum"* zugesprochen, *„sondern die Aufgabe [erteilt], ihn für sich selbst und die Lebensraumgemeinschaft der europäischen Völker weiter aufzuschließen und ertragreicher zu gestalten. Unter deutscher Führung wird auch der brauchbare Teil des polnischen Volkes den ihm angemessenen Platz erhalten".* Gelinge diese *„Ostaufgabe"* nicht, so sei *„der gegenwärtige Kampf umsonst"* (696).

Abschließendes

Von Raumnot des deutschen Volkes war in geographiedidaktischen Schriften schon vor dem Ersten Weltkrieg die Rede, während des Krieges konstatierte Albrecht Penck: *„Ein wachsendes Volk braucht Raum"* (1915: 10). Der Krieg entschied anders, doch die klaustrophobische Vorstellung, dass das Deutsche Reich beengt sei und für seine Bevölkerung zu klein, wurde durch die territorialen Abtretungen noch verstärkt und bekam mit dem Roman „Volk ohne Raum" (1926) von Hans Grimm eine griffige Formel geliefert. In dem Roman ging es um koloniales Siedlungsland in Südafrika, in den Revisionsphantasien nach dem Ersten Weltkrieg auch um den Raum im slawischen Osten. Dieser Osten blieb ständig im Gespräch. Seine „blutenden Wunden" mussten geschlossen werden, doch die Spekulationen gingen oft viel weiter. Mühelos ließ sich der deutsche Anspruch auf mehr Raum mit dem Argument des Leistungsgefälles von den Kolonien auf den Osten übertragen; denn die Slawen galten als Völker, die, gemessen an ihrer Zahl und ihren kulturellen Fähigkeiten, über einen viel zu großen Raum verfügten, den sie nicht zu meistern verstünden. Hätten die Deutschen ihnen nicht immer in Gefahren beigestanden und ihnen kulturell geholfen: Was wäre aus ihnen geworden? Schon die Schulbücher der Weimarer Republik glichen, begünstigt durch die Lehrpläne, teilweise *Propagandaschriften* über die Leistungen der Deutschen in Europa und der Welt und speziell im europäischen Osten, den man als (quasi naturgegebenen) deutschen Kolonisationsraum nicht aus den Augen verlor.

Schon in den 1920er Jahren mahnte ein Mitglied im Hauptvorstand des Schulgeographenverbandes, der Oberstudienrat *Fritz Braun*, den Osten *jenseits* der deutschen Grenze nicht zu vernachlässigen; hier werde sich „vielleicht die Schicksalsfrage" entscheiden, „ob die Deutschen ein junges, aus duftender Erdscholle Lebenskraft eratmendes Volk bleiben sollen oder ob sie, auf engem Raum eingepfercht, nach und nach zum allergrößten Teil in die Fabriksäle ziehen müssen." Wollten die Deutschen „nicht zu Sklaven der ehernen Maschinen werden", so bräuchten sie „Boden, Raum, jungfräuliches Land. Wo aber sollen wir das suchen, wenn nicht im Osten?" Dort, „wo die Sonne ihres Tages Lauf beginnt" (1927: 532). Gerade auch vom Volksschüler erwartete Braun, dass er sich bei der Betrachtung der baltischen Karte die Tage der mittelalterlichen Ostkolonisation zurückwünschte: ‚Sie sollen und müssen wiederkehren; dafür will auch ich sorgen, soviel an mir liegt.'" Es folgt: „Dann könnte unser Volk wieder darauf rechnen, Boden zu gewinnen und mit dem Boden auch Ellenbogenfreiheit" (530). 1941 konnte Gürtler in seinen Kartenskizzen für den erdkundlichen Unterricht Vollzug melden und die „befreiten Gebiete des Ostens" neu aufnehmen: Auch Warschau war jetzt eine deutsche Stadt (Tafel 1 u. 58).

So trug der Geographieunterricht, indem er speziell für den Osten die *Unfertigkeit* und *Unreife* der politischen Grenze textlich und kartographisch herausstellte und damit implizit den Aufruf zur Vollendung der Grenzverhältnisse enthielt, mit dazu bei, dass das *Lebensraumprogramm* des NS-Staates nicht als Verbrechen erschien, sondern als Lebensnotwendigkeit. Die Eroberung des Ostens war ein legitimer Akt der Rückgewinnung einst von den Slawen geraubten Germanenlandes. Die Differenz zwischen Wunsch und Realität, die durch die Ergebnisse des Ersten Weltkrieges deutlich geworden war, überbrückte man mit der Vorstellung, dass die *ewigen Leitlinien der Natur*, die einst die deutschen Siedler instinktmäßig nach Osten geführt hätten, immer aufs Neue wirksam würden und durch den erlittenen Rückschlag nicht außer Kraft gesetzt seien. Letztlich, davon war der Länderkundler überzeugt, würden die *natürlichen Verhältnisse* die menschliche Aktivitäten nicht nur hemmen oder unterstützen, sondern teilweise auch die Richtungen des geschichtlichen Ablaufes erzwingen und per „Auslese" darüber bestimmen, was von der „von vornherein unendlichen Anzahl der Möglichkeiten politischer Entwicklungsrichtungen" (Lautensach 1924: 470) überdauern werde.

Gleichzeitig aber betonte man auf problemvoll-widersprüchliche Weise den Primat des Menschen und betonte, dass *nichts von alleine* geschehe, das nur der Mensch mit *seinem* Willen den Willen der Natur vollstrecken könne. So war der einzelne Mensch, so waren die Völker im Weltbild der Länderkunde Täter und Getriebene zugleich, Vollstrecker einer höheren Notwendigkeit, die taten, was sie wollten, aber zugleich auch tun mussten. Hier liegt *eine* der Ursachen für das fehlende Unrechtsbewusstsein von Geographen nach dem Zweiten Weltkrieg: Wie konnte sich jemand schuldig machen, der nur dem 'Willen der Natur' folgte, der nur eine *objektiv* erzwungene Pflicht erfüllte, der entsprechend den Vorgaben des Paradigmas die Verantwortung bei den geographischen Verhältnissen sehen konnte, die ihn zu einem bestimmten Handeln nötigten? Alle erwähnten Personen, soweit sie nicht verstorben waren, machten nach dem Krieg als Lehrer, Lehrerbildner oder Hochschullehrer weiter, doch zu dem von Julius Wagner geforderten „*moralischen Mut zur Wahrheit*" (1948: 672) reichte es nicht. Eine Aufarbeitung der eigenen Verstrickungen in die NS-Ideologie und NS-Politik unterblieb, eine Totalamnesie befiel die Beteiligten, die sich nun (im Gegensatz zur ersten Nachkriegszeit immerhin!) in Friedens- und Weltoffenheitsrhetorik übten, doch leider nur so, als hätten sie zuvor nie etwas anderes getan.

Literatur

Braun, Fritz (1927): Von der Bildung des Ostmärkers. In: Zeitschrift für deutsche Bildung 3, 527-532

E. von Seydlitzsche Geographie für höhere Lehranstalten. 8. Heft: Kulturgeographie Deutschlands. Breslau 1927, [2]1929

Fahlbusch, Michael (1999): Die verlorene Ehre der deutschen Geographie. In: Frankfurter Rundschau vom 2. Okt.: 6

Fischer-Geistbeck. Erdkunde für höhere Lehranstalten. Einheitsausgabe. Oberstufe III: Kulturgeographie von Deutschland. München/Berlin [3]1935

Grimm, Hans (1926): Volk ohne Raum. 2 Bde. München

Gürtler, Arno ([5/6]1941): Großdeutschland (= Das Zeichnen im erdkundlichen Unterricht 1). Leipzig

Hänsch, Felix (1917): An der Schwelle des größeren Reichs. Deutsche Kriegsziele in politisch-geographische Begründung. München

Herb, Guntram (1997): Under the Map of Germany. London/ New York

Herb, Guntram (2004): Von der Grenzrevision zur Expansion: Territorialkonzepte in der Weimarer Republik. In: Iris Schröder/ Sabine Höhler (Hg.): Welt-Räume. Geschichte, Geographie und Globalisierung seit 1900. Frankfurt/New York, 175-203

Hettner, Alfred (1907): Europa (= Grundzüge der Länderkunde 1). Leipzig

Klenk, Hans (1942): Sonderkarten als Erkenntnisquelle. In: Zeitschrift für Erdkunde 10, 693-696

Köck, Helmuth (2004): Der Raum – die Mitte der Geographie. In: Helmut Köck/ Armin Rempfler (Hg.): Erkenntnisleitende Ansätze – Schlüssel zur Profilierung des Geographieunterrichts. Mit erprobten Unterrichtsvorschlägen. Köln, 12-18

Krebs, Norbert: Atlas des deutschen Lebensraumes in Mitteleuropa. Leipzig 1937ff.

Lautensach, Hermann (1924): Geopolitik und staatsbürgerliche Bildung. In: Zeitschrift für Geopolitik 1/II, 467-476

Linhardt, Hans/ Vogenauer, Gottfried (1925): Die Strukturskizze im geographischen und historisch-geopolitischen Unterricht. München/Berlin

Loesch, Karl Christian von (Hg.) (1925): Volk unter Völkern. (=Bücher des Deutschtums 1). Breslau

Meynen, Emil (1935): Deutschland und das Deutsche Reich. Sprachgebrauch und Begriffswesenheit des Wortes Deutschland. Leipzig

Penck, Albrecht (1915): Politisch-geographische Lehren des Krieges (= Meereskunde. Sammlung volkstümlicher Vorträge 106). Berlin

Penck, Albrecht (1925): Deutscher Volks- und Kulturboden. In: Karl Christian von Loesch (Hg.): Volk unter Völkern (= Bücher des Deutschtums 1). Breslau, 62-73

Penck, Albrecht (1926): Deutschland als geographische Gestalt. In: Leopoldina. Bd. 1, 72-81

Puls, Willi Walter (1942): Die Karte und ihre Stellung im Erdkundeunterricht. In: Zeitschrift für Erdkunde 10, 165-177, 222-228

Schmidt, Max Georg/ Haack, Hermann (1929): Geopolitischer Typen-Atlas. Zur Einführung in die Grundbegriffe der Geopolitik. Gotha

Schultz, Hans-Dietrich ([3]1993): Deutschlands „natürliche" Grenzen. In: Alexander Demandt (Hg.): Deutschlands Grenzen in der Geschichte. München, 32-93

Schumacher, Ruppert von (1934): Zur Theorie der Raumdarstellung. In: Zeitschrift für Geopolitik 11/II, 635-652

Wagner, Julius (1948): Die Erdkunde in ihren Beziehungen zur Gemeinschaftskunde. In: Die pädagogische Provinz 1, 669-676

Wardenga, Ute/ Böhm, Hans (1999): Das kollektive Vergessen findet nicht statt. Frankfurter Rundschau vom 16. Okt., wieder abgedr. in: Rundbrief Geographie H. 157 (1999), 9-10, dort weitere Reaktionen

Wütschke, Johannes (1919): Die staatliche Neugestaltung Europas. In: Geographischer Anzeiger 20, 85-90, 213-217 u. Sonderbeilage 7 (Karte)

Der benannte Raum

Walter Sperling

Einleitung

Der folgende Beitrag, der das Phänomen Raum namentlich fassbar machen soll, knüpft an einen vor über zwanzig Jahren geschriebenen Text an, in dem die Zwischenüberschrift *„Der benannte Raum"* bereits aufscheint.[1] Damals ging es um nichts weniger als darum, den in dem damals neu konzipierten Seydlitz-Weltatlas enthaltenen Fundus geographischer Namen aus der Sicht der Geographie zu kommentieren, zu klassifizieren und zu bewerten. Die Wirkung dieser Ausführungen blieb so bescheiden, dass sich der Autor nach zwanzig Jahren die Frage stellen musste: Geographische Namen – ein Thema für Geographen?[2]

Geographische Namen sind Eigennamen für Örtlichkeiten, Gebiete und sonstige Erscheinungen unterschiedlicher Größenordnung und Persistenz an der Erdoberfläche oder auch auf anderen Himmelskörpern und im Weltraum. Die am meisten vorkommenden geographischen Namen sind Namen für Örtlichkeiten (Toponyme) und für Gebiete oder Räume (Choronyme). Topographie und Chorographie müssen im Zuge einer didaktisch verstandenen Maßstabstheorie deutlich voneinander unterschieden werden.

Das Image der Disziplin Geographie hat sich grundlegend gewandelt. Durch das demographisch bedingte Zurücktreten der Lehramtsstudiengänge und die steigende Dominanz der Angewandten Geographie, oder auch durch den Wandel von der traditionell länderkundlichen zur thematisch-lernzielorientierten Schulgeographie schenkt man der Problematik geographischer Namen immer weniger Aufmerksamkeit.

In seinem grundlegenden Werk über die deutschen Namen hat A. Bach zwischen Ortsnamen und Raumnamen unterschieden. Der Germanist P. von Polenz hat in seiner Marburger Habilitationsschrift über Landschafts- und Bezirksnamen (in-pago-Namen) im frühmittelalterlichen Deutschland mehrere bemerkenswerte Definitionen vorgetragen zu Raumnamen[3], Geländenamen[4], Landschaftsnamen[5], Bezirksnamen[6], Landesnamen[7], Personengruppennamen[8] und weiteren Varianten. Leider wurden diese Vorschläge von Geographen nicht aufgegriffen und weiter diskutiert.

Geographische Namen sind Bestandteile der gesprochenen, landesüblichen Sprache (Mundart) und der institutionell kodifizierten Schriftsprache (Behördensprache), die letztlich auch im Schulunterricht verbindlich ist. Durch Empfehlungen der Vereinten Nationen ist jeder Mitgliedstaat gehalten, das geographische Namengut in seinem Territorium zu standardisieren und entsprechend aufzulisten. In der Bundesrepublik Deutschland liegt die Hoheit über die geographische Namengebung bei den Ländern. Die oberste Namenbehörde des Landes Rheinland-Pfalz ist das Ministerium

---

[1] Sperling 1985, S. 26
[2] Sperling 2005, S. 57
[3] V. Polenz 1961, S. 24
[4] Ders. S. 25
[5] Ders. S. 26
[6] Ders. S. 28
[7] Ders. S. 29f.
[8] Ders. S. 30

des Innern und für Sport durch das Statistische Landesamt, das Landesamt für Vermessung und Geoinformation und die Landesarchivverwaltung. Es hat sich herausgestellt, dass man in der Pfalz durchaus sensibel auf unangemessene Festlegungen reagieren kann.[1]

Toponyme

Altrip; Eußertal; Galgenberg; Godramstein; Hambacher Schloß; Hexenklamm; Hinkelstein; Johanniskreuz; Landau; Pulvermühle; Rösselsweiher; Silbersee; Trifels; Wachenheimer Klamm

Ein Toponym[2] (von gr. topos = der Ort) ist der Name für eine geographische Örtlichkeit an der Oberfläche der Erde oder eines anderen Himmelskörpers, die eine erkennbare Identität besitzt und somit nicht mit einer anderen verwechselt werden kann. Es kann sich dabei um eine Naturerscheinung wie eine Erhebung, eine Schlucht oder eine Quelle handeln, oder auch um einen Teil der Kulturlandschaft wie etwa eine Siedlung (bezogen auf deren Kern), ein gewerbliches Objekt, eine Verkehrs- oder Befestigungsanlage. Alle diese Örtlichkeiten tragen einen Namen, der in der Regel der Landessprache der umgebenden Bewohner entnommen ist. Die Toponymie ist ein multilinguales und interdisziplinäres Arbeitsfeld für Sprachwissenschaftler, Historiker, Geographen, Kartographen und andere Wissenschaftler, sie ist aber auch Gegenstand des fächerübergreifenden Unterrichts in der Schule, namentlich im Projektunterricht und bei Lehrwanderungen. Wichtigste Quellen sind die amtlichen topographischen Kartenwerke.

Choronyme

Alzeyer Hügelland; Landkreis Alzey-Worms; Altkreis Bergzabern; Mainzer Becken; Oberrheinlande; Pfälzerwald; Sickinger Höhe; Vorderpfalz

Ein Choronym (von gr. choros = der Raum) ist der Eigenname für ein Objekt von größerer flächenhafter Ausdehnung und erkennbarer Individualität, das in der Regel klar abgrenzbar ist von anderen, zum Teil benachbarten Raumindividuen. Im Vergleich zu einem Toponym zeichnet es sich aus durch eine andere quantitative Größenordnung, durch eine vielseitigere Komplexität und mit nachhaltiger Integration unterschiedlicher Geofaktoren. Ein entscheidendes Kriterium ist die Nachbarschaft zu anderen Choren. So wie die Toponyme der örtlichen Orientierung dienen, so sind die Choronyme die Stützen des räumlichen Vorstellungsvermögens. Die aktuelle Entwicklung der Geographie von einer beschreibenden und erklärenden Raumwissenschaft zu einer handlungsorientierten Gesellschaftswissenschaft ist in hohem Maße verbunden mit der Wahrnehmung von räumlichen Entitäten, also auch ihren Benennungen. Der international eingeführte Terminus Choronym wurde von J. Demek 1978 in die tschechische Fachsprache eingeführt, dann von O. Back und J. Breu 1989 in ein Glossar eingebracht, sowie dann auch vom Autor in der geographiedidaktischen Fachsprache verwendet.

Es gibt noch keinen Fachterminus für geographische Objekte mit linienhafter Ausdehnung; diese müsste nach gr. gramma = Linie Grammonym[3] lauten.

---

[1] Vgl. Anschütz u.a. 1979, 1982, 1983; Beeger/Anschütz 1985; Beeger u.a. 1989
[2] StAGN 1995, S. 33, Nr. 339 und Nr. 342; Sperling 1997, S. 124; Walther 2004, S. 92
[3] So ein Vorschlag von W. Grasedieck M.A., Univ. Trier

Naturnamen – Anoikonyme

> Alzeyer Hügelland; Bienwald; Dahner Felsenland; Haardtrand; Kaiserslauterer Senke; Kalmit; Pfälzer (Nordpfälzer) Bergland; Saarkohlenwald; der Warndt; Westricher Hochfläche

Naturnamen[1], auch Landschaftsnamen[2] (Anoikonyme[3]) sind alle geographische Namen, deren Charakter aus der Landesnatur bzw. der naturbedingten Gliederung der Erdoberfläche abgeleitet werden kann. Es kann sich um punkthafte Einzelobjekte, um unterschiedlich große und verschieden konfigurierte flächenhafte Gebilde oder auch um linienhafte Erscheinungen handeln. In Mitteleuropa sind es meist die Merkmale und Eigenschaften in Verbindung mit der Bodenbedeckung, die für die Abgrenzung und letztlich auch für die Namengebung herangezogen werden. Viele Landschaftsnamen sind bei uns erst im 19. Jahrhundert aufgekommen, so beispielsweise der Name Pfälzerwald (1843). Die Landschaftsgliederung der Pfalz von D. Häberle (1913) genügte bereits hohen wissenschaftlichen Ansprüchen. Dagegen stieß die „Naturräumliche Gliederung Deutschlands" (1953-1963) auf gewichtige Kritik in der Region[4]. Zu den Naturnamen gehören auch die Namen der natürlichen Gewässer.

Oronyme

> Böhler Lößplatte; Dahner Felsenland; Eschkopf; Haardtgebirge; Heidenfels; Homburger Becken; Leininger Sporn; Lembacher Graben; Sembacher Platten; Sickinger Höhe; Sickinger Stufe; Speyerbachschwemmkegel; Teufelsmauer, Wachenheimer Klamm

Die Oronyme[5] (von griech. oros = der Berg) beziehen sich auf das Relief und sind somit eine Untergruppe der Naturnamen. Es sind dies die Namen von Bergen, Höhen, Gipfeln, Kuppen, Kegeln, Kämmen, Rücken, Graten, Zwieseln und sonstigen Erhebungen, aber auch von Sätteln, Stufen, Tälern, Schluchten, Kesseln und Senken und schließlich auch von Ebenheiten, Platten, Terrassen, Abhängen, Lehnen, Leiten u.a.m.. Die sprachliche Vielfalt dieser Benennungen kann auch Gegenstand des sprachkundlichen Unterrichts sein und schult nicht zuletzt die Beobachtungsgabe.

Gewässernamen - Hydronyme

> Abersweiler Kanal; Blies; Eiswoog; Frankenthaler Kanal; Glan; Lauter; Pfrimm; Nahe; Ohmbachsee; Queich; Roxheimer Altrhein; Saar; Selz

Gewässernamen[6] oder Hydronyme[7] (von gr. hydor = das Wasser) sind alle Namen für fließende und stehende Gewässer einschließlich des zu Eis gefrorenen Wassers: Bäche, Flüsse, Ströme, Seen, Meere, Ozeane, auch Gräben, Kanäle, Teiche, Stauseen, Tümpel, Feuchtgebiete, Gletscher u.a.m. Wasser ist eines der wichtigsten Elemente, die der Mensch zum Siedeln braucht. Gewässer, namentlich die Flüsse,

---

[1] Namen im Sinne der naturräumlichen Gliederung
[2] Siehe v. Polenz 1961, S. 26; zu den deutschen Landschaftsnamen siehe Liedtke 2002
[3] Anoikonym zuerst bei Demek 1978, S. 126; dann Sperling 1985, S. 25
[4] Vgl. oben Anm.
[5] Demek 1978, S. 127; StAGN 1995, S. 28, Nr. 252; Sperling 1985, S. 25; ders. 1989, S. 125
[6] Berger 1993, S. 19-25 und Walther 2004, S. 60f.
[7] StAGN 1995, S. 126; Sperling 1997, S. 26

gehören zu den wichtigsten Orientierungsachsen der menschlichen Wahrnehmung. Die Namen prominenter Gewässer sind meist sehr alt und haben sich von Volk zu Volk bis in die Gegenwart weitervererbt. Die Erforschung der Gewässernamen (Hydrotoponomastik) ist eine wichtige Teildisziplin der sprachwissenschaftlichen und historischen Namenkunde.

Territorien und historische Gebiete

Altkreis Bergzabern; Bayerischer Rheinkreis; Bliesgau; Departement Mt. Tonnère; Französische Besatzungszone; Gau Saarpfalz; Germania Superior; Herzogtum Nassau-Zweibrücken; Hochstift Speyer; Landesteil Birkenfeld; Provinz Rheinhessen; Regierungsbezirk Rheinhessen-Pfalz; Saargebiet; Speyergau; Westmark

Territorium (von lat. terra = das Land) ist ein durch anthropogen gezogene Grenzen delimitiertes Gebiet, in dem eine Person oder eine Körperschaft die Macht bzw. die Hoheit ausübt und somit auch bei der Gestaltung der Kulturlandschaft großen Einfluss beansprucht. Im Unterschied zu den aktuellen Gebiets- und Verwaltungssprengeln (siehe unten!) ist hier namentlich an historische Gebietsgliederungen und Verwaltungssprengel zu denken, wie sie in einem Geschichtsatlas aufscheinen. Ihre Namen sind unentbehrlich für jede landeskundliche Darstellung und beanspruchen deshalb mehr als nur archivalisches Interesse.

Die Pfalz (Rheinpfalz) ist der klassische Fall eines historischen Territoriums, das in dieser Form längst nicht mehr besteht, dessen Name aber immer noch aktuell ist und lebhafte Vorstellungen von einer harmonischen und geschichtsträchtigen Kulturlandschaft erweckt. Wort und Begriff des Namens Pfalz sind in der mittleren und neueren deutschen Geschichte in hohem Maße lebendig geblieben und immer noch Anlass für lebensvolle und an die Landschaft gebundene Geschichtsbetrachtungen.[1] Abgeleitet ist das Wort Pfalz von lat. *palatium*, worunter man schlechthin einen Palast vermuten darf. Als Kurfürstentum hatte die Pfalz großen Anteil an der deutschen Reichsgeschichte; nach dem Wiener Kongress gewann der bayerische Rheinkreis, d.h. die Rheinpfalz (1838) erneute Aktualität, bis der inzwischen aufgehobene Regierungsbezirk Pfalz zu einem konstituierendem Teil des Landes Rheinland-Pfalz wurde, wo der Name bis heute bewahrt ist. Bei dieser Gelegenheit sollte nicht zuletzt auf den vieldiskutierten Begriff Gau (lat. *pagus*) eingegangen werden, der als Personenverband und als Territorium aufgefasst werden kann; der Landschaftsname *Das Gäu* in der Vorderpfalz lässt Altsiedelland vermuten. Die modernen Gaue der Turnerbewegung, der NSDAP oder des ADAC haben nichts mit der mittelalterlichen Gaugliederung zu tun.

Politische und administrative Gebietseinheiten

Bezirksverband der Pfalz; Bistum Speyer; Dekanat Neustadt a.d.W.; Donnersbergkreis; Land Rheinland-Pfalz; Landkreis Merzig-Wadern; Naturpark Pfälzerwald; Region Westpfalz; Rhein-Pfalz-Kreis; Saar-Pfalz-Kreis; Saarland; Stadtverband Saarbrücken; Verbandsgemeinde Winnweiler

Gegenwärtig bestehende, voneinander abgegrenzte Gebietseinheiten, Verwaltungssprengel, Gerichtsbezirke, kirchliche Verwaltungskörperschaften, Wehrkreiskom-

---

[1] Siehe Haubrichs 1990, S. 131-156, hier auch der neueste Stand der Forschung

mandos, Raumordnungsregionen, Naturschutzgebiete und ähnliche spielen im öffentlichen Leben eine große Rolle und bestimmen das Alltagsleben der Bürger in starkem Maße. Ein Blick in den Geschichtsatlas zeigt, dass die „Fleckenteppiche" der alten Territorien einem dauernden Wandel unterworfen waren.

Am 30. August 1946 wurde durch den Befehl Nr. 57 des französischen Militärbefehlshabers (Commandant en Chef) General P. Koenig das Land Rheinland-Pfalz (Land Rhéno-Palatin) gegründet, dazu gehörte als staatliche Mittelinstanz ein Regierungsbezirk Pfalz (Province du Palatinat), mit 13 Landkreisen und 8 Stadtkreisen. Ein solcher Regierungsbezirk besteht heute nicht mehr, die Anzahl der Kreise wurde erheblich verringert, die kommunale Ebene wurde durch die Bildung von Verbandsgemeinden gestärkt. Neue Reformen kündigen sich an. Die Bildung größerer Einheiten, auch bei den Amtsgerichten, den kirchlichen Organisationen und der Forstverwaltung, bietet sich an als Folge der durch die Motorisierung gestiegenen Reichweiten, beschleunigter Kommunikationssysteme, der Stärkung der zentralen Orte und gewandelter Mentalitäten.

Kulturlandschaften

Frankenweide; Deutsche Weinstraße; der Gau (in Rheinhessen); das Gäu (in der Vorderpfalz); Holzland; Insel Grün; Landstuhler Bruch; Musikantenland; Reichswald; Rhein-Neckar-Gebiet; Saarkohlenrevier; Schnapphahnenland; Truppenübungsplatz Baumholder; Unterhaardt

Im Unterschied zu den Naturlandschaften oder Naturräumlichen Einheiten handelt es sich bei den Kulturlandschaften um Teile der Erdoberfläche unterschiedlicher Größenordnung, deren Charakter und Gestalt durch die Aktivitäten der menschlichen Gesellschaft geformt worden ist und weiterhin gestaltet wird. Sowohl historische Entwicklungen als auch aktuelle und in die Zukunft gerichtete Vorhaben und Pläne finden hier ihren namentlichen ideellen Niederschlag. Ein Sonderfall sind die Kunstlandschaften, die sich an einem bestimmten, landschaftsgebundenen Baustil orientieren. In Mitteleuropa und letztlich auch in der Pfalz hat sich die heutige Verteilung von Wald (Forst), Fluren und Siedlungen gegen Ende des Mittelalters herausgebildet. Dazu kommen landwirtschaftliche Spezialisierungen (der Weinbau), die städtebaulichen und verkehrsmäßigen Folgen des Industriezeitalters, bestimmte kulturtechnische Maßnahmen wie etwa die Rheinlaufkorrektion, militärische Anlagen zur Landesverteidigung, sozialgeographische Differenzierungen wie etwa durch das Wandermusikantentum oder neuerdings auch durch Tourismus und Fremdenverkehr.

Siedlungsnamen - Oikonyme

Albig; Bruchweiler; Burg Lichtenberg; Erlenmühle; Feriendorf Eichwald; Forsthaus Lindemannsruh; Godramstein; Heppenheim an der Wiese; Kirchheimbolanden; Landau; Offenbach an der Queich; Rhodt unter Riedburg; Seitershof

Siedlungsnamen bzw. Ortsnamen (Oikonyme, von gr. oikos = das Haus, der Haushalt) gehören unabhängig von der Größe oder Ausdehnung des Ortes zu den Toponymen. Es handelt sich um die Namen von Agglomerationen, Städten, Dörfern, Weilern, Einzelhöfen, Forsthäusern, Mühlen, Einschichten, Almen, gewerblichen und militärischen Anlagen wie auch von aufgelassenen Siedlungen (Wüstungen), die einen standardisierten, d.h. behördlich registrierten Namen tragen. In der Regel enthalten die amtlichen Gemeindeverzeichnisse und die großmaßstäbigen topographischen

Kartenwerke alle einschlägigen Nachweise nach dem aktuellen Stand. Die Ortsnamenforschung entwickelte sich zu einem speziellen Zweig der Namenforschung, daran beteiligt ist die Siedlungsgeschichte, die genetische Siedlungsforschung der Geographen, die Kulturanthropologie und die Linguistik. Im Rahmen der politischen Zeitgeschichte interessieren die Umbenennungen von Siedlungen und andern Objekten. Die Siedlungsplanung ist beteiligt bei der Neubenennung von Wohnsiedlungen und sonstigen im Bau befindlichen Anlagen.

Flurnamen – Geländenamen

Angelbitz (Ingelheim); Hohe Angewann (Eich); auf der Benn (Westhofen); Frohnäcker (Freimersheim); Geißbühl (Rodalben), Auf dem Hinkelstein (Hargesheim); Katzenrech (Dickersbach); Königsbruch (Bruchhof); Leimenkaut (Kaiserslautern); Niedere Beunde (St. Martin); Hohes Rech (Baalborn); Hundertmorgen (Dautenheim); Vorderes Linsengewann (Heppenheim a.d. Wiese); Steimel (Meisenheim); Tschiftliker Dell (Contwig); Wolfsgalgen (Medesheim)

Flurnamen[1] sind Namen für Örtlichkeiten im Gelände (Mikrotoponyme) unterschiedlicher Provenienz und Ausdehnung. Als Flur bezeichnet man den Teil einer Gemarkung, der sich außerhalb der Ortslage (Hofstellen, Gärten) ausbreitet und auf unterschiedliche Weise genutzt wird. Man unterscheidet die Feldflur von den Waldungen (Forsten, Waldstücke, Hecken) von weiteren Arealen mit Sondernutzungen wie Weinberge (Wingerte), Hopfengärten, Obstplantagen, Anpflanzungen von Korbweiden sowie gewerblich oder militärisch genutzten Sonderflächen, Naturschutzgebieten oder Unland. Das Ackerland und meist auch das Grünland war bis zur Durchführung der Flurbereinigungen charakterisiert durch eine Vielzahl von Zelgen, Gewannen und Parzellen. Die Zersplitterung der Fluren in zahlreiche zerstreut liegende Parzellen (Streulage) war entweder aus Prinzip mit der Anlage der Flur beabsichtigt oder durch nachträgliche Erbteilungen veranlasst. Alle Teile einer Flur mussten zur Orientierung und aus gerichtsnotorischen Gründen voneinander unterschieden werden können, deshalb wurden sie mit Namen versehen. Diese Flurnamen wurden im 19. Jahrhundert bei den Liegenschaften und Katasterämtern in die sog. Flur- und Lagerbücher sowie in großmaßstäbige Karten und Pläne aufgenommen, die damit amtlichen Charakter erhielten und die Quelle für die Erhebung der Grundsteuer bildeten. Durch die Vergrößerung der Parzellen bei der Flurbereinigung kommt man heute mit weniger Namen aus. Die Flurnamenforschung ist weitgehend historisch orientiert und äußerst vielseitig. Auch bei der ökologischen Landschaftserkundung kann die Interpretation von Flurnamen wichtige Hinweise geben.

Verkehrswegenamen – Hodonyme

Albert-Schweitzer-Straße (in Offenbach a.d. Queich); Eichenlaubstraße; Flughafen Saarbrücken-Ensheim; Gaustraße; Kaiserstraße; Kapuzinergasse (in Landau); Pariser Chaussee; Parkplatz Johanniskreuz; Pfefferminzbähnel; Rainstraße/Rennstraße (alte Römerstraße); Ramstein Air Base; Rhein-Marne-Kanal; Saarkohlenbahn; Theodor-Heuß-Brücke; Via regia; Wasgau-Wanderweg

Namen für Verkehrswege[2], besonders für Straßen, Gassen und Wege, sowie für Einrichtungen der materiellen und nachrichtlichen Kommunikation werden als Hodony-

---

[1] Knöpp 1957; v. Polenz 1961, S. 25, auch Geländenamen; Ramge 1979; Walther 2004, S. 55
[2] StAGN 1995, S. 22, Nr. 138; Walther 2004, S. 102

me (von gr. hodos = der Weg) bezeichnet. Es handelt sich dabei nicht nur um Straßen und andere Verkehrswege, sondern auch um Pfade und Pfädchen (Pädges), Pässe und Steigen, Furte, Viehtriften, Knüppeldämme aber auch um Eisenbahnlinien, Autobahnen, Kanäle, Rohrleitungen, Hochspannungsleitungen, Seilbahnen und auch Verkehrsbauten wie Bahnhöfe, Flugplätze, Hafenanlagen, Sendetürme, Brücken, Tunnel und schließlich auch um die Überreste historischer Verkehrswege. Ein ergiebiges Forschungsfeld sind die Namen von Straßen und Gassen in Städten, die wichtige Hinweise auf die bauliche Entwicklung und die funktionale Arbeitsteilung, die Wirtschafts-, Sozial- und Rechtsgeschichte geben können. Mit der baulichen Ausdehnung der Siedlungsflächen entsteht das Bedürfnis neuer Benennungen, wozu nicht selten alte Wege- und Flurnamen reaktiviert werden. Durch den Fremdenverkehr und die Touristik entsteht das Bedürfnis, attraktive Straßen und schöne Wanderwege mit einem Namen zu versehen.

Exonyme

Alsace, dt. Elsaß; Cattenom, dt. Kattenhofen; Kaiserslautern, am. K-Town; Ludwigshafen, russ. ЛюДВИгсхафен; Mainz, čech. Mohuč, frz. Mayence, poln. Moguncja, russ. МаИНЦ; Pfalz, Palatine, Palatinat; Pfälzerwald, poln. Las palatinacki; Saarbrücken, frz. Sarrebruck; Saarland, frz. Sarre, ung. Saar-videk; Speyer, frz. Spire; Worms, lat. Borbetomagus; Zweibrücken, frz. Deux-Ponts

Exonyme[1] (Fremdnamen) sind geographische Namen in einer anderen Sprache als der, die in der betreffenden Gegend landläufig gesprochen wird, und die in der Regel auch amtlichen Status beansprucht. Der Gebrauch von Exonymen wird in verschiedenen Sprachgemeinschaften, sozialen Gruppen oder auch im tagespolitischen Kontext sehr unterschiedlich praktiziert. Namen von Staaten oder ihren Hauptstädten werden in den Medien in der Regel exonymiert, die Namen von kleinen Orten dagegen nicht. Die Praxis des Exonymengebrauchs ist unterschiedlich, im Behördenverkehr anders als im Alltag an der Grenze oder im Tourismus. Probleme gibt es in Regionen, in denen die staatliche Hoheit gewechselt hat wie in den historischen deutschen Ostgebieten, oder auch in Landstrichen, wo Minderheiten darauf bestehen, dass die von ihnen verwendeten geographischen Namen in die offiziellen Listen aufgenommen werden (Ortstafelstreit!). Nicht nur für den Behördenverkehr, sondern auch im Verkehrswesen, in den Medien und für den Schulunterricht müssen Regeln getroffen werden, die von keiner Seite als diskriminierend empfunden werden. Vorbildlich sind die Regelungen, die im Freistaat Sachsen für die Namen im Bereich der sorbischen Minderheit getroffen worden sind.

Ausblick

Namenforschung (Onomastik) bzw. geographische Namenkunde und Namenforschung (Toponomastik) wie auch die Praxis des angemessenen Umgangs mit geographischen Namen finden bei deutschen Geographen und Geographielehrern, sehr im Unterschied zu den Kollegen in vielen anderen Ländern, eine vergleichsweise geringe Beachtung. Das hängt nicht allein mit dem schwindenden Ansehen der herkömmlichen Länder- und Landeskunde zusammen. Der unreflektierte Gebrauch fremdsprachiger geographischer Namen, grobe Fehler bei der Aussprache und man-

---

[1] StAGN 1995, S. 20, Nr. 091; Sperling 1997, S. 197; Walther 2004, S. 53

gelnde Sensibilität beim Gebrauch von Exonymen sind die Folge von Defiziten in der philologisch-historischen Grundbildung bei den Studierenden der Geographie, also mangelhafter Allgemeinbildung. Selbst das mechanische Auswendiglernen ganzer Namenbatterien gehörte nicht zu den geheiligten Prinzipien einer altmodischen Erdkundemethodik, sondern war eher Teil der Überlebensstrategie überforderter und fachlich inkompetenter Vertretungslehrer.

Der Druck der Globalisierung, multilinguale Kontakte durch Mobilität in alle und aus allen Weltgegenden, weltweite Reiseaktivitäten, aber auch eine neue Einstellung zu den regionalen Umwelten können dazu beitragen, der Beachtung der Aussage und des Inhalts geographischer Namen in Heimat und Welt angemessene Beachtung zu schenken. Die territorialen Verschiebungen in Europa seit dem Zweiten Weltkrieg, die Entkolonialisierung in der Dritten Welt und der Wechsel politischer Systeme hatten zahlreiche Umbenennungen von Staaten, Regionen und Städten zur Folge, deren Vermittlung einschließlich der Nutzung der Hilfsmittel und Informationssysteme wie etwa Internet zu den Aufgaben des Geographieunterrichts einschließlich der geographischen Lehrerbildung sowie Fort- und Weiterbildung der Lehrer gehört. Der Umgang mit nichtdeutschen Alphabeten, mit nichtlateinischen Schriftzeichen und mit ungewohnten Ausspracheregeln regt erfahrungsgemäß die Wissbegierde der Lernenden an und steigert aus der Sicht der Öffentlichkeit den Bildungswert des Schulfaches Geographie.

Es gibt also vielerlei beachtenswerte Gründe, dem Umgang mit geographischen Namen auch im nicht-länderkundlichen, im thematisch ausgerichteten Geographieunterricht die gebührende Aufmerksamkeit zu schenken. Die fachdidaktische und unterrichtsmethodische Literatur enthält zahlreiche Vorschläge, wie man dieses Problemfeld, das meist etwas vage als „topographisches Wissen" bezeichnet wird, unterrichtlich umsetzen kann. Wichtiger aber noch ist die Arbeit vor der Schultür bei Unterrichtsgängen, Schülerexkursionen, Landheimaufenthalten, Geländepraktika oder Auslandsreisen. Die Beschäftigung mit den Flurnamen war im ersten Drittel des 20. Jahrhunderts ein unverzichtbares Thema des heimatkundlichen Unterrichts in der Landschule. Heute ergeben sich im Rahmen der Umwelterkundung andere Anknüpfungspunkte.

Der benannte Raum – ein weites Feld!

Literatur

Anschütz, R. u.a. (1979, 1982, 1983): Die unfügsamen Pfälzer Landschaftsnamen. In: Pfälzer Heimat 30, S. 44-51; 33, S. 20-28; 34, S. 115-121.

Back, O. / Breu, J. (1989): Glossar zur kartographischen Namenkunde. In: Österreichische Namenforschung 17, S. 105-114.

Back, O. (1992): Typologie der Ländernamen: Staaten-, Länder- und Landschaftsnamen. In: Eichler, E. u.a. (Hrsg.): Namenforschung. Ein internationales Handbuch zur Onomastik. Bd 2 (= Handbücher zur Sprach- und Kommunikationswissenschaft. Bd 11,2). Berlin, New York, S. 1348-1356.

Bauer, Th. (2000): Die mittelalterlichen Gaue (= Geschichtlicher Atlas der Rheinlande. Beiheft IV/9). Köln

Beeger, H. / Anschütz, R. (1985): Die unfügsamen Pfälzer Landschaftsnamen – Vorschläge zur Neugestaltung. In: Pfälzer Heimat 36, H. 2, S. 62-67

Beeger, H. / Geiger, M. / Reh, K. (1989): Die Landschaften von Rheinhessen-Pfalz – Benennung und räumliche Abgrenzung. In: Berichte zur deutschen Landeskunde 63, S. 327-359

Berger, D. (1993): Geographische Namen in Deutschland. Herkunft und Bedeutung der Namen von Ländern, Städten, Bergen und Gewässern (= Duden Taschenbücher 25) Mannheim

Bürgener, M. (1967): Die Landschaftsnamen Deutschlands. Erläuterungen zur Übersichtskarte „Deutschland. Relief und Landschaftsnamen". In: E. Meynen (Hrsg.), Institut für Landeskunde. 25 Jahre amtliche Landeskunde. Bad Godesberg, S. 338-343

Christmann, E. (1938): Beiträge zur Flurnamenforschung im Gau Saarpfalz (= Die Flurnamen Bayerns. Reihe IX, H. 1) München, Berlin

Christmann, E. (1965): Flurnamen zwischen Rhein und Saar. Speyer

Demek, J. (1978): Teorie a metodologie současné geografie (= studia geographica. 65). Brno

Dörrer, I. (1981): Die Landschaften der Pfalz – eine Einführung in die natur-, kultur- und wirtschaftsräumlichen Gefügemuster. In: M. Geiger u.a. (Hg.), Pfälzische Landeskunde, Bd 1. Landau, S. 17-33

Endlich, H. (1971): Verwaltungsgliederung 1818-1972. Text für Kt. Nr. 78. – In: W. Alter, Hrsg., Pfalzatlas Textband II, Speyer, S. 847-860

Fenske, H. (1990): Rheinkreis - Pfalz - Westmark. Über den Namen der Pfalz und das Selbstverständnis ihrer Bewohner im 19. und 20. Jahrhundert. In: F. Staab (Hrsg.), Die Pfalz. Probleme einer Begriffsgeschichte vom Kaiserpalast auf dem Palatin bis zum heutigen Regierungsbezirk (= Veröffentlichungen der Pfälzischen Gesellschaft zur Förderung der Wissenschaften zu Speyer. Bd 81). Speyer, S. 211-231

Geiger, M. (1987): Der Pfälzerwald im geographischen Überblick. In: M. Geiger u.a. (Hrsg.), Der Pfälzerwald. Portrait einer Landschaft. Landau, S. 9-58

Häberle, D. (1913): Die natürlichen Landschaften der Rheinpfalz. Ein Beitrag zur pfälzischen Heimatkunde. Kaiserslautern

Haubrichs, W. (1990): Zur Wort- und Namensgeschichte eines romanischen Lehnworts: lat. „palatinum", dt. „Pfalz". – In: F. Staab (Hrsg.), Die Pfalz. Probleme einer Begriffsgeschichte von Kaiserpfalz auf dem Palatin bis zum heutigen Regierungsbezirk (= Veröffentlichungen der Pfälzischen Gesellschaft zur Förderung der Wissenschaften in Speyer. Bd. 81). Speyer, S. 131-157

Kadmon, N. (2000): Toponymie. The Lore, Laws and Language of Geographical Names. New York

Knöpp, F. (1959): Wert der Flurnamenkunde als Erkenntnisquelle für die Beschaffenheit der Altlandschaft (= Schriftenreihe der Naturschutzstelle Darmstadt. V, 1). Darmstadt

Laufer, W. (1995): Der Weg zum Saarland. Beobachtungen zur Benennung einer Region. In: Haubrichs, W. (Hrsg.), Zwischen Saar und Mosel. Festschrift für Hans-Walter Herrmann zum 65. Geburtstag (= Veröffentlichungen der Kommission für Saarländische Landesgeschichte und Volksforschung. 24). Saarbrücken, S. 367-379

Leser, H. (1966): Der Name „Rheinhessen" in der landeskundlichen Literatur. In: Festschrift Johannes Bärmann. Teil I (= Geschichtliche Landeskunde. Bd III, 1). Wiesbaden, S. 210-219

Liedtke, H. (2002): Namen und Abgrenzungen von Landschaften in der Bundesrepublik Deutschland. Mit einem Anhang von Uwe Förster. 3. Aufl. (= Forschungen zur deutschen Landeskunde. 239). Flensburg

Meynen, E. u.a., Hrsg. (1953-1962): Handbuch der naturräumlichen Gliederung Deutschlands. Bad Godesberg

Meynen, E. u.a. (1966): Duden Wörterbuch geographische Namen Europa (ohne Sowjetunion). (= Duden Wörterbücher). Mannheim

Pemöller, A. (1969): Die naturräumlichen Einheiten auf Blatt 160 Landau i.d. Pfalz (= Geographische Landesaufnahme 1 : 200 000). Bad Godesberg

Polenz, P. von (1961): Landschafts- und Bezirksnamen im frühmittelalterlichen Deutschland. Untersuchungen zur sprachlichen Raumerschließung. 1. Bd: Namentypen und Grundwortschatz a.d.L.

Ramge, H. (1979): Die Siedlungs- und Flurnamen des Stadt- und Landkreises Worms (= Beiträge zur deutschen Philologie. Bd 43). Gießen

Reh, K. (1981): Der Pfälzerwald – eine Einführung in Landschaft und Namensgebung. In: Pfälzische Landeskunde, Bd 1, Landau, S. 379-387

Sperling, W. (1985): Dimensionen räumlicher Erfahrung. Gedanken zum Seydlitz Weltatlas. In: H.M. Cloß (Hrsg.), Seydlitz Weltatlas Handbuch, Berlin, S. 11-34

Sperling, W. (1997): Geographische Namen politisch instrumentalisiert. Das Beispiel Lothringen. In: R. Graafen und W. Tietze (Hrsg.), Raumwirksame Staatstätigkeit. Festschrift Klaus-Achim Boesler (= Collegium Geographicum, Bd 23). Bonn, S. 233-247

Sperling, W. (1997): Namen und Begriffe. Ein Beitrag über geographische Namen im Leben und in der Schule. In: F. Frank u.a. (Hrg.), Die Geographiedidaktik ist tot, es lebe die Geographiedidaktik. Festschrift zur Emeritierung von Josef Birkenhauer (= Münchner Studien zur Didaktik der Geographie. Bd 8). München, S. 111-140

Sperling, W. (1998): Der „Altzheimer Gau". Ein älterer Name für Rheinhessen? – In: D. Glatthaar u. Jürgen Herget (Hrsg.), Physische Geographie und Landeskunde – Festschrift für Herbert Liedtke (= Bochumer Geographische Arbeiten. Sonderreihe. 13). Bochum, S. 102-137

Sperling, W. (1999): Geographische Namen als interdisziplinäres Forschungsfeld. In: H.P. Brogiato (Hrsg.), Geographische Namen in ihrer Bedeutung für die landeskundliche Forschung und Darstellung (= DL – Berichte und Dokumentationen. Bd 2). Trier, S. 17-41

Sperling, W. (2003): Ahorn, Eiche, Fichte. Geographische Namen und Pflanzenstandorte. Befunde aus den böhmischen Ländern. In: Th. Schmitt (Hrsg.), Themen, Trends und Thesen der Stadt- und Landschaftsökologie. Festschrift für Hans-Jürgen Klink (= Bochumer Geographische Arbeiten. Sonderheft. 14). Bochum, S. 141-146

Sperling, W. (2005): Geographische Namen – ein Thema für Geographen? In: Namenkundliche Informationen 87/88, S. 57-87

StAGN = Ständiger Ausschuss für geograhpische Namen, Hrsg. (1995): Deutsches Glossar zur toponymischen Terminologie (= Nachrichten aus dem Karten- und Vermessungswesen. Sdh.) Frankfurt a.M.

Statistisches Landesamt Rheinland-Pfalz, Hrsg. (1976): Wohnplätze und sonstige Gemeindeteile in Rheinland-Pfalz 1970 (= Statistik von Rheinland-Pfalz. Bd 226). Bad Ems

Walther, H. (2004): Namenkunde und geschichtliche Landeskunde (= Onomastica Lipsiensia. Leipziger Untersuchungen zur Namenforschung. Bd 1). Leipzig; darin: Erläuterungen namenkundlicher Fachbegriffe, S. 46-105.

Zink, Th. (1923): Pfälzische Flurnamen (= Beiträge zur Landeskunde der Rheinpfalz. Bd 4). Kaiserslautern

Die Stadtgestalt als gestalteter Raum.
Semiotik und geographisches Lernen

Fritz-Gerd Mittelstädt

Die Stadt im Wahrnehmungsgeflecht Mensch-Raum

Mensch und Raum – so lautet der Titel einer Zueignung für *P. Schäfer*, die *Köck,* nun selber Adressat einer Festschrift, 1987 herausgegeben hat. Die Beziehung Mensch-Raum bezeichnet *Köck* in seinem Vorwort zunächst als ein „Allerwelts-thema". Mit diesem Begriff trifft er den Nagel auf den Kopf: wer soll „Aller*welts*-themen" behandeln, wenn nicht die Geographie? Die aus der Mensch-Raum-Bezie-hung von *Schäfer* abgeleitete geographiedidaktische Kernfrage ist gleichermaßen ein Grundanliegen von *Köck* geworden; denn die Befähigung zum verantwortungsvollen Verhalten im Raum und zu einer an sittlichen Maßstäben ausgerichteten Gestaltung des Raumes ist das Hauptziel des Erdkundeunterrichts, für das *Köck* didaktische Legitimationen vorgelegt und Rahmenbedingungen für die Umsetzung mitgestaltet hat.
Wer den Raum gestalten will, muss den Raum in seiner Gestalt kennen – sowohl in seinem Werden als auch in seiner gegenwärtigen Erscheinungsform. Dann kann Raumgestaltung ein geistiger Prozeß mit raumplanerischen Konsequenzen sein. Als überschaubarer Raum eignet sich die Stadt (der Schulort, die Heimatstadt) in ihren gestalteten Formen für eine konkrete Anschauung sowie für eine optische und mentale Wahrnehmung im Unterricht, die den Weltzugriff über den Zugang zu einem Mikrokosmos nach erkenntnisleitenden Kategorien wie Geordnetheit, Einfachheit, Strukturiertheit, Relationalität und Existentialität (vgl. Köck 1987) ermöglicht. Nach dem großen Symposion in Trier zum Stand der Stadtgestalt-Forschung (Schroeder-Lanz 1982/1986) ist es um den Begriff – zumal in der Geographiedidaktik – stiller geworden, sicher zu unrecht, erlaubt doch die Wahrnehmung der Stadtgestalt den Jugendlichen, in einem übersichtlichen Raum lokal verdichtete Gestaltmerkmale an und für sich und in ihrem Zusammenspiel als Ausdruck und Ergebnis philosophisch-religiöser, historischer, ökonomischer und künstlerischer Gestaltungsveranlassungen zu sehen und zu erklären.

Lernort Stadt

Auf einer geographiedidaktischen Konferenz hat *Rhode-Jüchtern* 2005 folgende Frage gestellt: *Wie erkennen wir die Welt beim Hinausgehen, und wie können wir uns darüber verständigen?* Verständigung bedarf eines Kommunikationssystems, in dem Sender und Empfänger die Identität der Zeichen – die Einheit von Bedeutung und Bedeutendem – in gleicher Weise verstehen. Solche Zeichen, über die es sich dann zu verständigen gilt, sendet auch die Stadtgestalt als Ort gesellschaftlicher Konstruktion von Wirklichkeit aus. Die Spurensuche in der Stadt soll Schüler zum Wahrnehmen und Lesen dieser Zeichen befähigen, die sie zuerst dekodieren (analysieren), um anschließend als Synthese die Einzelzeichen in ihrer Gesamtbedeutung zusammenzufügen. So wird aus der objektiv vorhandenen Stadtgestalt die individuell-mentale Stadtgestaltung. Eine Stadtexkursion wird zu einem Kommunikationsprozeß mit einer großen Behaltenseffizienz. Raumeindrücke werden mit Raumwissen in Beziehung gesetzt, und nach den Kategorien Struktur – Prozeß – System entsteht in den Schülerköpfen die Stadtgestalt, auch als Resultat des Sprechens über Zeichen im Raum und letzten Endes des Sprechens über eine Zeichensprache (Vgl. auch Hard 1981). Denn Zeichen werden erst bewusst, wenn in ihnen einer Bedeutung eine erfahrbare Gestaltung dieser Bedeutung zugeordent wird (vgl. dazu die Zeichentheorie von de Saussure 1915). Die Stadtgestalt als Unterrichtsgegenstand geht vom Unterrichtsprinzip der Ganzheitlichkeit aus und verlangt vom Schüler, dass er sich zunächst auf Fremdes in einer unbekannten Stadt oder auf unentdeckt Bekanntes in einem vertrauten Ort einlässt, um die wahrgenommenen Gestaltungsdetails in ihrer Gesamtheit zu verstehen.

Die Stadtgestalt als *simulacrum virtutis*
Melle bei Osnabrück als Beispiel

Ein erkenntnisleitender Impuls kann in der unterrichtlichen Stadtgestalt-Erkundung darin liegen, Bekanntes fragwürdig zu machen bzw. das Vertraute zum Unbekannten werden zu lassen. Warum sieht die Stadt aus welchen Gründen so aus, wie sie ausieht? Die Antwort auf diese Frage erfordert die Auseinandersetzung mit Zeichen im Raum der Stadt.

Am Beispiel der Stadt Melle östlich von Osnabrück sollen zwei stadtbildprägende Zeichen im Kontext der Stadtgestalt erklärt werden.

Zum einen wird die Stadtkrone des mittelzentralen Ortes Melle seit Anfang des 18. Jahrhunderts von den Türmen der benachbarten Kirchen St. Matthäus und St. Petri (Abb. 1) geprägt. Fremden fällt dieses Turmpaar auf Anhieb auf, und bei einem Blick aus der Ferne meint man, es handele sich um die Türme einer einzigen Kirche. Was Fremde zum Staunen veranlasst, ist für Meller Schüler Wahrnehmungsalltag. Eine zweite bauliche Dominante im Meller Stadtbild ist die ehemalige Möbelfabrik Melchersmann (Abb. 2), die Anfang des 20. Jahrhunderts nördlich der alten Stadt Melle in einem neuen Industrieareal an der Eisenbahn Hannover-Osnabrück errichtet worden ist.

Abb.1: Meller Stadtkrone mit St. Matthäus und St. Petri (rechts)

Abb. 2: Die ehemalige Möbelfabrik Melchersmann in Melle (erbaut 1914) von Süden

Beide Gebäude – die zwei Kirchen als Ensemble und die Fabrik – sind Zeichen, die in optischen Relationen innerhalb der Stadt stehen und erst im Zusammenspiel der Stadtgestalt ihre Bedeutung entfalten können, die sich jeweils als ein *simulacrum virtutis* deuten lassen.

Virtus im Sinne von Tugend war der Auslöser für den Bau der evangelischen Stadtkirche in Melle unmittelbar neben der im Mittelalter errichteten katholischen Matthäuskirche. Nach der Reformation waren im Osnabrücker Land einschließlich Melle die konfessionellen Verhältnisse lange Zeit unklar. Erst der Westfälische Friede von 1648 schuf in Verbindung mit der *Capitulatio Perpetua*, einem Zusatzvertrag für das Fürstbistum Osnabrück, und lokalen Vereinbarungen eine (neue) Ordnung. Ein sichtbares Zeichen dieser tugendhaften Einigung schuf der damalige lutherische Fürstbischof, indem er nach 1648 den Meller Protestanten den Neubau einer eigenen Kirche erlaubte (Abb. 3). Er ist im Zeitalter des Absolutismus Zeichen fürstlicher Tugend im Sinne von Gerechtigkeit, Fürsorge, Glaubensstärke und bürgernaher Machtausübung zu verdanken, was in einem Wappen mit einem Motto im Gewölbe der evangelischen Kirche bis heute unübersehbar dokumentiert wird. Virtus und Darstellung von Macht sind in dieser Malerei (Abb. 4) eine Einheit eingegangen.

Abb. 3 (links): Inschrift aus dem Jahr 1652 im Turmeingang der ev. Kirche St. Petri
Text: Dies Haus o Gott zu Ehren Dir
              Die Deinen auferbauet hier
              Nach der Kapitulation
              Sei Du allein stets sein Patron
              Und laß drin nichts erschallen mehr
              Als die reine evangelische Lehr   *(übernommen aus Mittelstädt (1998), S. 30)*
Abb. 4 (rechts): Wappen des ev. Fürstbischofs von Osnabrück, Ernst August II., im Chorgewölbe von St. Petri (Anfang 18. Jh.)

Aber auch die räumliche Nähe beider Kirchen ist ein Zeichen. Sie ist in der zweiten Hälfte des 17. Jahrhunderts aus der Tugend der Friedfertigkeit und Friedensfähigkeit erwachsen, und die Bedeutung dieser Nachbarschaft ist bis in die Gegenwart um das Signal ökumenischer Nachbarschaft erweitert worden. Zeichen in der Stadtgestalt können wie Zeichen in jedem Kommunikationssystem ihre Bedeutung bewahren oder auch wandeln, wobei sie aber nur Zeichen bleiben können, wenn die Kommunikationspartner die Erweiterung bzw. Veränderung der Bedeutung akzeptieren.
Auch die Fabrik in dem nach dem Eisenbahnbau ab 1855 entstandenen Industriegebiet ist ein *simulacrum virtutis*, wobei virtus jetzt mit *Tüchtigkeit* zu übersetzen wäre. Eigentlich anachronistisch wird der Nutzbau wie ein barockes Schloß errichtet, gleichsam als Zeichen für den gesellschaftlichen und ökonomischen Transformationsprozeß, den die Industrialisierung ausgelöst hat: die adlige Elite wird als stadt(bild)prägender Führungsstand (vgl. z. B. Karlsruhe, Mannheim, Würzburg) durch die Unternehmer ersetzt, die mit ihrer gewerblichen Tüchtigkeit den Wandel

befördern und ökonomische Erfolge sichtbar und selbstbewusst als Ausdruck ihrer neuen gesellschaftliche Rolle in der Klassengeselschaft stadtbildgestaltend umsetzen. Die Fabrik Melchersmann ist im doppelten Sinne ein Funktionsbau: er dient der Produktion und der Repräsentation. Auch der Bau großer beherrschender Produktionsanlagen im Zuge der Industrialisierung modifiziert und prägt Kern bzw. Weichbild der Städte (Bentmann und Müler 1970) „Die Produktionsstätten rückten in den öffentlichen Raum und damit ins öffentliche Interesse, dienten somit als Herrschaftszeichen" (Rosinski 1980).

Damit sind diese Zeichen in eine doppelte Raum- und Wirkungsbeziehung in der Meller Stadtgestalt gestellt, wobei (die) Tradition(en) und Innovation(en) die Zeichen in neue Bedeutungsgesamtheiten einbinden.

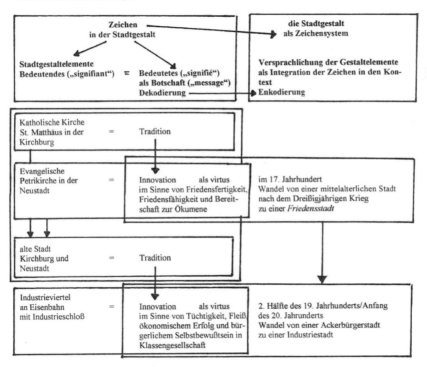

Die Stadtgestalt als Zeichensystem
Melle bei Osnabrück als Beispiel

Die Entwicklung der Stadtgestalt als Prozeß der Raumnutzung
Melle vom 17. bis zum 19. Jahrhundert

Bis zur Industrialisierung bestimmten zwei Leitlinien im Naturraumgefüge zwischen Teutoburger Wald im Süden und Wiehengebirge im Norden die Stadtentwicklung von Melle: der Rand einer Erhöhung im Elsetal, der der 80-m-Isohypse entspricht, und die nördliche Terrasse des Elsetals am Fuß der Meller Berge. Auf der Trockeninsel wurde nach 800 n. Chr. im Rahmen der Missionierung des Osnabrücker Landes eine Gaukirche gegründet, um die eine sog. Kirchhofsburg entstand, die als Ackerbürgersiedlung typisch für die Region um Osnabrück ist und die die Stadtgestalt im Kern von Melle bis in die Gegenwart prägt (Abb. 5). Der Platz auf dieser Trockeninsel war groß genug für eine erste Stadterweiterung nach dem Westfälischen Frieden, die mit dem Bau der evangelischen Kirche einherging und zu einer Verdopplung der Stadt-fläche führte (Abb. 6).

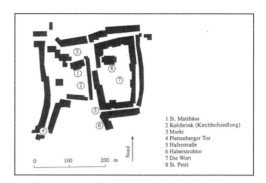

1 St. Matthäus
2 Kohlbrink (Kirchhofsiedlung)
3 Markt
4 Plettenberger Tor
5 Haferstraße
6 Haberstrohtor
7 Die Wort
8 St. Petri

Abb. 5: Die östliche Begrenzung der Meller Kirchburg (Haferstraße)

Abb. 6: Melle zu nach der Kartierung von Du Plat

Diese Zweipoligkeit von Altstadt und Neustadt mit den beiden baulichen Dominanten der konfessionsverschiedenen Kirchen ist konstitutiv für die Meller Stadtgestalt, sowohl im Grundriß wie im Aufriß. Die Stadtkrone ist ein individuelles Merkmal der Meller Stadtgestalt, das als Logo im lokalen Marketing Verwendung findet, weil es auch zu einer großen Identifikation der autochtonen Bevölkerung mit „ihrer" Stadt beiträgt. Die Industrialisierung im Norden des Kirchortes Melle löste die Herausbildung einer neuen Zweipoligkeit der Stadtgestalt aus. In hochwasserfreier Lage wurde 1855 die sog. Hannoversche Westbahn eröffnet, zu deren beiden Seiten eine Industrieschiene entstand, die als ein neues Stadtviertel der alten Stadt (Alt- und Neustadt) räumlich und funktional getrennt gegenüberstand (Abb. 7) – ein Gefügemerkmal, das bis in die Gegenwart Konsequenzen für die Stadtplanung hat. Diese doppelte Zweipoligkeit hat in der seit den zwanziger Jahren des 20. Jahrhunderts flächenmäßig erweiterten Stadt Melle ihre Signalwirkung im funktional-architektonischen Ensemble bewahren können und ist bei der Erhaltung der Stadtgestalt von hoher Priorität.

Abb. 7: Melle im Zeitalter der Industrialisierung.
1: kath. Kirche St. Matthäus in der ehemaligen Kirchhofsburg (Altstadt); 2: ev. Petrikirche in der Neustadt; 3: Industrieschloß (Möbelfabrik Melchersmann)

Die Entwicklung der Stadtgestalt als mentaler Prozeß
Lernen mit Schülern in der Stadt (Melle)

Die Hinführung zur Wahrnehmung der (vermeintlich) vertrauten Stadtgestalt erfordert besondere Methoden. Der pre-discovering-Phase kommt die Aufgabe zu, zu Wahrnehmungsaktivierungen zu initiieren. Dabei können Verfremdungen das Vertraute fragwürdig machen. Vor der eigentlichen Stadterkundung (while-discovering-Phase) werden die Schüler z. B. mit Bildmontagen konfrontiert, in denen die bekannte Stadtgestalt durch Eliminieren (Abb. 8: Retuschieren eines der Kirchtürme, so dass sich das Erscheinungsbild der Stadtkrone wandelt) oder Kontrastieren (Abb. 9: Gegenüberstellung des gründerzeitlichen Fabrikschlosses, das sich in der Ästhetik des Feudalismus präsentiert, mit einer industriellen Anlage, die Stahl und Glas als Architekturelemente nutzt, um das Rollenverständnis des Unternehmers in der Gesellschaft sichtbar zu machen). So werden die Schüler veranlasst, sich auf Fremdheit einzulassen und die vordergründig bekannte Stadtgestalt neu zu entdecken.

Abb. 8: Fotomontage: Meller Stadtkrone ohne St. Petri

Abb. 9: Ersatz des Fabrikschlosses Melchersmann durch einen unrepräsentativen Fabrikbau (Zeichnung Mittelstädt 2006)

Dieser mediengesteuerten Verfremdung folgt die originale Begegnung als Wahrnehmungs- und Kontrastierungsaktivität in der while-discovering-Phase. Die Spurensuche geht von der Wahrnehmung der einzelnen Zeichen in der Stadtgestalt aus, die im Rahmen einer Dekodierung gelesen werden. Dabei helfen den Schülern Informationen, die sie vor Ort im nahen Umfeld der jeweiligen Stadtgestaltelemente vorfinden (siehe z. B. Abb. 4 und Abb. 3) oder die sie der regionalkundlichen Literatur in der Stadt- und/oder Schulbibliothek (Mittelstädt 1998, Tommek 1996) vorfinden. Das methodische Können verlangt komplexe Vernetzungen: Überprüfung von Bildinformationen durch Verifizierung/Falsifizierung an Standorten innerhalb der objektiv erfahrbaren Stadtgestalt, Zuordnung von Ergebnissen der erweiterten Umfeldwahrnehmung bzw. einer Literaturrecherche zu einzelnen Stadtgestaltelementen, Verbalisierung der über optische und weitere Informationen erhaltenen Eindrücke im Kontext des Sprechens über die Stadtgestalt. Systemares Denken wird schließlich in der post-discovering-Phase geübt, wenn die Botschaften der Einzelzeichen zu einer Gesamtaussage zusammengefügt werden: so entwickelt sich in den Schülerköpfen die Stadtgestalt als System von Einzelzeichen. Die Stadtgestalt ist dann nichts anderes als das Produkt einer mentalen Stadtgestaltung, eines Prozesses des Bewusstwerdens. In diesem Vorgang fügen die Schüler Erlebniseinheiten zu einem Gesamterlebnis zusammen, wobei sie Einsichten in die Wechselbeziehungen von Gestaltelementen innnerhalb einer gestalteten Ganzheit gewinnen. Der methodische Ansatz liegt in der Verzahnung von Experiment (Überprüfung von montierten und kontrastierenden Bildinhalten mit der Wirklichkeit), wahrnehmungspsychologischem und phänomeologischem Vorgehen (Beobachtung der Stadtgestalt) und systemarem Denken (Verständnis des Zeichensystems). Analyse als Dekonstruktion der Stadtgestalt in ihrer erfahrbaren Existenz als kultureller Realität geht einher mit der Konstruktion der Stadtgestalt als individueller Synthese.

Das Ziel dieser Methode ist die Stadtgestalt als geistiges Konstrukt der Schüler. Im Unterricht präsentiert sich die Stadtgestalt dann im doppelten Sinne als räumlich erfahrbares Produkt einer Raumgestaltung und als Ergebnis einer geistigen Konstruktion in den Köpfen der lernenden Schüler, so dass die Lernanforderungen, die Exkursion, Wahrnehmung und Raumbildung an die Schüler stellen, über den Anforderungsbereich II (Transfer) hinausgehen und eine eigenständige Form der Problemlösung bzw. Kreativität verlangen. Insofern finden Raumkenntnis, Raumwahrnehmung, Raumbewertung und Raumbewusstsein, wie sie in den niedersächsischen Gymnasien als Leitbegriffe geographischen Lernens in der Kursstufe vorgesehen sind (Niedersächsisches Kultusministerium 1994), Berücksichtigung. Und wenn die Jugendlichen zur Mitwirkung bei dem Erhalt des lokale Identität fördernden Stadtbildes motiviert werden, können sie Raumverantwortung als eigenständige wertorientierte Verhaltensweise im Mikrokosmos übernehmen.

Literatur

Bentmann, R. u. M. Müller (1970): Die Villa als Herrschaftsarchitektur. – Frankfurt/M.

Hard, G. (1981). „Sprachliche Raumerschließung". Die Sprache der Geographen als sprachkundlicher Gegenstand. Der Deutschunterricht, H. 1, S. 5-16.

Köck, H. (Hrsg.) (1987). Mensch und Raum. (Hildesheimer Beiträge zu den Erziehungs- und Sozialwissenschaften. Studien – Texte – Entwürfe, Bd. 25). Hildesheim, Zürich, New York.

Mittelstädt, F.-G. (1983). Melle, eine kleine Stadtgeographie. Meller Jahrbuch Der Grönegau 2, S. 66-83.

Mittelstädt, F.-G. (1998). Die Meller Petrikirche vor dem Hintergrund der Folgen des Westfälischen Friedens. Meller Jahrbuch Der Grönegau 1988, Sonderband, S. 21-45.

Mittelstädt, F.-G. (1997). Stadtentwicklung – Beispiel Melle bei Osnabrück. (Materalien-Handbuch Geographie, Bd. 6, S. 228-239). – Köln.

Neteler, T. (1984). Beginn der Industrialisierung in Melle. Melle.

Niedersächsisches Kultusministerium (Hrsg.) (1994). Rahmenrichtlinien für das Gymnasium – gymnasiale Oberstufe, die Gesamtschule – gymnasiale Oberstufe, das Fachgymnasium, das Abendgymnasium, das Kolleg: Erdkunde. – Hannover.

Rosinski, R. (1989): Zur Baugeschichte der Textilindustrie Westfalens. Die Ravensberger Spinnerei (Hrsg.: D. Ukena u. H. J. Röver), S. 39-48. Westfälisches Industriemuseum, Schriften, Band 8. Hagen.

Saussure, F. de (1915): Cours de linguistique générale, hg. Ch. Bally u. A. Sechehaye 1969. (Etudes et Documents Payot). Paris.

Schroeder-Lanz, H. (Hrsg.) (1982/1986): Stadtgestalt-Forschung, Teil I und II. (Trierer Geographische Studien, Sonderheft 4/5). Trier.

Tommek, P. (1996). Die Möbelfabrik Melchersmann in Melle. Zwischen Industrieschloß und neuer Sachlichkeit. Meller Jahrbuch Der Grönegau 15, S. 94-112.

Die Photos Abb. 1, 2, 4, 5 sowie 8 hat Maria Otte, Melle, gemacht.

Welt *als* System und Welt *im* System.
Wahrnehmen und Verstehen von Prozessen in der spätmodernen Stadtentwicklung

Tilman Rhode-Jüchtern

„Developer" als Boten eines „New Deal"

Anfangs haben wir noch gelacht über den komisch klingenden wichtigen Ausdruck vom „Developer". Das war so vor 10 – 15 Jahren, als die Städte noch ihre Planungshoheit hatten und der Planungsamtsleiter ein wichtiger Mann war. Aber dann kam plötzlich das Gerücht auf, dass da ein solcher Developer mit Namen B. mit dem Planungsdezernenten der Stadt per Hubschrauber nach einem Standort für eine „Balitherme" gesucht haben, möglichst mit unverbaubarem Fernblick ins Abendrot. Die beiden waren auch fündig geworden, am Rand einer naturschutzwürdigen Aue, die nur wegen der Planungsoption auf einen künftigen See nicht förmlich unter Naturschutz stand.

Dann fuhren wir nach Holland zur Besichtigung integrierter Einkaufspassagen in Altstädten; derselbe Investor B. war mit von der Partie, und bei der Vorfahrt am Renaissance-Rathaus stellte er sich mit seinem Wagen der S-Klasse vor den der Oberbürgermeisterin.

Dieser Developer/ Investor B. ist inzwischen bankrott. Aber er hatte uns in zwei kleinen und eher symbolischen Handlungen gezeigt, wo es künftig langgehen soll mit der Entwicklung der Städte.

„Wir" – das ist z.B. der Beirat bei der Landschaftsbehörde der Stadt, der über die Einhaltung des Landschaftsgesetzes zu wachen hat, die Behörde berät und bei Fehlentwicklungen die Öffentlichkeit unterrichten darf. „Wir" – das sind z.B. die nach dem Bundesnaturschutzgesetz zu beteiligenden Verbände, die ehrenamtlichen Natur- und Denkmalschützer. „Wir" – das sind z.B. die Lehrer, insbesondere der Fächer Geographie und Sozialkunde, die jungen Menschen die Welt verstehbar machen sollen.

„Wir" alle merkten nach und nach, dass die Regeln und Verfahren unbemerkt ihre Substanz verloren. Man wurde zwar nach Recht und Gesetz beteiligt, aber danach regelmäßig „weggebündelt" in der „abgestimmten Verwaltungsmeinung". Wenn man z.B. bei einer großen Baumaßnahme wie einem Bahnfrachtzentrum nach der Umweltverträglichkeitsprüfung fragte, bekam man die – formell völlig korrekte – Auskunft: „Die Baugenehmigung *ist* die UVP".

Wer nun als Bürger und als Fachmann sich jahrzehntelang mit der Entwicklung der Städte befasst hat, beschreibend, analysierend, handelnd, der muss seit 10 oder 15 Jahren völlig umlernen. Es hilft nichts mehr zum Verstehen, sich mit Stadtmodellen der funktionellen Gliederung oder mit Schemata zu Verfahrensabläufen in der Planung zu bescheiden; die sind nur mehr Folie. Die Karten sind neu gemischt, es gelten neue Regeln, aber niemand weiß, ob es überhaupt noch die alten Karten sind und wie diese neuen Regeln eigentlich lauten. Mit Beharrlichkeit und Engagement kann man aber die Geheimnisse ein wenig lüften und irgendwann wieder mitspielen im neuen System.

„System" bekommt damit einen doppelten Sinn; zum einen die *Struktur* aus Beziehungen von Elementen zueinander und ihre *Funktionen*; zum anderen der *Prozess*, der da unter bestimmten - systemischen - Regeln abläuft. Das neue System im zweiten Sinn ist natürlich nicht willkürlich oder chaotisch in Betrieb, sondern in bestimmter Weise rational; nur gibt es eben verschiedene Rationalitäten, gebunden als Zweckmäßigkeiten an Interessen. Ehe man also am Ende eines Prozesses ein „fertiges" materielles System beschreibt, z.B. die oben erwähnte Therme am Naturschutzgebiet, ist man zum Verstehen dieses neuen Gebäudes im Kontext, also eines Systems, auf die Genese in Gesetzmäßigkeiten, Rationalitäten und Randbedingungen verwiesen. Diese gilt es zu de- oder rekonstruieren, wenn man wissen will: „Was ist da eigentlich passiert?"

Weltverstehen, auch Welt als System verstehen, braucht also mehr als Lehrbuch- und Abstraktionskonzepte. Es braucht konkrete gesellschaftlich-geographische Erfahrung und Phantasie im Feld. Es braucht eine Methodik des „Sinnverstehens" von konkreten Handlungen Dritter. Und es braucht eine – offengelegte – Normorientierung bei der Abwägung verschiedener Rationalitäten.

Kategorial gesprochen: Wir brauchen eine Einheit von vernetzendem und verstehendem Denken. Die Welt *als* System wird verstanden aus Prozessen und Handlungen *im* System.

Machen wir dies deutlich am konkreten Fall, hinter dem sich die großen Strukturen, die Leitlinien und Grundmuster des Handelns verbergen. Nehmen wir die neuen Handlungsstrukturen und Kooperationsformen im „New Deal" in den Städten und verstehen wir diese mit Hilfe eines einzelnen Vorhabens im Kontext.

Eine kurze Problemliste des „New Deal"

Der oben genannte Problemkreis beschäftigt uns offiziell z.B. seit dem 52. Deutschen Geographentag in Hamburg im Rahmen des Themas „Neue Handlungsstrukturen und Kooperationsformen in der Stadtplanung". Es geht darum, „wie kommunale Politik in den traditionellen Feldern kommunaler Selbstverwaltung und Daseinsvorsorge auf die veränderten ökonomischen und finanziellen Rahmenbedingungen reagiert" (Tharun 2000, 57)

Zu den Reaktionen gehört zum einen die Neuaufstellung der städtischen Verwaltungen; sie werden gespalten in einen kleinen verwaltungstechnischen bzw. hoheitlichen Bereich und einen größeren Bereich der Eigenbetriebe. Beide rechnen ihre Leistungen wie ein Betrieb ab, so dass die Arbeiten transparent werden, aber auch jedes Mal etwas kosten. Wenn ein Rat also künftig einen Prüfauftrag an die Verwaltung stellt oder ein Amt einem anderen etwas zuarbeitet, dann kostet das etwas. Außerdem werden viele ehemalige Ämter ausgegründet als GmbH; aus dem ehemaligen Sport- und Bäderamt wird z.B. die „Bäder- und Freizeit-GmbH", aus dem alten Garten-, Forst- und Friedhofsamt werden Eigenbetriebe. Diese bleiben zwar Töchter der Stadt, Rechenschaft legen sie aber ab gegenüber ihren Verwaltungsräten und nicht gegenüber dem Parlament oder dem Souverän, dem Volk. Dieses Phänomen wird kurz gekennzeichnet durch die Formel „Stadt als Betrieb/ Konzern".

Eine weitere Reaktion ist die faktische Auflösung der städtischen Planungshoheit (Rat und Verwaltung, „Legitimation durch Verfahren") in eine Vielzahl von Instrumenten, z.B. die sog. Vorhaben- und Erschließungspläne, städtebauliche Verträge, Gründung von Entwicklungsgesellschaften und Public-Private-Partnership (PPP). Damit werden andere Akteure in das Planungshandeln der Kommunen einbezogen, mit Aufträgen versehen oder in ihren Partialinteressen bestätigt. Wenn z.B. ein Investor plant, ein Spaßbad zu bauen, dann fragt er bei der Stadtverwaltung an, ob er das mal planen darf; der Rat ist in der Regel froh über jeden Investor und wird das Vorhaben vorläufig „begrüßen". Damit hat der Investor zwar noch keine förmliche Genehmigung, aber grünes Licht für eine teure Planung und damit Vertrauensschutz für die Genehmigungsfähigkeit und spätere Genehmigung. Anders würde eine Stadt ihren guten Ruf als Partnerin im PPP schnell verspielen.

Eine dritte Reaktion ist die Konkurrenz der Städte für ihre Ökonomie und ihr Image durch Attraktion und Festivalisierung. Dies wird verbunden mit der Gentrifizierung der Innenstädte, einer Beschränkung des Öffentlichen Raumes durch Teilprivatisierung incl. privater Sicherheitsdienste und durch Ordnungsrecht (vgl. Häußermann 2000). Es gibt mehr denn je Möbel auf den Plätzen und Straßen, aber nur noch gegen Rechnung in den Cafes und Bistros; Bänke zum bloßen Verweilen gibt es immer weniger bis gar nicht mehr, allenfalls in Parks mit eigener Benutzungsordnung.

Man kann in der Liberalisierung und Ökonomisierung der Stadtentwicklung nicht von allen Akteuren verlangen, dass sie die Aufgaben der Kommune in der Daseinsvorsorge, beim Abbau von Disparitäten, bei der Schaffung gleicher Lebensverhältnisse pauschal mit übernehmen. Es werden - vierte Reaktion - systemlogisch die Einzelprojekte (Einkaufsgalerie, Multiplexkino, Urban-Entertainment-Center „UCE") als Rosinen heraus gepickt, während die unrentierlichen Aufgaben an der Stadt hängen bleiben. Theater, Stadthalle, Sportarena etc. werden als Eigenbetriebe mit einem kleinen Etat versehen und auf die freie Wildbahn entlassen, die Preise der Eintrittskarten lassen diesen Paradigmenwandel klar und deutlich erkennen. Sozialamt, Drogenberatung, Jugendzentrum etc. bleiben städtisch, Schulen, Verkehrsbetriebe, sogar Gefängnisse werden z.T. auch noch an Privat vergeben und zurückgeleast, was die monatlichen Kosten für den (Sach- und Personal-)Haushalt zunächst verringert.

Bei einer projektorientierten Stadtentwicklung mit passendem Instrumentarium im Rahmen einer PPP soll es nicht mehr darum gehen, die alten Standards von „Legitimation durch Verfahren" (Luhmann) mit rechtsstaatlicher Priorität aufrechtzuerhalten, auch normative Standards von Partizipation und Diskussion erscheinen als Hindernis oder Luxus. Daraus folgt die fünfte Reaktion: Beschleunigung und Deregulierung, zu Recht oder auch zu Unrecht zusammengefasst unter der patenten Formel „Abbau von Bürokratie". Die Suche nach Alternativen, die Optimierung einer Planung bei Zielkonflikten, weiche Verfahren der Konfliktlösung wie Mediation oder Runde Tische werden kaum noch betrieben; dabei werden vermeidbare Fehler oder „suboptimale" Lösungen in Kauf genommen, wenn es denn nur schnell geht. Da ein Diskurs dann manchmal nur noch vor dem Verwaltungsgericht möglich ist (was aber extrem langwierig ist), wird auch hier versucht, die Instanzenzüge abzukürzen. (Der Bundesverkehrsminister wollte 2005 Einsprüche gegen Verkehrswegeplanungen überhaupt nur noch auf eine Instanz beschränken, und zwar ausgerechnet vor dem Bundesgericht. Das alte Prinzip „Wer ist am nächsten dran?" und der Gedanke von der Lokalisiertheit von Planungen - und deren Auswirkungen - in den Regionen werden damit geradezu verspottet.)

Eine sechste Reaktion sind neue Managementmodelle und Netzwerke. Bekannt sind die Interessenvertretung durch die Kammern (IHK, Handwerkskammer), dazu treten die Einrichtung von Konferenzen (z.B. Regionalkonferenzen), Zweckbündnisse (z.B. interkommunale Gewerbegebiete), Handlungsprogramme (z.B. in NRW die „Vitale Stadt" oder im Bund die „Soziale Stadt") oder sogar die Übernahme städtischer Kostenanteile bei Landesförderungen durch private Stiftungen oder Vereine (z.B. Gewässerrenaturierung).

Eine siebte Reaktion klingt nach alldem logisch und doch noch überraschend, sie lautet aus dem Munde von Kommunalpolitikern: „Wir lehnen jede Verantwortung ab!". Wer nur noch auf fremdes Geld hoffen darf, wer auch gesetzliche Pflichtaufgaben nicht mehr finanzieren kann, wer unter der Knute von Haushaltssicherungskonzepten (Aufsicht über die städtischen Finanzen durch den Regierungspräsidenten) steht, der kann nicht „auf Augenhöhe" mit Investoren verhandeln; diese sprechen mit einer Unmenge von anlagewilligem Kapital vor, sind aber an der konkreten Stadt – in ihrer eigenen Logik und Rationalität – nur am Rande interessiert (am Rande heißt, sie sind natürlich an Standort- und Bedarfsanalysen interessiert, aber schon nicht mehr an eventuellen Verdrängungswirkungen oder folgenden Leerständen).

Wenn z.B. ein Investor wie IKEA seinen Standort gefunden hat, kann man sicher sein, dass der blaugelbe Quader auch hierher kommt; Versuche der Stadt, den städtischen Einzelhandel etwa durch eine Beschränkung des Katalogangebotes zu schonen, würden nicht akzeptiert und allenfalls zum Verlassen des Standortes führen. Das gilt auch dann, wenn eine ganze Innenstadt ausblutet bzw. nur noch Läden aus dem 1-€-Bereich („MäcGeiz" o.ä.) behält wie im Falle Oberhausen gegenüber dem CentrO auf der grünen Wiese (s.u.).

Es gibt eine lange Reihe auch sehr großer Fälle aus den letzten Jahren, die die genannten Problemladungen 1-7 in sich tragen.

- o Da wurde z.B. von einem der größten Bankhäuser der Welt in einer Fast-Global-City ein Stadtquartier für 6,5 Milliarden DM (die Frankfurter „Messestadt" von Deutscher Bank und Helmut Jahn) aus dem Hut gezaubert, als gäbe es keine Verfahren, keine Gremien, keine Stadtplanung, keine Wettbewerbe, keinen Planungsstand und keine Oberbürgermeisterin. Eine Planung zumal, von der Frankfurter Städtebaubeirat meinte, diese Pläne würden bei einem internationalen Wettbewerb vermutlich sehr früh ausgeschieden sein.
- o Da setzt sich die Deutsche Bahn als Grundeigentümerin mit dem „Europaviertel" gegen die Deutsche Bank durch. Wegen des Zeitverlustes will die Bahn als Unternehmen der Öffentlichen Hand aber keinen europaweiten Wettbewerb ausschreiben. Der Messe-Aufsichtsrat übergibt deshalb das Messegrundstück einfach in Erbpacht an einen privaten Investor. Ein solcher muss keinen Wettbewerb ausloben.
- o Da wird ein Internationaler Großflughafen Berlin-Brandenburg ausgeschrieben und an einen Baukonzern (Hochtief) vergeben, in dessen Aufsichtsrat auch Entscheidungsträger über die Ausschreibungen sitzen (z.B. die Berliner Finanzsenatorin), mit der Folge, dass ein Verwaltungsgericht an das ordentliche Verfahren erinnert und alles auf Anfang setzt – teuer, langwierig, peinlich.
- o Da wird von einem englischen Investor eine „Neue Mitte Oberhausen" („CentrO") auf die grüne Wiese geplant, gebaut, milliardenschwer finanziert, von der Öffentlichen Hand gefördert, ohne dass die Folgen für die Innenentwicklung der Städte bedacht oder erforscht oder kompensiert wären.
- o Auch der offizielle Pavillon der Bundesrepublik Deutschland für die Expo Hannover wurde der Einfachheit halber von einem Generalübernehmer geplant und gebaut. Die ursprünglichen Wettbewerbssieger konnten ihre preisgekrönten Entwürfe aus der Schublade von irgendwelchen Entscheidungsträgern abholen. Vom Pavillon der Schweiz und von Holland ist noch heute die Rede, vom deutschen Pavillon mit dem Charme eines großen Autohauses hat niemand mehr geredet.

Die Idee von der PPP (auf deutsch: Öffentlich-Private Partnerschaft „ÖPP") hat sich dermaßen verbreitet, dass sie sogar vom Gesetzgeber als flächendeckendes Instrument förmlich gefasst, sprich: erleichtert werden soll, ähnlich wie in Großbritannien, Spanien oder den Niederlanden (Steuerrecht, Vergaberecht, Entgeltgestaltung.) „Investitionen in Bildung, Forschung und Entwicklung, eGovernment, Kultur, internationale Entwicklungszusammenarbeit, soziale Infrastruktur können mit ÖPP häufig schneller, effizienter und damit kostengünstiger realisiert werden" (Klaus Brandner, wirtschaftspolitischer Sprecher der SPD-Bundestagsfraktion, 2005). Kritiker in der Politik argumentieren dabei vor allem ökonomisch; sie warnen vor der Gefahr, dass am Ende die Sache zwei- bis dreimal so teuer wird, als wenn es die Öffentliche Hand selber gemacht hätte; sie nennen dies eine verschleierte Form der Verschuldung. Es geht also nicht nur um eine neue politische Figur der Effizienzsteigerung, sondern vor allem um den akuten Sanierungsbedarf und die wachsende Infrastrukturlücke bei Schulen, Verwaltungsgebäuden, Gefängnissen, Krankenhäusern und Verkehrswegen. Allein der Bund hat vor zehn Jahren 14,4% seines Budgets für Investitionen verwandt, inzwischen liegt dieser Anteil unter 10% (ähnlich bei den Ländern und Kommunen).

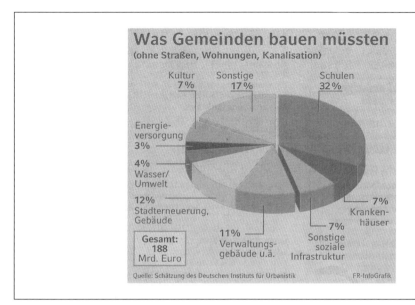

Weitere Beispiele:

o Der Kreis Offenbach lässt in ÖPP seine 90 Schulen sanieren; der Landrat rechnet nicht nur mit Einsparungen von 179 Millionen Euro, sondern auch mit einer immensen Zeitersparnis. Zwei private Projektgesellschaften (eine davon: der Baukonzern Hochtief) bewirtschaften die Schulen für die nächsten 15 Jahre, bei einem Gesamtvolumen von 780 Millionen Euro; der Kreis zahlt jährliche Raten von 52 Millionen Euro an die Projektgesellschaften, das Zinsrisiko trägt der Kreis. Die Kostenreduktion von geschätzten 20% resultieren u.a. daher, dass alle Leistungen aus einer Hand angeboten werden; Aufträge müssen nicht mehr einzeln ausgeschrieben werden, die Gewerke werden zentral und mit geringerem Personalaufwand gemanagt. Kritiker warnen deshalb vor Lohndumping, Stellenabbau, Nachteilen für das lokale Handwerk und Mittelstand und vor den Folgen von möglichen Pleiten auch bei sehr großen Partnern (vgl. Holzmann & Co).

o Die Alte Oper in Frankfurt war anfänglich ein Renommierprojekt der Kommune. Sie ist eine GmbH mit der Stadt als einzigem Gesellschafter, hatte in den ersten Jahren ihrer Existenz als Konzerthaus und Veranstalter etwa 300 Angestellte bei einem städtischen Zuschuss von 12,7 Millionen Euro/ Jahr. Nach der Beratung durch den Unternehmensberater Berger&Partner gab es noch etwa 30 Angestellte; der städtische Zuschuss beträgt 5,3 Millionen Euro/ Jahr. Der Konzertbetrieb besteht zu einem hohen Anteil aus Eigenveranstaltungen mit Hilfe von Sponsoren; ein Förderverein schafft eine halbe Million Euro herbei; die Programmgestaltung/ Bewerbung und Form der Präsentation wird von diesem Partnern mit beeinflusst. Damit haben Projekte, für die es keine Sponsoren gibt, kaum noch Realisierungschancen.

o Das Frankfurter Wohn- und Bürogebiet „Westhafen" liegt auf einer überholten Nutzungsfläche; 125.000 Quadratmeter wurde mit Hilfe einer „Grundstücksgesellschaft Westhafen GmbH" gekauft, erschlossen und baureif gemacht, durch ein Privat-Konsortium dreier Immobilienunternehmen mit Neubauten überplant und als Luxuswohnungen und High-Tech-Büros verkauft. Die Wertsteigerungen der Grundstücke fließen zur Hälfte an die Stadt zurück (anders als früher, wo die Städte von Wertsteigerungen durch Baurecht selber nichts hatten).

o „A-„ und „F-Modelle" beim Verkehrswegebau. Fünf Autobahn- (A-)Projekte werden derzeit von Staat und Privatwirtschaft gemeinsam organisiert. Ein privater Investor baut und sichert den Betrieb und erhält dafür 25 Jahre lang die Einnahmen aus der LKW-Maut garantiert; als Ausgleich für die mautfreien PKWs zahlt der Bund eine Anschubfinanzierung für die Investition. Daneben gibt es die komplett mautfinanzierten „F-Modelle", Tunnels, Brücken oder Passstraßen; hier zahlt der Staat nur noch 20% der Investitionskosten. Beispiel: Warnow-Tunnel in Rostock. Risiko: Wie viele Autofahrer werden für die eingesparte Zeit die Maut zahlen? Die LKW-Maut bringt der Betreiberfirma TollCollect einen zugesicherten Anteil an den Einnahmen, wobei die Aufteilung des Risikos zwischen Staat und Privatwirtschaft derzeit umstritten ist (ein Schiedsgericht muss über die Maut-Ausfälle wegen der Pannen beim Start entscheiden).

Zusammengefasst: Private Wirtschaft kann ökonomisch effektiver arbeiten, besonders wenn die Gewinne beim privaten Investor verbleiben und die Risiken weiterhin von der Öffentlichen Hand getragen werden. Was wo neu gebaut wird, ist nicht mehr ableitbar aus Landesnatur, Distanz und Lage oder aus geregelten übersubjektiven Verfahren. Die „Aktionsparameter der Politik" (Bartels) sind längst verflochten mit den Handlungen von „sonstigen" Akteuren und Netzwerken. Diese sind kaum noch zweckrational etwa auf den optimalen Standort orientiert. „Localities" sind vielmehr „key places" zur Akkumulation von Kapital in Geld oder Symbolen. Ob ein Spaßbad nun am Bahnhof oder in der Naturschutz-Aue steht, spielt für die Kapitalverwertung kaum eine Rolle; gebaut wird so oder so. Investoren sind an rentablen Investitionen, Expansion und sogar an Verlustabschreibungen interessiert; ob sie das mit guten oder schlechten Produkten und Dienstleistungen erreichen, ist zweitrangig. Die ehedem als hart geltenden Standortfaktoren sind bei Standortanalysen fast beliebig zu be- und umzuwerten: Die Legitimation durch Verfahren (wo z.B. ein Verwaltungsgericht noch so etwas wie Abwägungsdefizit oder –fehlgebrauch feststellen könnte), verbindlich für Behörden und für jedermann, sind relativ geworden. Was der Königsweg zur Entstaatlichung zu sein scheint, kann auch zur Entdemokratisierung und zur Vorherrschaft von Kapitalgesellschaften führen.
Was PlanerInnen also lernen müssen, neben Ablaufschema und Organigrammen etc., ist soziologische Phantasie für das Lesen „narrativer" Räume, Symbole und In-

teraktionen (so wie im August 1999 auch Deutsche-Bank-Chef Breuer nach der Pleite mit der „Messestadt" bekennen musste: „Wir haben die Stadt besser kennen gelernt.").

Eine wirkliche Geschichte

Erzählt wird die Geschichte eines neuen Stadtquartiers, das der Verfasser zusammen mit einer von ihm gegründeten Zukunftswerkstatt (und im einstimmigen Auftrag des Rates der Stadt) mit einer Machbarkeitsstudie vorbereitet hat. Das Quartier ist derzeit kurz vor der Fertigstellung. (vgl. u.a. Rhode-Jüchtern 2000)

Schritt 1: *Das Kreative*. Hinter dem Bahnhof liegt eine Industriebrache, wie in vielen Großstädten, deren Betriebe in der Zeit der Stadtsanierung (1970/80er Jahre) an die neuen Stadtränder ausgesiedelt sind. Im Sanierungskonzept war den kommunalen Planern hierfür nur eine Grünfläche eingefallen. Die Zukunftswerkstatt überplante dagegen das Areal mit Nutzungen, die ohnehin anstanden oder die anderswo Probleme machten, z.B. das innerstädtische Großstadion im reinen Wohngebiet, oder die erwähnte Therme am Naturschutzgebiet oder die Großdisko im Gewerbegebiet ohne Anschließung an den öffentlichen Nahverkehr u.v.m. Alle waren begeistert, es gab offenbar ein kreatives Milieu und ein Zeitfenster von vielleicht 6 Monaten, in denen eine „große Erzählung" über die eigene Stadtentwicklung möglich war. Zugleich fand in Venedig die große Biennale-Ausstellung statt: „Die Renaissance der Bahnhöfe – Die Stadt im 21. Jahrhundert". Die Konzeption war damit glänzend bestätigt, man fühlte sich kollektiv an der Seite der Avantgarde.

Schritt 2: *Das Antagonistische*. In dem Moment, wo das Projekt realisierbar schien, standen die Geier Schlange: Investoren, Architekten, Banken, Baufirmen (genauer gesagt: sie hatten sich teilweise über Seilschaften schon vorher über Kopien und Hinweise auf dem Laufenden gehalten und ihr Terrain vorbereitet). Ein wildes Gerangel im Tagestakt ging durch die Gremien und Medien; man kann die Schlagzeilen dazu wie in einem Daumenkino über 12 Monate abspielen.

Schritt 3: Das „*messing up*". Es begann eine Zeit der Gleichzeitigkeit des Ungleich-zeitigen. Baugenehmigungen wurden vorab erteilt als Einzelvorhaben, städtische Parzellen vorab einem Investor versprochen und am Tage der Ratsentscheidung wieder zurückgeholt, der Baudezernent verstrickte sich in allen möglichen Zusagen

und Verhandlungen und flüchtete aus seinem Amt, eine Bank zog sich zurück, weil sie nur (!) 16% Rendite erwartete, die Landesentwicklungsgesellschaft (LEG) verlangte plötzlich Honorar in sechsstelliger Höhe von der Stadt für Leistungen, die sie für die inzwischen gegründete Projektentwicklungsgesellschaft erbracht hatte, usw. „Messing up" heißt soviel wie „Alles-Durcheinander-Bringen", nichts ging mehr, der Stadtrat lehnte die Verantwortung ab, gebaut wurde aber trotzdem weiter, von einzelnen Investoren und Interessenträgern.

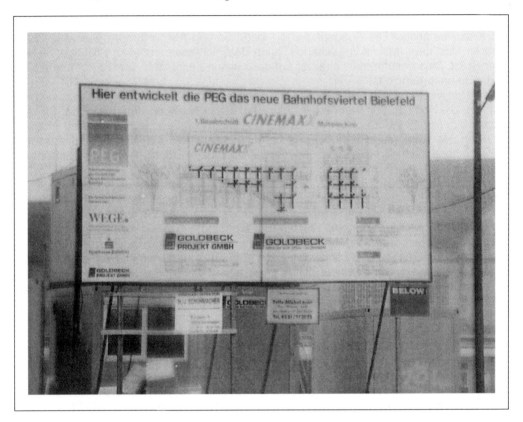

Akteure der Projektentwicklung:
Die Stadt fehlt auf dem Bauschild zu einem neuen Stadtquartier

Heute steht das Stadtquartier vor aller Augen, mit großem Reichtum im Inneren der Großdisko, der Fitnesshallen mit eigenem Hallenbad, des Großkinos, des Spaßbades etc., aber mit großer Mickrigkeit im öffentlichen Raum. Wer in der Therme nur sportschwimmen will, muss sich mit einer Sammelumkleide für Schüler mit kleinen Spinden begnügen. Wer dem Schild „Boulevard" folgt, findet eine gepflasterte Strecke mit nur einer Baumreihe und ohne jegliche nichtkommerzielle Sitzgelegenheit. Eine Freitreppe musste von einzelnen Firmen gesponsert werden, die Projektentwicklungsgesellschaft hatte das allein nicht hinbekommen im Umlageverfahren. Diese und andere Spuren führen in die Strukturen - unter anderem die vom privaten Reichtum und der öffentlichen Armut - hinein, unter denen heute große Vorhaben in der Stadtentwicklung stattfinden. Das ist alles in einer langen Reihe von Ordnern dokumentiert und wird so oder ähnlich in vielen Städten ablaufen.

Zusammengefasst nach den Kategorien der neuen Planungstheorie:

1. *Verfahren*. Die Planungshoheit der Gemeinde ist gestutzt. Sofortige Besitzeinweisungen, Dringlichkeitsentscheidungen, Vorabgenehmigungen, Seilschaften innerhalb und außerhalb der Parteien etc. unterlaufen die Berechenbarkeit und den Diskurs.

2. *Stadt als Konzern*. Die Grunddifferenz zwischen wirtschaftlicher Rationalität und Politik/ Daseinsvorsorge kommt ins Schlingern. Zuständigkeiten, Finanzierungen, Hierarchien und Verantwortlichkeiten sind undurchschaubar geworden. Selbst der Stadtrat bekommt von den Entscheidungen seiner eigenen Töchter nur noch Mitteilung gemacht, er hat keinerlei Durchgriffsrecht mehr.

3. *Kreatives Milieu*. Die Auflösung und Liberalisierung der Verfahren gibt vielen Akteuren eine neue Mitwirkungschance, auch den nichtkommerziellen Kreativen in einer Stadt. Dies beschränkt sich aber auf ganz kleine Zeitfenster, bis die kommerzielle Kohorte nachgerückt ist.

4. *Interdependenzmanagement*. Hinter diesem Begriff verbirgt sich das Zusammenwirken/ die Kombination von gesellschaftlicher Selbstregelung und politischer Steuerung; ein nichthierarchisches Verhandlungssystem muss sich organisieren in den Risiken des Antagonismus, z.B. Entscheidungsblockaden, einseitigen Beeinflussungen, suboptimalen Ergebnissen, Einigungen zu Lasten Dritter, fehlenden Bindungswirkungen. Die daraus folgende „antagonistische Kooperation" (Mayntz 1997, 267f, vgl. auch Marin1990) überfordert die Stadt (Rat und Verwaltung) als Managerin. Viele Akteure haben eigene Loyalitäten zu erfüllen, Partnerschaften können wechseln bis zum Verrat, aus Idee und Konzept werden Steinbruch und Pfründe.

5. *Endogene lokale Strategien*. Auch wenn ein Stadtquartier unter dem Leitbild der Urbanität geplant wird, werden auch hier die alten Routinen der Segregation, der Kommerzialisierung, des Abschiebens von Verantwortung verwendet. Neue Lösungen werden von den alten Köpfen nicht gesucht und gewollt.

Für die Geographie ist hervorzuheben die Kategorie Nr. 6. *Strukturation und Lebenswelt*. Das Handeln konstituiert den Raum aufgrund jeweiliger Bedeutungszuweisungen. Wenn es einem Akteur gelingt, seine Bedeutungen (z.B. über die Sinnhaftigkeit eines Multiplex-Kinos) an diesem Ort (z.B. am Bahnhof) zu kommunizieren, wenn er über materielle Ressourcen verfügt und auch über Personen, wenn er es schafft, seine Handlung zu legitimieren (z.B. als gemeinwohlorientiert), hat er eine Situation und eine Planung strukturiert. Diese Strukturation im System von semantischen Regeln, allokativen und autoritativen Ressourcen und moralischen Regeln ist im Ergebnis Ausdruck von Macht (vgl. Werlen 2004). Sie wird somit in der Sphäre der Lebenswelt nicht weiter hinterfragt, sie findet einfach statt und man sieht lediglich hinterher, was dabei herauskommt. Sinn, Werte, Normen und Ethik sind hier unpassende Kategorien. „Raumbezogene Handlungskompetenz" kann man von einem „Developer" erwarten, von einem Bürger dagegen kaum noch.

Fazit

Das Fazit ist ebenso einfach wie komplex. Wenn man so etwas wie Stadtentwicklung unter spätmodernen und globalisierten Bedingungen noch verstehen will, muss man sich eine neue Planungstheorie erwerben. Dies geht durch Narration und durch Erfahrung; in Lehrbücher passt sie kaum noch hinein.

Wenn man den Raum als *Containerraum* beschreiben will, ist man noch auf der sicheren Seite: Da befindet sich ein Kino, ein Stadion, ein Bad. Punktum. Wenn man die Dinge in ihren Lagebeziehungen und funktionalen *Vernetzungen* untersuchen will, braucht man neben einer raumwissenschaftlichen Rationalität, neben einem fiktiven bzw. relativen Optimum einen tiefen Einblick in sonstige Rationalitäten, die nicht immer am Gemeinwohl oder am kollektiven Optimum orientiert sind. Wenn man den Raum als *Wahrnehmungsphänomen* untersucht, braucht man eine Liste von wahrnehmenden Subjekten und deren Fenster/ Perspektive der Weltbeobachtung. Wenn man den Raum als *Konstrukt* betrachtet, braucht man Phantasie und Kenntnis über viele verschiedene Baupläne und Konzepte, die den Raum für einen Akteur/ eine Gruppe jeweils viabel (gehbar und nützlich) machen.

Wenn man all das zusammen machen will, um die *Komplexität* der Welt und ihrer Entwicklungsprozesse nicht *unterkomplex* zu behandeln, und wenn man das sogar als Geograph machen darf, für die Fachwissenschaft oder für die Didaktik, kann man sich gut am „Curriculum 2000+" orientieren, das die Deutsche Gesellschaft für Geographie im Jahre 2003 veröffentlicht hat.

Man muss das alles dann „nur" noch machen, d.h. einen Einzelfall erkennen und zugleich die dahinter stehenden Strukturen des Systems wieder erkennen. Das macht viel Arbeit, aber das geht und das ist notwendig.

Literatur

Albers, G.(1993): Über den Wandel im Planungsverständnis. In: Raum-Planung. Heft 61, 97-103

Augé, M. (1994): Orte und Nicht-Orte. Vorüberlegungen zu einer Theorie der Einsamkeit. Frankfurt/M.

BUND/ Misereor (Hg.)(1996): Zukunftsfähiges Deutschland. Ein Beitrag zu einer global nachhaltigen Entwicklung. Studie des Wuppertal-Instituts für Klima, Umwelt, Energie. Basel

Bund Deutscher Architekten/ Deutsche Bahn/ Förderverein Architekturzentrum (Hg.)(²1997): Renaissance der Bahnhöfe Die Stadt im 21. Jahrhundert. Berlin

Butzin, B. (1996): Bedeutung kreativer Milieus für die Regional- und Landesentwicklung. (=Arbeitsmaterialien zur Raumordnung und Raumplanung der Universität Bayreuth, Bd.153) 9-15

Deutsche Gesellschaft für Geographie (2003): „Curriculum 2000+". Grundsätze und Empfehlungen für die Lehrplanarbeit im Schulfach Geographie. Bonn

Ganser, K. (1995): Stichwort „Public-Private-Partnership" in: Handwörterbuch der Raumordnung, hgg. von der Akademie für Raumforschung und Landesplanung Hannover, 731f

Harlander, T. (Hg.)(1998): Stadt im Wandel - Planung im Umbruch. Stuttgart/ Berlin/ Köln

Häußermann, H. (1993): Festivalisierung der Stadtpolitik. Opladen

ders. (Hg.)(2000): Großstadt. Soziologische Stichworte. Opladen

Kleger, Heinz (Hg.) (1996ff): Reihe „Europäische Urbanität – Politik der Städte". Amsterdam

Marin, B. (Hg.) (1990): Generalized Political Exchange: Antagonistic Cooperation an Integrated Policy Circuits. Frankfurt/M.

Mayntz, R. (1997): Soziale Dynamik und politische Steuerung. Frankfurt/M., bes. 263-292

Rhode-Jüchtern, T. (2000): Public-Private-Partnership im „Konzern Stadt". In: Alternative Kommunalpolitik (AKP) Heft 4/2000, 58-61

Tharun, E. (2000): „New Deal" in den Städten? Neue Handlungsstrukturen und Kooperationsformen. In: Alternative Kommunalpolitik (AKP) Heft 4/2000, 57

Von der Loo, H.W./ von Reijen, W. (1992): Modernisierung. Projekt und Paradox. München

Werlen, B. (²2004): Sozialgeographie. München

Veröffentlichungen von Helmuth Köck

A. STÄNDIGE MITARBEIT
- UNTERRICHT HEUTE. Klett-Verlag. Stuttgart. 1969-1971: Ständiger Mitarbeiter.
- GEOGRAPHIE UND IHRE DIDAKTIK (GuiD). 2006 ff.: Reviewer/Gutachter.

B. STÄNDIGE HERAUSGEBERSCHAFT
- HEFTE ZUR FACHDIDAKTIK DER GEOGRAPHIE (HFG). Alois Henn Verlag. Kastellaun. 1977-1979: Initiator sowie Gründungs- und federführender Herausgeber. Fortführung ab 1979 als GEOGRAPHIE UND SCHULE (GS) (s. dort).
- GEOGRAPHIE UND SCHULE (GS). Aulis Verlag Deubner. Köln. 1979 ff. Nachfolgezeitschrift von HEFTE ZUR FACHDIDAKTIK DER GEOGRAPHIE (HFG) (s. dort): Federführender Herausgeber.
- GEOGRAPHIE UND IHRE DIDAKTIK (GuiD). 1985-2005: Alleinherausgeber (im Auftrag des 'Hochschulverbandes für Geographie und ihre Didaktik').
- HANDBUCH DES GEOGRAPHIEUNTERRICHTS. 12 + 2 Bde. Aulis Verlag Deubner. Köln. 1986 ff.: Gründungsherausgeber und einer der koordinierenden Herausgeber.
- UNTERRICHT GEOGRAPHIE. Modelle - Materialien - Medien. Aulis Verlag Deubner. Köln. 1987 ff.: Alleinherausgeber.

C. HERAUSGEBERWERKE

a *Handbuch des Geographieunterrichts. Köln*
- Bd. 1: Grundlagen des Geographieunterrichts. 1986.
- Bd. 4: Städte und Städtesysteme. 1992.

b *Unterricht Geographie. Modelle - Materialien - Medien. Köln*

Bd. 1: Geozonen. 1987; 1999.
Bd. 2: Städtische Räume. 1988.
Bd. 3: Agrargeographie. 1988.
Bd. 4: Ökologie und Umweltschutz. 1989.
Bd. 4/I: Ökologie und Umweltschutz. Neubearbeitung. 1994.
Bd. 4/II: Natur und Umwelt. 1995.
Bd. 5: Industriegeographie. 1989.
Bd. 6: Entwicklungsländer. 1990.
Bd. 7: Wetter und Klima. 1990.
Bd. 8: Erholungsräume. 1991.
Bd. 9: Politische Räume. 1992.
Bd. 10: Energie und Umwelt. 1993.
Bd. 11: Verkehr. 1997.
Bd. 12: Wasser als Ressource. 1998.
Bd. 13: Der ländliche Raum. 2000.
Bd. 14: Böden und Vegetation. 2003.
Bd. 15: Bevölkerung. 2002.
Bd. 16: Raumordnung und Landesplanung. 2004.
Bd. 17: Grundlagen aus der Geologie (im Druck).

c *Einzeltitel*
- Studien zum Erkenntnisprozeß im Geographieunterricht. Köln. 1984.
- Theoriegeleiteter Geographieunterricht. Vorträge des Hildesheimer Symposiums 6. bis 10. Oktober 1985. Lüneburg. 1986.
- Festkolloquium zur Emeritierung von Prof. Dr. Paul Schäfer. Hildesheim. 1987 (zus. mit R. Kaiser und M. Overesch; Manuskriptdruck).
- Mensch und Raum - Paul Schäfer zum 65. Geburtstag gewidmet. Hildesheim, Zürich, New York. 1987.

- Geographieunterricht und Gesellschaft. Vorträge des gleichnamigen Symposiums vom 12.-15. Okt. 1998 in Landau. Nürnberg. 1999.
- Die Umwelt angesichts menschlicher Handlungsantriebe. Vorträge des Landauer Geo-Umwelttages vom 13. November 2003. Landau. 2004.

d Zeitschriftenhefte
Hefte zur Fachdidaktik der Geographie (HFG)
- 1977, H. 1: Ziele des Geographieunterrichts heute und ihre unterrichtspraktische Verwirklichung. (zus. mit D. Börsch und K. L. Schmidt)
- 1977, H. 2: Statistische Methoden und Verfahren im Geographieunterricht der Sekundarstufen I und II.
- 1978, H. 2: Aktueller Geographieunterricht.
- 1978, H. 4: Staaten und Regionen im lernzielorientierten Geographieunterricht.
- 1979, H. 2: Modellbildung im Geographieunterricht.

Geographie und Schule (GS)
- 1979, H. 2: Geographie aus der Karte.
- 1980, H. 5: Der Europa-Gedanke.
- 1980, H. 8: Geoökologie.
- 1981, H. 11: Begriffsbildung.
- 1981, H. 14: Der Vergleich.
- 1982, H. 18: Urbanisierung.
- 1983, H. 21: Plattentektonik.
- 1983, H. 25: Unterrichtsplanung.
- 1984, H. 27: Industrielle Konzentration.
- 1984, H. 31: Das erdräumliche Kontinuum.
- 1985, H. 33: Systemdenken.
- 1985, H. 36: Stadtklima.
- 1986, H. 39: Amtliche Karten.
- 1986, H. 42: Neue Städte.
- 1987, H. 46: Wachstumsräume der Weltwirtschaft.
- 1987, H. 49: Standortfaktoren Mikroelektronik.
- 1988, H. 53: Tourismus und Raum.
- 1989, H. 57: Standortbestimmung Schulgeographie.
- 1989, H. 61: Metropolisierung.
- 1990, H. 65: Ethische Aspekte des Geographieunterrichts.
- 1991, H. 69: Bevölkerungsentwicklung.
- 1991, H. 73: Neue Erkenntnisse der Geotektonik.
- 1992, H. 76: Marginalisierung.

- 1992, H. 80: Atlas und Karte.
- 1993, H. 84: Geographieunterricht - Schlüsselfach.
- 1994, H. 88: Informationstechnische Grundbildung.
- 1994, H. 91: Umweltprobleme/-sanierung in den Neuen Bundesländern.
- 1995, H. 96: Werte(erziehung) im Geographieunterricht.
- 1996, H. 100: Geowissenschaften und Schule.
- 1996, H. 104: Fernerkundung.
- 1997, H. 108: Bodenvergiftung.
- 1998, H. 112: Geographieunterricht und Gesellschaft.
- 1998, H. 116: Räumliche Komplexität.
- 1999, H. 120: Marine Ökosysteme.
- 2000, H. 124: Unterrichtsprinzipien.
- 2000, H. 128: Wasser als knappe Ressource.
- 2001, H. 132: Vernetztes Denken.
- 2002, H. 136: Transformation ehemals sozialistischer Städte.
- 2002, H. 140: Räumliche Prozesse.
- 2003, H. 144: Europa der Regionen.
- 2004, H. 148: Aktuelle glaziale Dynamik.
- 2004, H. 152: Umweltbewusstsein - Umweltverhalten.
- 2005, H. 156: Curriculum.
- 2006, H. 160: Neuroforschung und geographisches Lernen.
- 2006, H. 164: Raumwahrnehmung und Raumvorstellung

D. MONOGRAPHIEN

- Das zentralörtliche System von Rheinland-Pfalz. Ein Vergleich analytischer Methoden zur Zentralitätsbestimmung. Bonn-Bad Godesberg. 1975. (Dissertation)
- Theorie des zielorientierten Geographieunterrichts. Köln. 1980. (Habilitationsschrift)
- Didaktik der Geographie: Methodologie. München. 1991.
- Zum Bild des Geographieunterrichts in der Öffentlichkeit. Eine empirische Untersuchung in den alten Bundesländern. Gotha. 1997.
- Erkenntnisleitende Ansätze - Schlüssel zur Profilierung des Geographieunterrichts. Mit erprobten Unterrichtsvorschlägen. Köln. 2004. (zus. mit A. Rempfler)
- ABC der Geographiedidaktik. Köln 2005. (zus. mit D. Stonjek)
- Vielfalt und Kontinuität der geographiedidaktischen Diskussion in Deutschland. Luzern. 2006. (Ringvorlesung PHZ Luzern 2003; Manuskriptdruck.)

E. AUFSÄTZE/BEITRÄGE
a *Zur Theorie der Geographie*

- Thesen zur Raumwirksamkeit sozialgeographischer Gruppen. In: Zeitschrift für Wirtschaftsgeographie. 1978. S. 106-114.
- Der Modellbegriff in der Geographie. In: Hefte zur Fachdidaktik der Geographie. 1979. 2. S. 5-12.
- Modelle von Grundprinzipien der räumlichen Ordnung. In: Hefte zur Fachdidaktik der Geographie. 1979. 2. S. 13-34.
- Chorologische Modelle - oder was man dafür hält. In: Geographische Rundschau. 1980. S. 374-376 und 384.
- Induktion oder/und Deduktion im anthropogeographischen Erkenntnisprozeß? In: Sedlacek, P. (Hrsg.): Kultur-/Sozialgeographie. Beiträge zu ihrer wissenschaftstheoretischen Grundlegung. Paderborn u. a. 1982. S. 219-255.
- Räumliche Ordnung - universale und geographische Kategorie. In: Köck, H. (Hrsg.): Mensch und Raum - Paul Schäfer zum 65. Geburtstag gewidmet. Hildesheim, Zürich, New York. 1987. S. 31-48.
- Chorische Logik - die Grundperspektive geographischer Weltbetrachtung. In: Bahrenberg, G./Deiters, J. et al. (Hrsg.): Geographie des Menschen - Dietrich Bartels zum Gedenken. Bremen. 1987. S. 179-194.
- Die Rolle des Raumes als zu erklärender und als erklärender Faktor. In: Geographica Helvetica. 1997. S. 89-96.
- Erd- und Lebensräume als Geoökosysteme. In: Leser, H. (Hrsg.): Umwelt: Geoökosysteme und Umweltschutz. Köln. 1997. S. 54-63.
- Der chorologische Raum - die Mitte der Geographie. In: Horst, U./Kanwischer, D./Stratenwerth, D. (Hrsg.): Die Kunst sich einzumischen. Vom vielfältigen und kreativen Wirken des Geographen Tilman Rhode-Jüchtern. Berlin. 2005. S. 45-56.
- Zum Spannungsverhältnis von Geistes- und Naturwissenschaften. (im Druck).

b *Zur Theorie der Geographiedidaktik*

- Die Rolle der Deduktion bei der Begründung geographiedidaktischer Aussagen. In: Geographie und Schule. 44. 1986. S. 36-42.

- Die Geographiedidaktik als Wissenschaft - eine Skizze ihres methodologischen Grundrisses. In: Geographie und ihre Didaktik. 1986. S. 113-133.
- Zur methodologischen Grundlegung der Geographiedidaktik. In: Husa, K./Vielhaber, Chr./Wohlschlägl, H. (Hrsg.): Beiträge zur Didaktik der Geographie. Festschrift Ernest Troger zum 60. Geburtstag. Bd. 2. Wien. 1986. S. 19-46.
- Geographie und Geographiedidaktik - ein methodologischer Statusvergleich. In: Geographische Rundschau. 1988. 11. S. 54-56, 58.
- Zu einigen Grundfragen von Geographieunterricht und Geographiedidaktik. In: Geographie und ihre Didaktik. 1988. S. 86-95 und 135-147.
- Allgemein- oder Sondermethodologie in der Geographiedidaktik? In: Geographie und ihre Didaktik. 1989. S. 159-168.
- Geographiedidaktik - disziplinsystematischer Standort und wissenschaftliche Wertigkeit. In: Keck, R. W./Köhnlein, W./Sandfuchs, U. (Hrsg.): Fachdidaktik zwischen Allgemeiner Didaktik und Fachwissenschaft. Bad Heilbrunn. 1990. S. 199-215.
- Eine Wissenschaft auf der Suche nach ihrer Identität - Gedanken zum Selbstverständnis der Geographiedidaktik. In: Frank, F./Stauch, R. (Hrsg.): Didaktik der Geographie - Kontinuität und Wandel. Festvorträge anläßlich des 60. Geburtstages von Josef Birkenhauer. München. 1990. S. 11-32.
- Bilanz einer Diskussion. In: Geographie und ihre Didaktik. 1990. S. 88-94. (zus. mit J. Birkenhauer)
- Didaktik der Geographie - Wissenschaft aus eigenem Recht oder Anhängsel der Geographie? In: Geographica Helvetica. 1990. S. 31-38.
- Desiderata der geographiedidaktischen Forschung in Deutschland. In: Geographie und ihre Didaktik. 1998. S. 173-199.
- Recent debates in German geography didactics – Overview and focal topics. In: Internationale Schulbuchforschung. 2006. 3. S. 259-282

c **Zur Theorie des Geographieunterrichts**
- Über Grundbegriffe und Begriffe zur Länderkunde im Erdkundeunterricht der Hauptschule. In: Welt der Schule. 1969. S. 165-172.
- Die lernzielorientierte erdkundliche Unterrichtsvorbereitung. Theoretischer Ansatz und praktische Durchführung. In: Geographie im Unterricht. 1976. S. 106-118.
- Ziele des Geographieunterrichts seit 1945. Versuch eines Überblicks über Grunddimensionen der geographischen Zielsetzung in der Primarstufe, Sekundarstufe I und II. In: Hefte zur Fachdidaktik der Geographie. 1977. 1. S. 3-53.
- Und wie kommt man zu einer geographiedidaktischen Legitimation? In: Geographie im Unterricht. 1978. S. 99-100.
- Kenntnis der aktuellen Struktur des Raumes - Bedingung für kompetentes Verhalten im/zum Raum. In: Hefte zur Fachdidaktik der Geographie. 1978. 2. S. 1.
- Allgemein- *und* regionalgeographisches Prinzip. In: Hefte zur Fachdidaktik der Geographie. 1978. 4. S. 1-2.
- Die geographische Fragestellung im zielorientierten Geographieunterricht. In: Geographie im Unterricht. 1979. S. 253-268.
- Zielorientierung: Ja! - Lernzielorientierung: Nein! In: Geographie im unterricht. 1980. S. 182-186.

- Zur Frage von Induktion und Deduktion in Geographie und Geographieunterricht. In: Sperling, W. (Hrsg.): Theorie und Geschichte des geographischen Unterrichts. Braunschweig. 1981. S. 13-40.
- Der Komplexitätsgrad als curriculares Stufungsprinzip. Operationalisierung eines ungelösten Problems des Geographieunterrichts. In: Geographie und ihre Didaktik. 1984. S. 114-133.
- Grundlagen des Geographieunterrichts. Einführung. In: Köck, H. (Hrsg.): Grundlagen des Geographieunterrichts. Köln. 1986. S. 1-9.
- Ziele und Inhalte [des Geographieunterrichts]. In: Köck, H. (Hrsg.): Grundlagen des Geographieunterrichts. Köln. 1986. S. 129-130, 137-208, 316-328.
- Einführung in das Symposium(sthema) "Theoriegeleiteter Geographieunterricht". In: Köck, H. (Hrsg.): Theoriegeleiteter Geographieunterricht. Vorträge des Hildesheimer Symposiums 6. bis 10. Oktober 1985. Lüneburg. 1986. S. 18-28.
- Axiomatische Leitsätze für den Geographieunterricht. In: Köck, H. (Hrsg.): Theoriegeleiteter Geographieunterricht. Vorträge des Hildesheimer Symposiums 6. bis 10. Oktober 1985. Lüneburg. 1986. S. 165-181.
- Mensch und Raum - die 'Botschaft' von Paul Schäfer. In: Köck, H. (Hrsg.): Mensch und Raum - Paul Schäfer zum 65. Geburtstag gewidmet. Hildesheim, Zürich, New York. 1987. S. 1-17. (zus. mit U. Marquardt)
- Geographie. [Fachdidaktische Auswahl- und Anordnungskriterien]. In: Sandfuchs, U. (Hrsg.): Unterrichtsinhalte auswählen und anordnen. Vom Lehrplan zur Unterrichtsplanung. Bad Heilbrunn. 1987. S. 87-89.
- The geography curriculum in the Federal Republic of Germany after the reform circa 1970. In: Birkenhauer, J./Marsden, B. (Hrsg.): German Didactics of Geography in the Seventies and Eighties. A Review of Trends and Endeavours. München. 1988. S. 25-102.
- Aufgabe und Aufbau des Geographieunterrichts. In: Geographie und Schule. 57. 1989. S. 11-25.
- Curriculare Prinzipien im Alltag des Geographieunterrichts. In: Hassenpflug, W./Newig, J. (Hrsg.): Schleswig-Holstein und der Ostseeraum. Kiel. 1990. S. 132.
- Curriculare Prinzipien im Alltag des Geographieunterrichts. In: GW-Unterricht. 41. 1991. S. 3-13.
- Curriculare Strukturierung konkreter Raumsysteme - eine Theorie auf dem Prüfstand. In: Becks, F./Feige, W. (Hrsg.): Geographie im Dienste von Schule und Erziehung. Festschrift für Herbert Büschenfeld und Karl Engelhard zum 65. Geburtstag. Nürnberg. 1991. S. 23-43.
- Der Geographieunterricht - ein Schlüsselfach. In: Geographische Rundschau. 1992. S. 183-185. Wiederabdruck in: Schultze, A. (Hrsg.): 40 Texte zur Didaktik der Geographie. Gotha. 1996. S. 331-339.
- Geographie - Schlüsselfach mit Schlüsselfunktion. Zum Profil des modernen Geographieunterrichts. In: Geographie heute. 99. 1992. S. 48-49.
- Inwiefern der Geographieunterricht ein Schlüsselfach ist! In: karlsruher pädagogische beiträge. 26. Karlsruhe. 1992. S. 106-111.
- Geographieunterricht - Schlüsselfach. In: Geographie und Schule. 84. 1993. S. 2-4. Wiederabdruck in: Geographieunterricht - Schlüsselfach. Sonderdruck von GS 84/1993 für den Verband Deutscher Schulgeographen. S. 3-5.
- Raumbezogene Schlüsselqualifikationen - der fachimmanente Beitrag des Geographieunterrichts zum Lebensalltag des Einzelnen und Funktionieren

der Gesellschaft. In: Geographie und Schule. 84. 1993. S. 14-22. Wiederabdruck in: Geographieunterricht - Schlüsselfach. Sonderdruck von GS 84/1993 für den Verband Deutscher Schulgeographen. S. 6-14.

- Geographieunterricht. In: Keck, R. W./Sandfuchs, U. (Hrsg.): Wörterbuch Schulpädagogik. Bad Heilbrunn. 1994. S. 129-131; 2. Aufl. 2004. S. 167-169.
- Geographieunterricht - Schlüsselfach für erdgerechtes Verhalten. In: GW-Unterricht. 58. 1995. S. 16-27.
- Der Geographieunterricht - ein Schlüsselfach. In: Schultze, A. (Hrsg.): 40 Texte zur Didaktik der Geographie. Gotha. 1996. S. 331-339. Wiederabdruck aus GR 1992. S. 183-185.
- Raumverhaltenskompetenz in der Kritik und die Frage nach möglichen Leitzielalternativen. In: Frank, F./Kaminske, V./Obermaier, G. (Hrsg.): Die Geographiedidaktik ist tot, es lebe die Geographiedidaktik. Festschrift zur Emeritierung von Josef Birkenhauer. München. 1997. S. 17-39.
- Zur Relativität räumlicher Komplexität und der Frage deren curricularen Konsequenzen. In: Geographie und Schule. 116. 1998. S. 18-24.
- Geographieunterricht 2000. Sieben Fragen an Wulf Schmidt-Wulffen und Helmuth Köck. In: Praxis Geographie. 1998. 4. S. 30-37.
- Didaktik der Geographie: Begriffe (Hrsg.: Böhn, D.: München. 1999). Bearbeitung der Begriffe:
  - Betrachtungsweisen der Geographie (Mitarbeit), S. 18-19
  - Erkenntnisleitende Ansätze, S. 37
  - Geographiedidaktische Forschung, S. 52-53
  - Komplexität, räumliche, S. 83-84
  - Methodologie der Geographiedidaktik, S. 107-108
  - Raumverhaltenskompetenz, S. 128
  - Systemtheoretischer Geographieunterricht, S. 155-156.
- Prinzipien des Geographieunterrichts. Einführung und Überblick. In: Geographie und Schule. 124. 2000. S. 2-9. (zus. mit Th. Schwan)
- Neue Leitbilder für den Geographieunterricht? - Zur Zukunftsfähigkeit des Faches. In: Geographie und ihre Didaktik. 2000. S. 117-119.
- Curriculum Geographie - Theorie und Realität. In: Geographie und Schule. 156. 2005. S. 10-22.
- Geographieunterricht zu Beginn des 21. Jahrhunderts. In: Kulke,E./ Monheim,H./ Wittmann,P. (Hrsg.): GrenzWerte. Tagungsbericht und wissenschaftliche Abhandlungen. 55. Deutscher Geographentag 2005. Berlin, Leipzig, Trier. 2006. S. 319-320

d Zu erkenntnisleitenden Ansätzen

- Stadtgeographische Modelle für den Geographieunterricht in der Sekundarstufe I. In: Geographie im Unterricht. 1976. S. 249-258, 271-278.
- Zur Arbeit mit stadtgeographischen Strukturmodellen im Geographieunterricht. In: Geographie im Unterricht. 1978. S. 69-78.
- Wissenschaftsorientierter Geographieunterricht: zum Beispiel durch Modellbildung. Wissenschaftstheoretische Grundlagen und unterrichtstheoretische Legitimation. In: Geographie und ihre Didaktik. 1978. S. 43-77.
- Mut zum Modell! In: Hefte zur Fachdidaktik der Geographie. 1979. 2. S. 3-4.

- Modelle im Geographieunterricht. Ein Ansatz legitimer Wissenschaftsorientierung. In: Kross, E. (Hrsg.): Geographiedidaktische Strukturgitter - Eine Bestandsaufnahme. Braunschweig. 1979. S. 113-131.
- Geographische Modellbildung konkret. Dokumentation und Analyse eines unterrichtspraktischen Versuchs in der Orientierungsstufe. In: Geographie und ihre Didaktik. 1979. S. 58-92.
- Erkenntnisleitende Ansätze in Geographie und Geographieunterricht. In: Geographie im Unterricht. 1983. S. 317-325.
- Konzepte zum Aufbau des erdräumlichen Kontinuums. In: Geographie und Schule. 31. 1984. S. 24-39.
- From a model-based to a synergetic view of space. An approach to economize the geographical cognition of space. In: Haubrich, H. (Ed.): Perception of People and Places through Media. Vol. 1. Freiburg. 1984. pp. 419-438.
- Möglichkeiten der Modellbildung im Erdkundeunterricht. In: Geographie im Unterricht. 1984. S. 277-285.
- Synergetische Raumbetrachtung. Ein Ansatz zur Weiterentwicklung der Modellorientierung. In: Köck, H. (Hrsg.): Studien zum Erkenntnisprozeß im Geographieunterricht. Köln. 1984. S. 285-324.
- Modellorientierter Geographieunterricht. In: GW-Unterricht. 21. 1985. S. 5-15 und 22. 1985. S. 5-17.
- Systemdenken - geographiedidaktische Qualifikation und unterrichtliches Prinzip. In: Geographie und Schule. 33. 1985. S. 15-19.
- Durch modellorientierte zur synergetischen Raumbetrachtung. Ein Ansatz zur Ökonomisierung der geographischen Raumkognition. In: Geographie und Schule. 34. 1985. S. 34-36.
- Zum Profil des modernen Geographieunterrichts - eine aufklärende und zugleich programmatische Positionsbestimmung. In: Internationale Schulbuchforschung. 1994. 3. S. 309-331.
- Erkenntnis- und lerntheoretische Funktionen geographischer Modelle. In: Internationale Schulbuchforschung. 1995. 3. S. 251-274.
- Der systemtheoretische Ansatz im Geographieunterricht. In: Convey, A./Nolzen, H. (Hrsg.): Geographie und Erziehung. München. 1997. S. 137-146.
- Systemische Welt - Systemische Geographie. Notwendigkeit und Möglichkeit eines angemessenen Weltzugriffs. In: Köck, H. (Hrsg.): Geographieunterricht und Gesellschaft. Vorträge des gleichnamigen Symposiums vom 12.-15. Okt. 1998 in Landau. Nürnberg. 1999. S. 163-181.
- Typen vernetzenden Denkens im Geographieunterricht. In: Geographie und Schule. 132. 2001. S. 9-15.
- Räumliche Prozesse - Prozesse im Raum. Fachliche und fachdidaktische Grundlagen. In: Geographie und Schule. 140. 2002. S. 3-11.
- Erkenntnisleitende Ansätze. In: Praxis Geographie. 2004. 7/8. S. 60-62.
- Zur räumlichen Dimension globalen Lernens. In: Kross, E. (Hrsg.): Globales Lernen im Geographieunterricht - Erziehung zu einer nachhaltigen Entwicklung. Nürnberg. 2004. S. 33-49.
- Räumliches Denken. In: Praxis Geographie. 2005. 7/8. S. 62-64.

e   Zum Lerner

- Schülerinteresse an chorologischer Geographie. In: Geographie und ihre Didaktik. 1982. S. 2-26.
- Zum Interesse des Schülers an der geographischen Fragestellung. In: Köck, H. (Hrsg.): Studien zum Erkenntnisprozeß im Geographieunterricht. Köln. 1984. S. 37-112.
- Schüler und geographische Begriffe. Versuch einer empirischen Erfassung des Verhältnisses von Schüler und begrifflicher Komplexität/Abstraktheit. In: Köck, H. (Hrsg.): Studien zum Erkenntnisprozeß im Geographieunterricht. Köln. 1984. S. 166-237.
- Endogene Hemmnisse und Potentiale geographischen Lehrens und Lernens. In: Gamerith, W. et al. (Hrsg.): Alpenwelt - Gebirgswelten. Tagungsbericht und wissenschaftliche Abhandlungen. 54. Deutscher Geographentag, Bern 2003. Heidelberg, Bern. 2004. S. 761-770.
- Ansprüche der Lerner - entwicklungsphysiologische und -psychologische Aspekte. In: Schallhorn, E. (Hrsg.): Erdkunde-Didaktik. Berlin. 2004. S. 77-92.
- Dispositionen raumbezogenen Lernens und Verhaltens im Lichte neuronal-evolutionärer Determinanten. In: Geographie und ihre Didaktik. 2005. S. 94-104 und 113-132.
- Willensfreiheit und Raumverhalten. In: Geographie und Schule. 160. 2006. S. 24-31.
- Von der Unmöglichkeit eines objektiven räumlichen Weltbildes. In: Geographie und Schule. 164. 2006. S. 20 ff.

f   Zur Stadtgeographie

- Implikationen der jüngsten Kommunalreform für das geographische Verständnis der Stadt. In: Zeitschrift für Wirtschaftsgeographie. 1976. S. 223-230.
- Städte und Städtesysteme. Einführender Teil. In: Köck, H. (Hrsg.): Städte und Städtesysteme. Köln. 1992. S. 1-17.
- Raumsystem Stadt. In: Köck, H. (Hrsg.): Städte und Städtesysteme. Köln. 1992. S. 18-67 und 380-390.

g   Zur Europäischen Integration

- Wir - die europäischen Musterschüler? In: Geographie und Schule. 5. 1980. S. 3-4.
- Die Europaidee im Geographieunterricht. Entwurf eines Konzeptes zu ihrer curricularen Strukturierung. In: Leser, H. (Hrsg.): 18. Deutscher Schulgeographentag Basel-Lörrach 1982. Tagungsband. Basel. 1983. S. 348-359.
- Geographiedidaktische Aspekte des Europäischen Einigungsprozesses. In: Brogiato, P./Closs, H.-M. (Hrsg.): Geographie und ihre Didaktik. Festschrift für Walter Sperling. Teil 2: Beiträge zur Geschichte, Methodik und Didaktik von Geographie und Kartographie. Trier. 1992. S. 451-481.
- Der Europäische Integrationsprozess als Gegenstand der deutschen Geographiedidaktik. Eine Bilanz im Jahre 40 nach Rom. In: Fuchs, G. (Hrsg.): Unterricht "für" Europa. Konzepte und Bilanzen der Geographiedidaktik. Gotha, Stuttgart. 2000. S. 21-48.

- PAMINA und der Europäische Integrationsprozess aus der Sicht der Geographiedidaktik. In: Geiger, M. (Hrsg.): PAMINA - Europäische Region mit Zukunft. Speyer. 2001. S. 224-251.
- Europa der Regionen. Konstruktiv oder kontraproduktiv für den Europäischen Integrationsprozess? In: Europa Regional. 2005. 1. S. 2-11.
- Wachstum ohne Grenzen? Versuch einer geographi(edidakti)schen Positionsbestimmung zu(r) künftigen EU-Erweiterung(en). In: Kulke,E./ Monheim,H./ Wittmann,P. (Hrsg.): GrenzWerte. Tagungsbericht und wissenschaftliche Abhandlungen. 55. Deutscher Geographentag. Berlin, Leipzig, Trier. 2006. S. 193-205

h   Zur Raum- und Umweltethik
- Der verantwortliche und sittliche Umgang des Menschen mit dem Raum. Laudatio. In: Kaiser, R./Köck, H./Overesch, M. (Hrsg.): Festkolloquium zur Emeritierung von Prof. Dr. Paul Schäfer. Hildesheim. 1987. S. 19-26. (Manuskriptdruck)
- Macht erst Schaden klug? Über die eigentliche Selbstverständlichkeit geosystemischer Lebensraumgestaltung. In: Marz, F./Seeber, G./Stipproweit, A. (Hrsg.): Wie gestalten wir die Zukunft? Modernisierungskonzepte und Lösungswege für eine nachhaltige Entwicklung. Landau. 1998. S. 117-150. (zus. mit M. Geiger)
- Warum umweltbewusstes Raumverhalten so schwerfällt - und wie der Geographieunterricht dem gegensteuern könnte. In: Schallhorn, E. (Hrsg.): Didaktik und Schule. Dieter Richter zum 65. Geburtstag. Bretten 2000. S. 64-97.
- Unser Kreis soll schöner werden - doch nicht durch wild gelagerten Müll. Eine Studie in den Landkreisen Germersheim und Südliche Weinstraße mit Landau. In: Pfälzer Heimat. 2000. 4. S. 130-146.
- Dilemmata der (geographischen) Umwelterziehung. In: Geographie und ihre Didaktik. 2003. S. 28-43, 61-79.
- Die Umwelt angesichts menschlicher Verhaltensdispositionen. Ein Streifzug durch die Vergangenheit. In: Köck, H. (Hrsg.): Die Umwelt angesichts menschlicher Handlungsantriebe. Vorträge des Landauer Geo-Umwelttages vom 13. November 2003. Landau. 2004. S. 13-28.

i   Zur Methodik des Geographieunterrichts
- Die Gestalt- und Handlungsassoziation als Stütze und Hilfe für die Einprägung erdkundlichen Kartenwissens. In: Unterricht heute. 1969. S. 234-243.
- Warum nicht auch ein Erdkundefries? In: Lehren und Lernen. 1969. S. 79-89.
- Das Karteisystem im Dienste der Erdkunde. In: Unterricht heute. 1971. S. 252-361.
- Die Wirkung des Einstiegs im Erdkundeunterricht. In: Unterricht heute. 1972. S. 139-141.
- Unterrichtsmitschau im thematisierten Fachpraktikum Geographie. Ein Experiment zur Intensivierung der fachdidaktischen Reflexion. In: Geographie im Unterricht. 1977. S. 205-218.
- Quantitative Revolution en miniature? In: Hefte zur Fachdidaktik der Geographie. 1977. 2. S. 1-2.

- Anwendung statistischer Verfahren im Geographieunterricht der Sekundarstufen I und II. In: Hefte zur Fachdidaktik der Geographie. 1977. 2. S. 68-123. (zus. mit G. Meier-Hilbert)
- Zur Problematik von Auswahlantwortaufgaben in lernzielorientierten erdkundlichen Klassenarbeiten. Ergebnisse einer Vorstudie in der Sekundarstufe I. In: Haubrich, H./Nebel, J. (Hrsg.): Quantitative Didaktik der Geographie. Braunschweig. 1977. S. 339-354.
- Zur Problematik von Auswahlantwortaufgaben in lernzielorientierten geographischen Klassenarbeiten. Ergebnisse einer Vorstudie in der Sekundarstufe I. In: Geographische Rundschau. 1977. S. 51-60.
- Geographie in der Zeitung. Eine Stütze des aktuellen Geographieunterrichts. In: Hefte zur Fachdidaktik der Geographie. 1978. 2. S. 63-83.
- Legitimatorischer und funktionaler Rahmen der Neuen Technologien im Fach Geographie. In: Geographie und Schule. 88. 1994. S. 30-34.

j Zu diversen Aspekten

- Selbstkritik des Lehrers als fundamentale Voraussetzung für eine verantwortungsbewußte Erziehertätigkeit. In: Unterricht heute. 1969. S. 165-167.
- Thematisiertes Fachpraktikum Geographie. In: Geographie und ihre Didaktik. 1976. S. 26-31.
- Topographie durch Geographie! In: Geographie und Schule. 1979. 2. S. 3-4.
- Für die Sache der Geographiedidaktik. Gedanken und Hinweise aus Anlaß der Übernahme der Herausgeberschaft von 'Geographie und ihre Didaktik'. In: Geographie und ihre Didaktik. 1985. S. 4-7.
- Zum Geleit. In: Hasenfratz, E.: Sonnenstrahlung und Großwetterlagen. Landau. 1998. S. 7-9.
- GuiD in neuem Gesicht - Zum Beginn des Dritten Dezenniums ihres Erscheinens. In: Geographie und ihre Didaktik. 2003. S. 1-2.

k Zum Geographieunterricht in Schule und Gesellschaft

- Neue Stundentafel für die Hauptschule. Stellungnahme zum Fach Erdkunde. In: Der Bayerische Schulgeograph. 34. 1993. S. 4-5.
- Zum Bild der Öffentlichkeit vom Geographieunterricht. Bericht über den Probelauf eines Erhebungsbogens. In: Geographie und ihre Didaktik. 1994. S. 26-36, 57-85.
- Das Bild der Öffentlichkeit vom Geographieunterricht. Bericht über eine Untersuchung in den alten Bundesländern. In: Terra Nostra. Schriften der Alfred-Wegener-Stiftung. 1996/10. S. 17-21.
- Das Bild der Öffentlichkeit vom Geographieunterricht. Eine Untersuchung in den alten Bundesländern. In: Praxis Geographie. 1996. 12. S. 38-40.
- Das Bild der Öffentlichkeit vom Geographieunterricht. Bericht über eine Untersuchung in den alten Bundesländern. In: Rundbrief Geographie. 137. 1996. S. 7-11.
- Der Geographieunterricht im Urteil gesellschaftlicher Repräsentanten. In: Uniprisma. Zeitschrift der Universität Koblenz-Landau. 14. 1997. S. 10-11.
- Der Geographieunterricht im Urteil gesellschaftlicher Spitzenrepräsentanten. In: Geographie und Schule. 112. 1998. S. 8-17.
- Abwärtstrend nicht gestoppt. Kurzbericht zur aktuellen Lage der Geographie in der Schule. In: Rundbrief Geographie. 151. 1998. S. 17, 19-21.

- Zur Lage der Geographie an der Schule - Abwärtstrend nicht gestoppt. In: Schulgeographie. Mitteilungen des Landesverbandes Nordrhein-Westfalen im Verband Deutscher Schulgeographen. 76. 1999. S. 21-25.
- Die Bilanz als Agenda vorweg. In: Köck, H. (Hrsg.): Geographieunterricht und Gesellschaft. Vorträge des gleichnamigen Symposiums vom 12.-15. Okt. 1998 in Landau. Nürnberg. 1999. S. 4-6.
- Einführung in das Symposium. In: Köck, H. (Hrsg.): Geographieunterricht und Gesellschaft. Vorträge des gleichnamigen Symposiums vom 12.-15. Okt. 1998 in Landau. Nürnberg. 1999. S. 18-34.
- Erwartungen der Gesellschaft an den Geographieunterricht. In: Schallhorn, E. (Hrsg.): Erdkunde - Didaktik. Berlin. 2004. S. 65-76.

F. TAGUNGEN UND SYMPOSIEN
- Theoriegeleiteter Geographieunterricht. Symposium des Hochschulverbandes für Geographie und ihre Didaktik (HGD) vom (6.)7.-9.(10.) Okt. 1985 an der Hochschule Hildesheim.
- Der Europa-Gedanke im Geographieunterricht. 11. Nov. 1997 an der Universität Koblenz-Landau, Abt. Landau.
- Geographieunterricht und Gesellschaft. Symposium des Hochschulverbandes für Geographie und ihre Didaktik (HGD) vom 12.-15.10.1998 an der Universität Koblenz-Landau, Abt. Landau.
- Neue Technologien im Geographieunterricht. 10.11.1998 an der Universität Koblenz-Landau, Abt. Landau.
- Vernetztes Denken in Geographie und Geographieunterricht. 09.11.1999 an der Universität Koblenz-Landau, Abt. Landau.
- Transformation im östlichen Europa. 13.11.2001 an der Universität Koblenz-Landau, Abt. Landau.
- Landauer Geo-Umwelttag. 11.11.2003 an der Universität Koblenz-Landau, Abt. Landau.